一学就会的会计做账

刘淑叶◎主编　王利众◎副主编

YIXUEJIUHUI DE KUAIJI ZUOZHANG
QUAN TUJIE

中国纺织出版社有限公司 | 国家一级出版社
全国百佳图书出版单位

内 容 提 要

本书以我国企业会计准则为依据，结合财务管理工作的要求和标准，从会计、出纳实际工作中所需要掌握的会计做账知识入手，详细介绍了工作中需要了解的会计做账基础知识，对会计凭证、会计账簿、会计报表、货币资金、投资、负债、固定资产、无形资产、存货、收入、费用、所有者权益、利润和财务报表等知识进行了全面系统的阐述。本书的内容具体、结构严谨，可作为会计出纳人员的参考资料，也可作为会计出纳入门培训的教材。

图书在版编目（CIP）数据

一学就会的会计做账全图解 / 刘淑叶主编. --北京：中国纺织出版社有限公司，2020.6

ISBN 978－7－5180－7130－2

Ⅰ.①一… Ⅱ.①刘… Ⅲ.①会计方法—图解 Ⅳ.①F231.4–64

中国版本图书馆CIP数据核字（2020）第004095号

策划编辑：陈 芳　　特约编辑：魏丹丹　　责任印制：储志伟

中国纺织出版社有限公司出版发行

地址：北京市朝阳区百子湾东里 A407 号楼　邮政编码：100124

销售电话：010—67004422　传真：010—87155801

http：//www.c–textilep.com

E–mail：faxing@c–textilep.com

中国纺织出版社天猫旗舰店

官方微博 http://weibo.com/2119887771

北京市密东印刷有限公司印刷　　各地新华书店经销

2020 年 6 月第 1 版第 1 次印刷

开本：787×1092　1/16　印张：13.5

字数：193 千字　定价：58.00 元

前言 preface

我们知道，每一个企业都需要会计，因为每月都要做账，并且要按照税务部门要求的时间、格式和内容上报，这就要求会计人员必须掌握会计专业知识和税务知识。会计是一项专业性较强、知识涉及面较广的职业，既要掌握会计专业知识和实务操作技巧，又要及时获悉最新的相关法律法规。因此，一本专门针对会计人员做账、既讲基础又讲实操的图书，是会计人员所热切期盼的。

本书根据现行的《企业会计准则》，从会计六大要素入手介绍会计基本知识，同时配以日常经典的经济业务实例，理论与实务有机结合，通俗易懂，图文并茂，让枯燥的会计知识学习变得轻松活泼。本书具有以下特点：

（1）内容全面，图文并茂。本书介绍了会计的基本知识、会计账簿的建立、会计凭证的编制、具体科目的账务处理及会计报表的编制等，并与实际案例的账务处理流程相结合，书中的图解设计形式，更方便读者解读会计做账知识。

（2）按账务处理的流程逐步讲解。本书先介绍做账必备的会计知识，然后按照账务处理流程，结合实际操作逐一讲解，以便于读者自学。在实际工作中遇到不会处理的业务时，读者也可以通过目录检索到相关业务的处理方法，从而解决实际工作中的问题。

（3）基础知识与实训案例有机结合。本书通过模拟北京腾飞商贸有限公司概况，案例中的数据都是由实际获得的业务操作数据改编而来，贴近真实会计情景，具有非常好的实际应用效果。

尽管会计总则是动态的，但万变不离其宗，掌握了基本的原理和方法，便能活学活用。

总的来说，本书的内容具体、结构严谨，实为会计出纳入门培训的使用教材，对会计出纳人员的工作也具有一定的指导与参考价值。

由于编者学识和经验有限，虽经编者尽心尽力，书中难免有不足之处，恳请广大读者热心指点。

编　者

2017 年 10 月

目录 Contents

第一篇　会计做账基础篇

第二篇　会计做账实训篇

第一篇

会计做账基础篇

第一章　做账前你需要知道这些

本章导读

会计是以货币为主要计量单位，以提高经济效益为主要目标，通过运用特殊方法，对企业、机关、事业单位和其他组织的经济活动进行全面、综合、连续、系统的核算和监督，并随着社会经济的日益发展，逐步开展预测、决策、控制和分析的一种经济管理活动，因此，会计是经济管理的重要组成部分。而做账是指会计进行账务处理的过程，从开始记账入册直到结算的全过程以及其中的环节都叫做账，一般指从填制凭证开始到编制报表结束的整个过程，也称会计实务。很多人可能会问：记账、做账到底有什么用呢？下面就为大家说说做账的重要性。

1. 账单上面可能存在计算错误

其实日常账单计算错误是经常发生的事情，甚至有时我们可能会收到两份一模一样的账单，有时水表、电表可能被读错了，或者信用卡催账单上的购物条目与实际情况并不相符等等。越早发现这些错误，请相关部门进行更改就越容易。如果我们已经粗心地缴纳了各种费用，然后某天突然发现了账单上的错误，这时候要再想更改可就不那么容易了。因此我们在收到账单的时候就要注意认真审核，不要等错误扩大的时候再去审核，那时更正的成本就大多了。

2. 发现那些你买了却从来都用不上的东西

如果我们每个月都查看账单，会发现那些能够给自己或者企业开支“减肥”的地方。看看我们为了哪些根本用不上的东西花了多少钱？我们是不是还在每个月缴纳了一定的停车费，而事实上企业用车的时间并不多？找到那些开支上的“赘肉”，砍掉它没商量，因为我们没有任何理由为用不上的东西付账。

3. 注意检查各项费用中的更改

银行及贷款单位等等，在服务项目有所变化的时候都会发出一份通知，这些内容很可能就在账单上的某个角落中，例如在最底端加上一行小字：“从下个月开始 A、B、C 三项服务将开始收费”等等。如果我们没能及时发现，那么我们很可能下个月就会为本不需要的 A、B、C 三项服务缴纳费用了。

每月回顾上个月的账单，做好会计统计，这样一年下来可能会帮我们节省不少开支。读者朋友，你们觉得是这样吗？

第一节　做账的准备知识

一、什么是做账

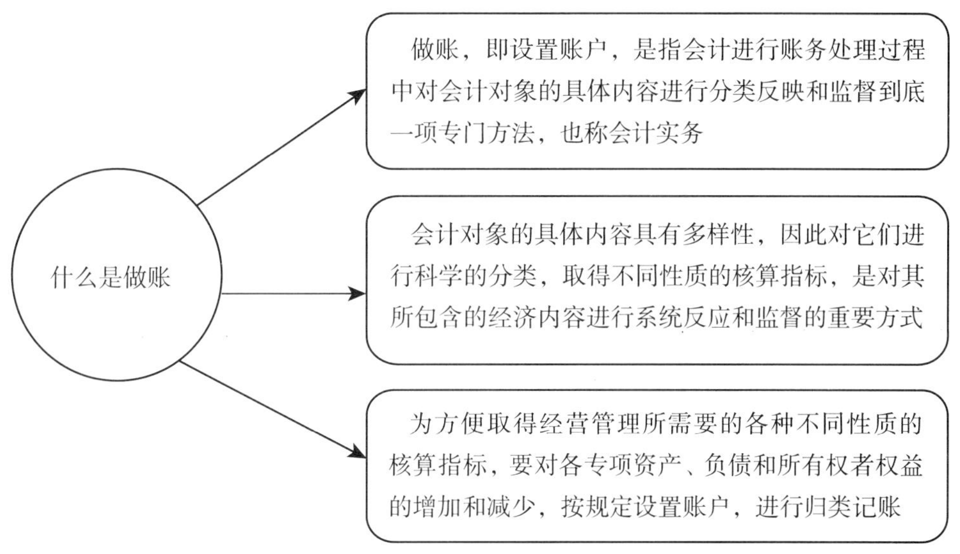

图1-1　做账的定义

二、为什么要做账

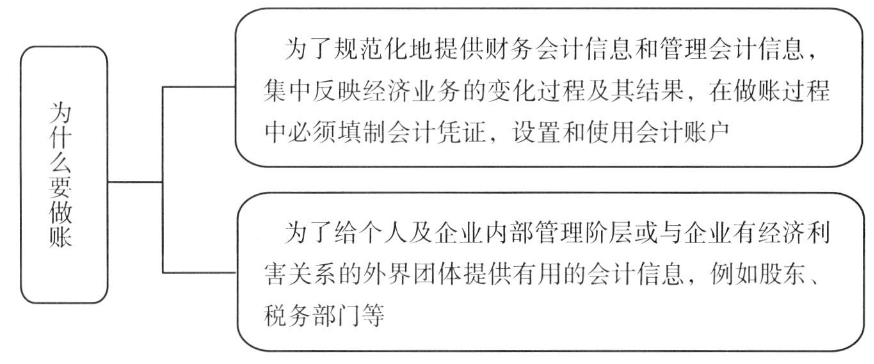

图1-2　做账的必要性

做账的过程即会计凭证→会计账簿→会计报表的结合。会计凭证是做账的起点，终点是会计报表，会计账簿则是为二者搭桥。会计凭证是进行会计账务处理的法律依据，会计账簿的作用是对数量巨大、杂乱无章的会计凭证按会计制度的规定进行分类登记、反映各类业务的变化过程（发生额）和结果（余额）。

三、做账应遵循的原则

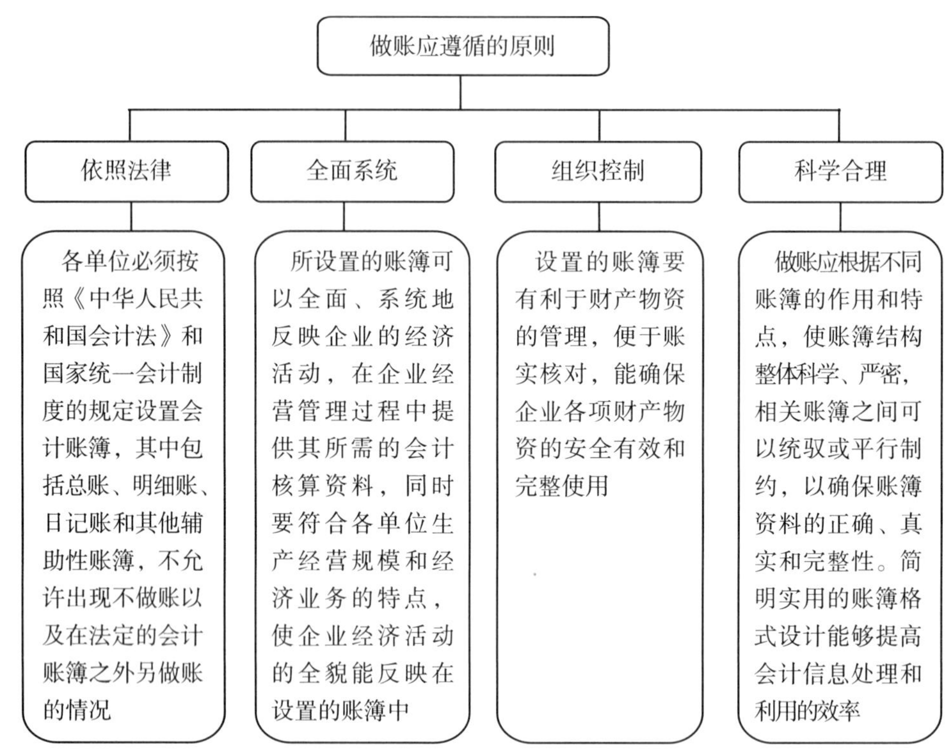

图1-3　做账应遵循的原则

四、做账前的准备工作

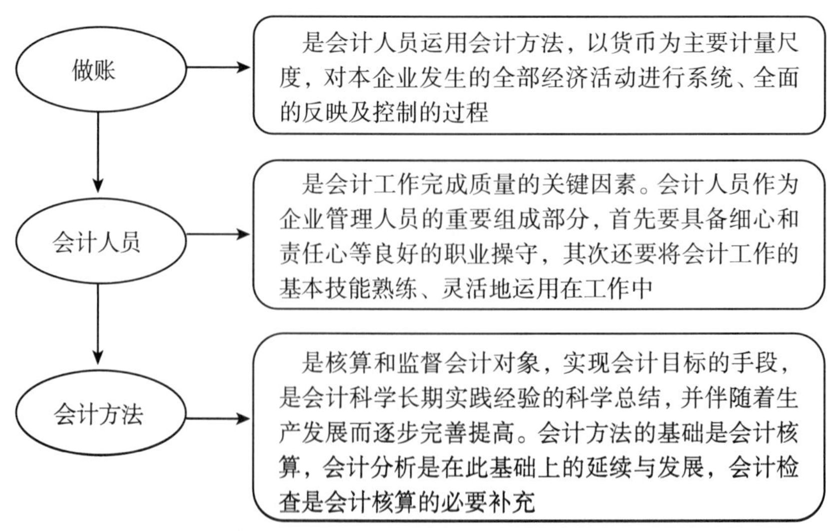

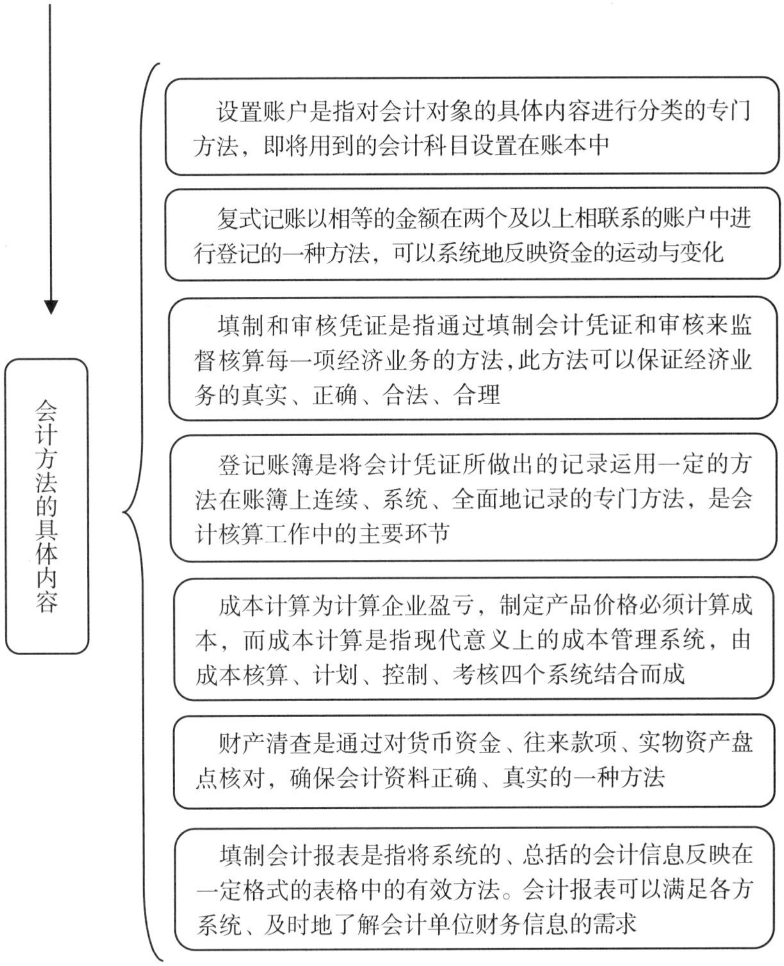

会计方法的具体内容

设置账户是指对会计对象的具体内容进行分类的专门方法，即将用到的会计科目设置在账本中

复式记账以相等的金额在两个及以上相联系的账户中进行登记的一种方法，可以系统地反映资金的运动与变化

填制和审核凭证是指通过填制会计凭证和审核来监督核算每一项经济业务的方法，此方法可以保证经济业务的真实、正确、合法、合理

登记账簿是将会计凭证所做出的记录运用一定的方法在账簿上连续、系统、全面地记录的专门方法，是会计核算工作中的主要环节

成本计算为计算企业盈亏，制定产品价格必须计算成本，而成本计算是指现代意义上的成本管理系统，由成本核算、计划、控制、考核四个系统结合而成

财产清查是通过对货币资金、往来款项、实物资产盘点核对，确保会计资料正确、真实的一种方法

填制会计报表是指将系统的、总括的会计信息反映在一定格式的表格中的有效方法。会计报表可以满足各方系统、及时地了解会计单位财务信息的需求

图 1-4　做账前的准备工作

第二节　会计的基本要素及其关系

会计的基本要素包括资产、负债、所有者权益、收入、费用和利润 6 项。

一、资产

资产是指由企业过去的经营交易或事项形成的，由企业拥有或控制的，预期会给企业带来经济利益的资源。资产具有的特征如下：

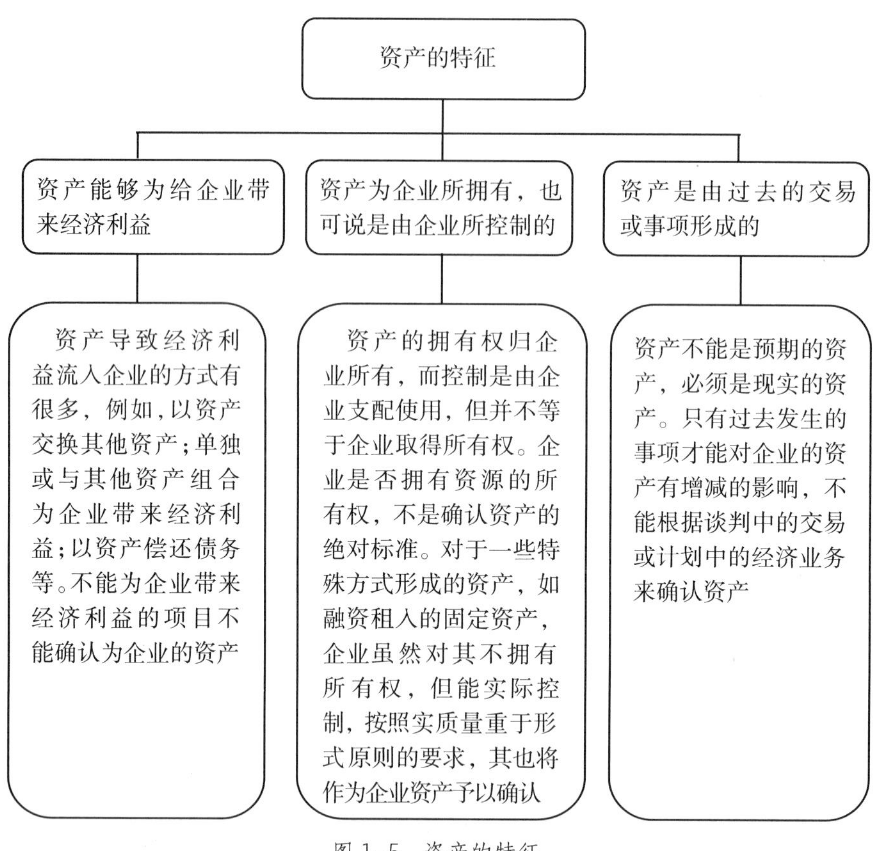

图 1–5　资产的特征

二、负债

负债是指由企业过去的交易或事项形成的现时义务，其作为经济债务，在一定时期后必须偿还。其特征如图 1–6 所示：

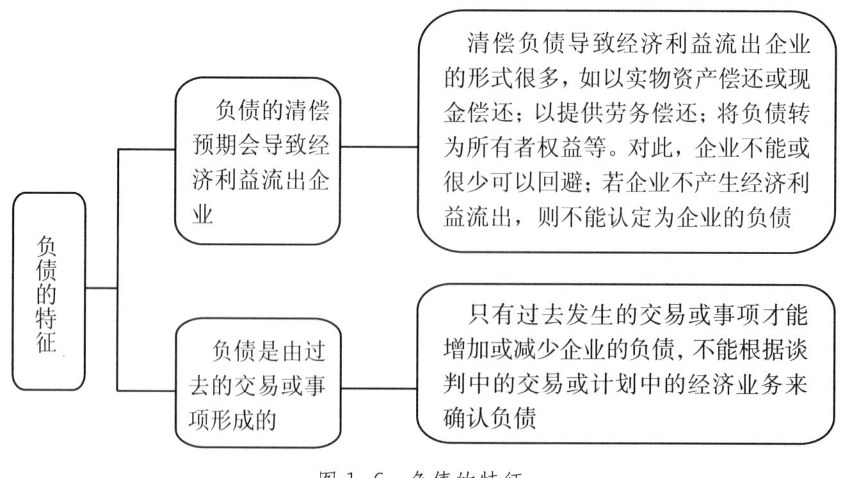

图 1–6　负债的特征

三、所有者权益

所有者权益是指所有者在企业资产扣除负债部分后所享有的经济利益，是企业投资人对企业净资产的权益。其特征如下：

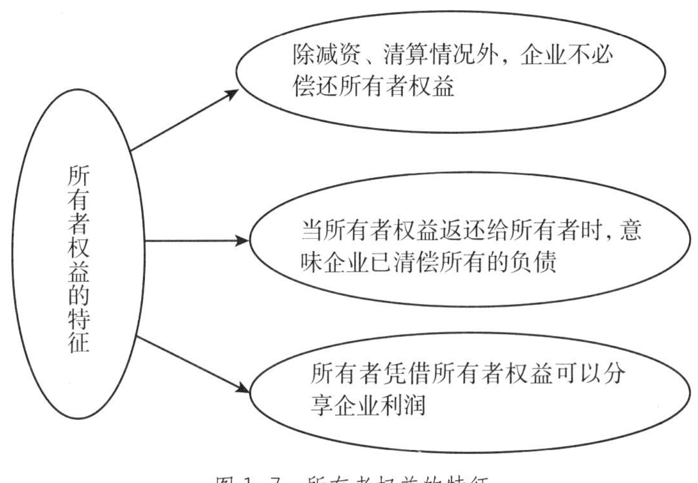

图 1-7　所有者权益的特征

四、收入

收入是指企业提供劳务及让渡资产使用权等日常活动中所形成的非投入资本的经济利益的总流入。

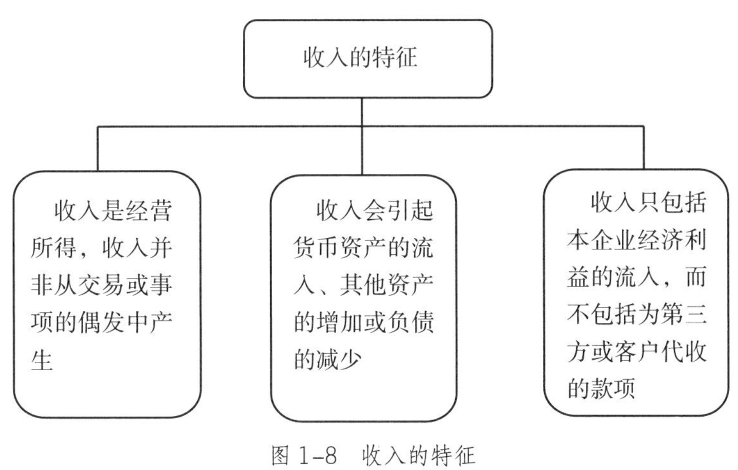

图 1-8　收入的特征

五、费用

费用是指企业为销售商品、提供劳务等日常活动中发生的经济利益的总流出。在损益类要素中，费用特指营业费用。

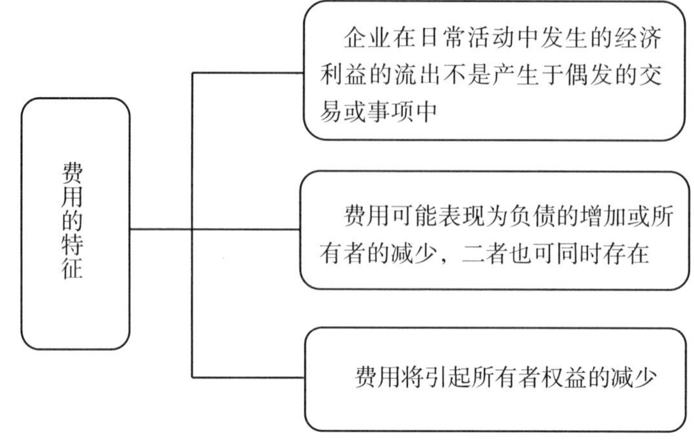

图 1-9 费用的特征

六、利润

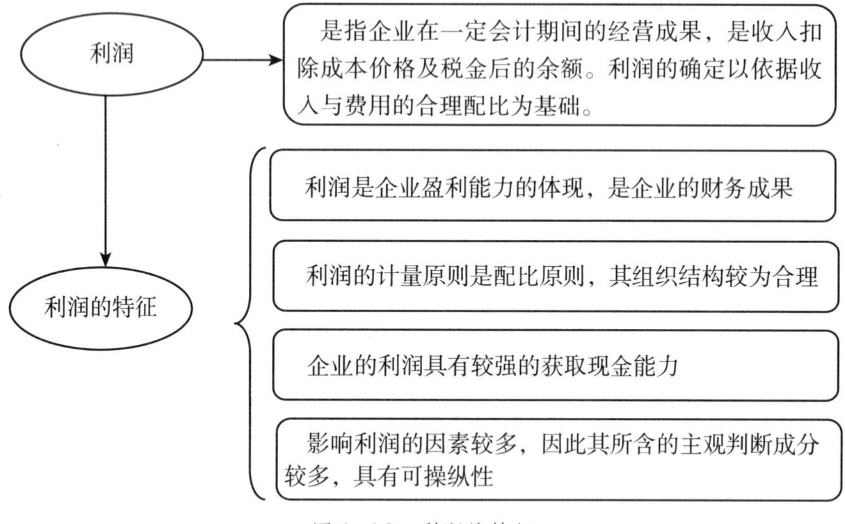

图 1-10 利润的特征

第三节　会计账户

一、会计账户的定义

会计账户的定义

- 会计账户，是指对资产、负债、所有者权益、收入、费用和利润的具体内容所做的进一步分类，从而反映会计要素增减变动以及其结果的工具
- 会计要素发生数量、金额的增减变动与企业的各种经济活动相关联。而企业的经济活动形式又具有多样性，它所引起的各个会计要素的内部构成及各个会计要素之间的增减变化错综复杂，表现为多种形式
- 账户作为记录和反映经济业务活动的一种形式，其基本功能是便于对各项经济业务所引起的企业资产、负债、所有者权益、成本、损益的变动数额分门别类和有条不紊地进行归纳、汇总
- 为了对会计对象的具体内容进行会计核算和监督，需分门别类地确定项目进行核算，也就是要以会计要素为基础，将每一会计要素根据会计核算的要求进一步细分，使其具备相应的结构。因此需要设置会计账户，使资金的运动能够得到全面、系统的反映及监督

图 1-11　会计账户的定义

二、账户设置的基本原则

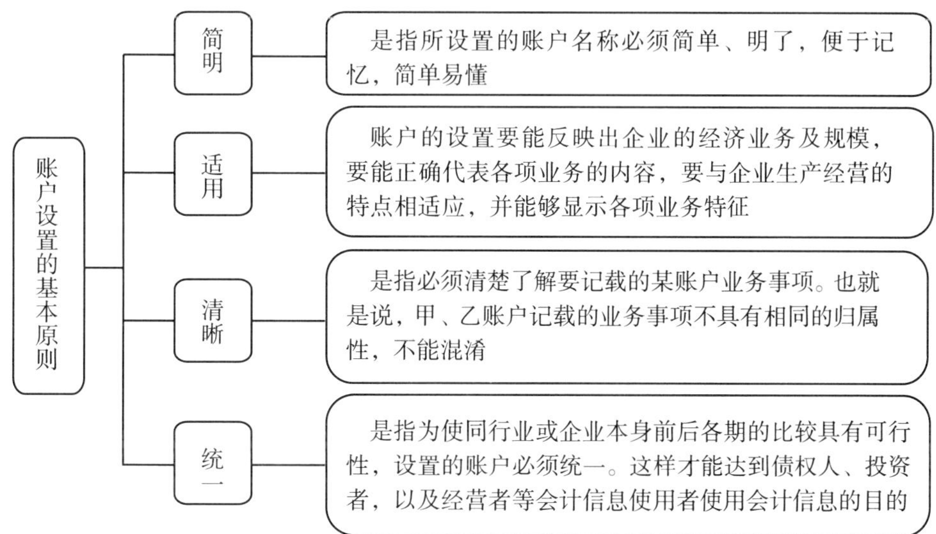

图 1-12　账户设置的基本原则

三、账户的基本结构

账户的基本结构由一条水平线和一条垂直平分线构成，水平线上方是账户的名称，垂直平分线将账户分为左、右两方，左方为借方，右方为贷方，一方记增加数，另一方记减少数（账户基本结构如图 1-13 所示）。

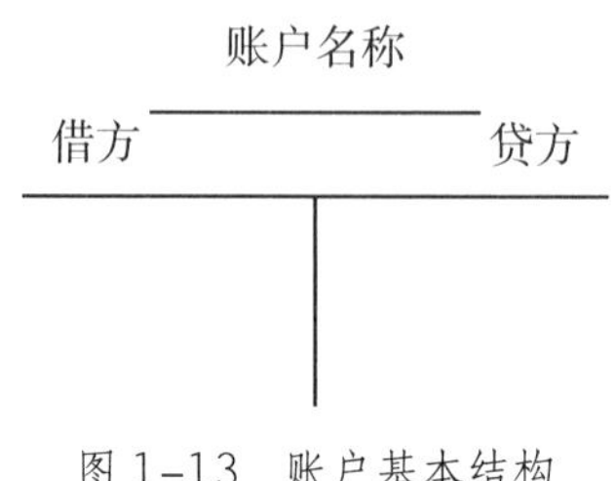

图 1-13　账户基本结构

之所以基本结构要将账户划分为两部分，因为一个企业发生的经济业务，再错综复杂，归根结底只会出现增加或减少这两种情况，所以若账户有一方记录增加数，则另一方要记录减少数。账户的性质和类别，决定账户的哪方记增加数，哪方记减少数。不同性质和类别的账户，记入的方向也不同。

四、资产类账户的结构

不论何种类别的账户，其基本结构是相同的，但左右（借、贷）两方所反映的具体内容有区别。各类账户组成部分所反映的经济内容就是账户的具体结构。反映企业资金的物资形态和存在方式的账户被称为资产类账户。这类账户的借方记录各种账户的增加数，贷方记录各种账户的减少数，余额在借方，表示资产的实有数或结存数（资产类账户结构如图 1-14 所示）。

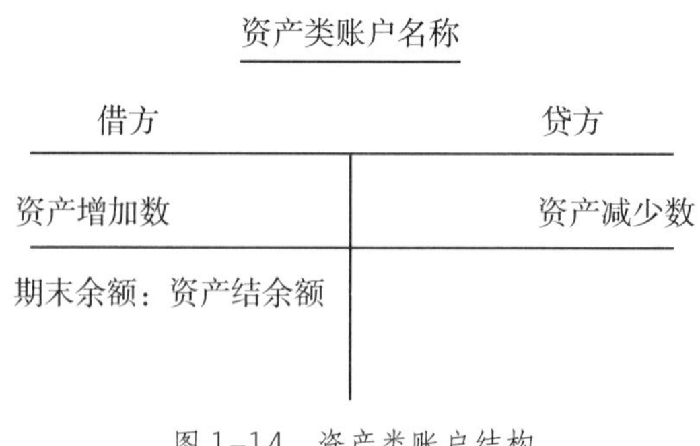

图 1-14　资产类账户结构

【例 1-1】甲投资 70000 元开设一家鞋店，这时鞋店库存现金增加 70000 元，应记入

现金账户的借方。而后甲购买展示架使用现金 6000 元，这时表现为鞋店的固定资产增加 6000 元，库存现金减少 6000 元原本，应记入现金账户的贷方。账户记录如图 1-15 所示。

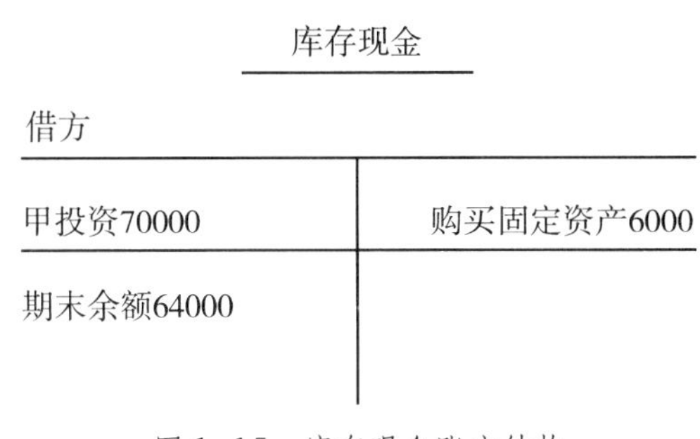

图 1-15　库存现金账户结构

五、负债类账户的结构

负债类账户是用来反映企业各类债务的发生及其偿还情况的账户。负债增加时，记入账户的贷方，负债减少时，记入账户的借方，期末余额在贷方，表示实际未偿还债务的数额（负债类账户结构如图 1-16 所示）。

负债类账户名称

借方	贷方
负债偿还数	负债增加数
	期末余额：实际未偿还债务

图 1-16　负债类账户结构

【例 1-2】某服装店赊购一批服装 40000 元，对于服装店而言，应付账款在增加，应记入该账户的贷方。后来服装店销货后又归还了批发商 20000 元的货款，表明应付账款在减少，应记入账户的借方。这时应付账款的余额为 20000 元，表示仍欠批发商 20000 元。

应付账款

借方	贷方
偿还20000	赊购服装40000
	期末余额：20000

图 1-17　应付账款账户结构

六、所有者权益类账户的结构

用来反映企业投资者即业主们（股份制企业为股东）投入企业资本数额及其退出情况的账户叫作所有者权益类账户。贷方记增加数，借方记减少数，余额在贷方，表示所有者权益的实际数（所有者权益类账户结构如图 1-18 所示）。

图 1-18　所有者权益类账户结构

【例 1-3】乙投资 60000 元开设一家化妆品店，这意味着化妆品店资本（即权益）的增加，记入实收资本账户的贷方。经过 4 个月的经营，乙将资本的一半让给了朋友丙，这时资本总额并未变动，对实收资本明细账做出调整即可。后来丁向化妆品店投资 10000 元，甲向店内投资 20000 元，这表示企业的资本增加 30000 元，也应记入实收资本的贷方。经营 4 年后，丁在投资中退出，意味实收资本的减少，要在实收资本的借方记 10000 元。期末化妆品店实收资本 80000 元（60000+30000-10000）。

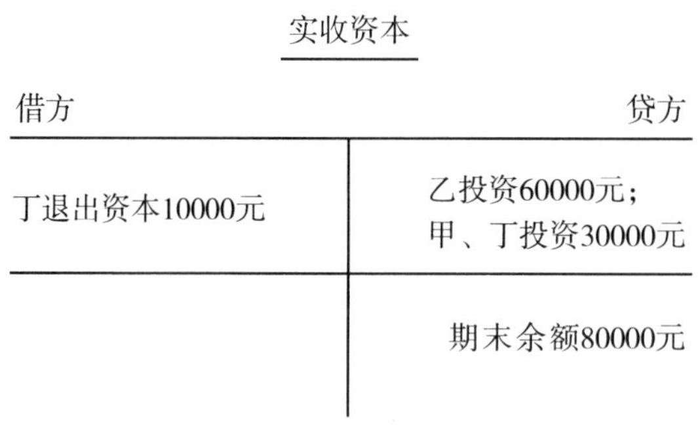

图 1-19　实收资本账户结构

七、成本类账户的结构

归集生产费用、计算产品成本的账户被称作成本类账户。借方记入内容为生产过程中所发生的各种生产费用，减少数和结转数则记入贷方。期末借方如有余额，表示尚未完工的在产品成本（成本类账户结构如图 1-20 所示）。

成本类账户名称

借方	贷方
费用发生数	结转数
期末余额：在产品成本	

图 1-20　成本类账户结构

八、损益类账户的结构

损益类账户是用来反映企业各种收入和支出（包括成本、费用）情况的账户。收入类和支出类账户的结构是不同的，现分述如下。

1. 收入类账户

收入是指企业在一定时期内向客户提供商品或劳务所取得的收入，包括商品销售收入、其他营业收入、对外投资收益和营业外收入等。企业取得收入，标志着企业所有者权益的增加。因此，这类账户的结构与所有者权益账户是一致的。即取得收入时，记入收入类账户的贷方，月末要将该月所获得的收入全部转入所有者权益类的“本年利润”账户。结转时记该账户的借方，结转后该账户无余额（收入类账户结构如图 1-21 所示）。

收入类账户名称

借方	贷方
收入减少数	收入增加数
月末结转数	

图 1-21　收入类账户结构

【例 1-4】化妆品店本月 2 日销售商品收入 700 元，8 日收入 600 元，以后没有再卖出商品，就要在“商品销售收入”的贷方记入 1300 元。月末将 1300 元结转入“本年利润”账户后，该账户无余额。

主营业务收入

借方	贷方
	2日售出700元， 8日售出600元
月末结转1300元	余额0

图 1-22　主营业务收入账户结构

2. 费用类账户

费用是指企业为获得收入而发生的资产流出，例如管理费用、营业税金、销售成本等。依照会计准则的规定，应设置“主营业务成本”“其他业务成本”“营业税金及附加”“营业外支出”等账户进行反映和监督。

因为发生支出，故所有者权益在减少，当权益减少时，要记入权益账户的借方。所以支出类账户均是借方记增加数，贷方记减少数和结转数（转入“本年利润”账户的借方）。结转后该账户余额为零（支出类账户结构如图 1-23 所示）。

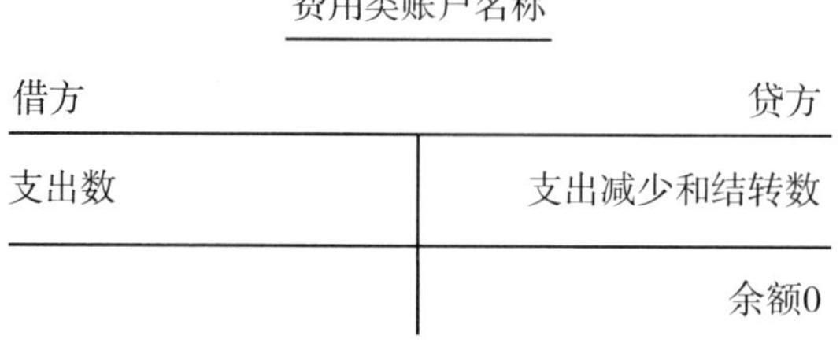

图 1-23　费用类账户结构

【例 1-5】甲企业以库存现金支付培训费用 2000 元、差旅费 600 元，这两项支出皆属于管理费用，应记入“管理费用”账户的借方。月末时要将当月发生的管理费用 2600 元转入“本年利润”账户，记入“管理费用”的贷方。结转后余额为零。

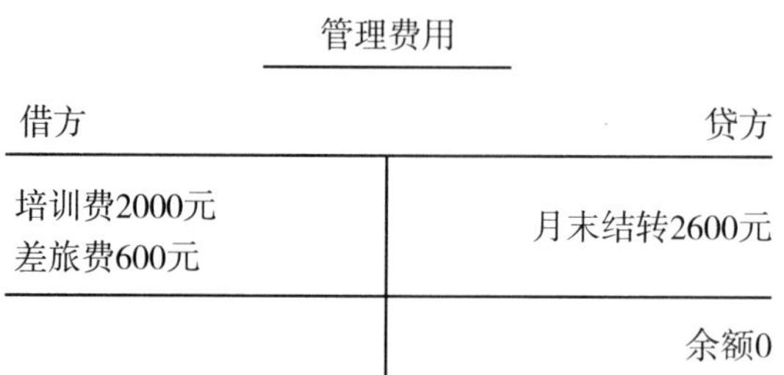

图 1-24　管理费用账户结构

第四节　会计科目

一、会计科目的定义

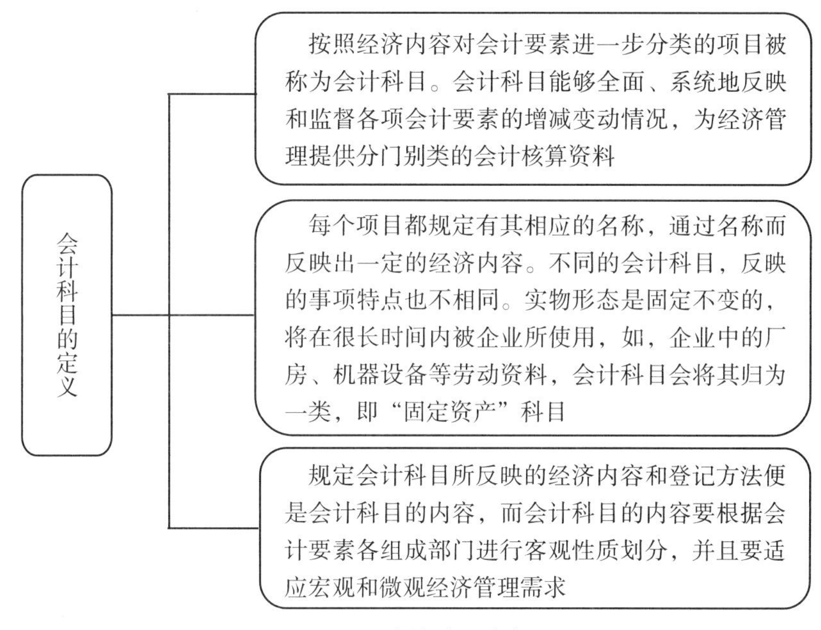

图 1-25　会计科目的定义

二、会计科目的设置原则

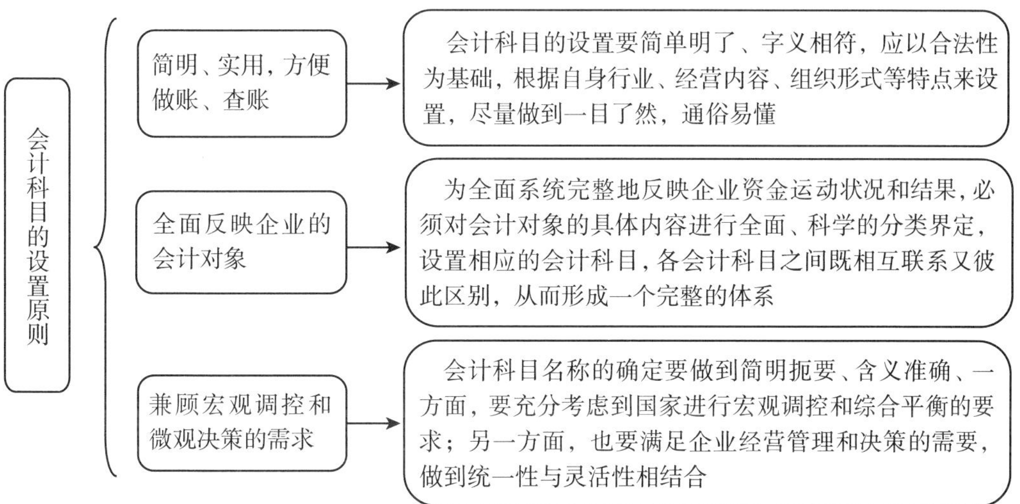

图 1-26　会计科目的设置原则

三、会计科目的分类

会计科目的分类可以进一步理解会计科目的作用及性质，明确会计科目间的相互关系，有利于会计监督与核算。

1. 按经济内容划分

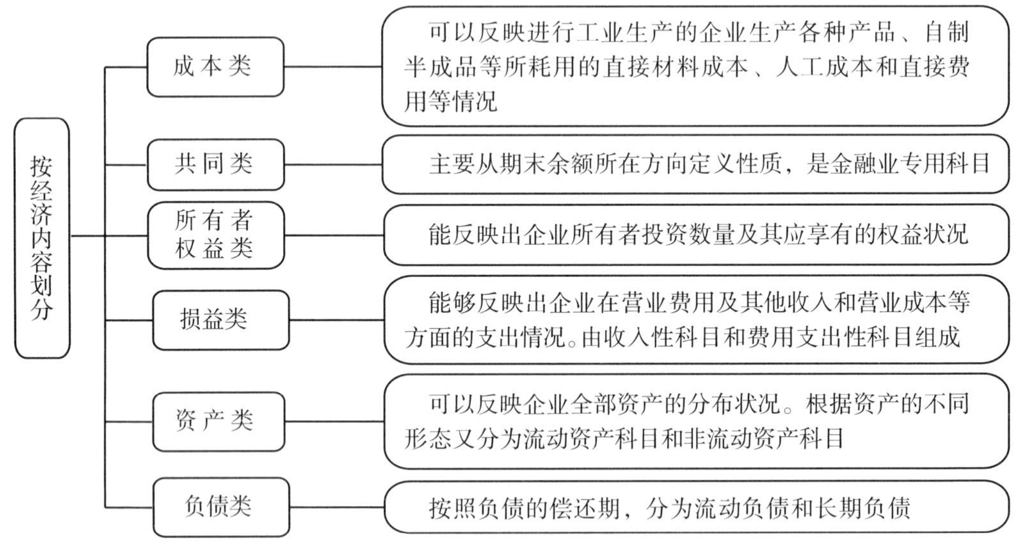

图 1-27 按经济内容划分

2. 按隶属关系划分

根据隶属关系，会计科目可分为明细科目和总账科目两大类。

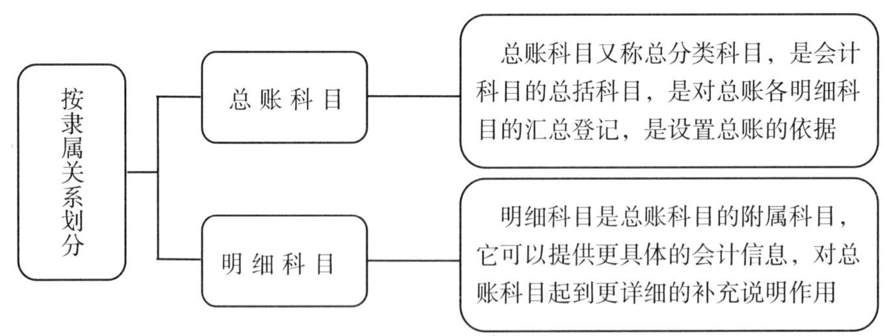

图 1-28 按隶属关系划分

按我国会计准则的规定，总分类科目一般由财政部或企业主管部门统一制定，明细科目除少数由会计准则统一规定设置外，各单位可按实际需要自行设置。

四、会计科目表的内容

表 1–1　会计科目表

序号	科目	序号	科目
	（一）资产类	1431	周转材料
1001	库存现金	1441	贵金属
1002	银行存款	1442	抵债资产
1003	存放中央银行款项	1451	损余物资
1011	存放同业	1461	存货跌价准备
1015	其他货币基金	1501	待摊费用
1021	结算备付金	1511	独立账户资产
1031	存出保证金	1521	持有至到期投资
1051	拆出资金	1522	持有至到期投资减值准备
1101	交易性金融资产	1523	可供出售金融资产
1111	买入返售金融资产	1524	长期股权投资
1121	应收票据	1525	长期股权投资减值准备
1122	应收账款	1526	投资性房地产
1123	预付账款	1531	长期应收款
1131	应收股利	1541	为实现融资收益
1132	应收利息	1551	存出资本保证金
1211	应收保护储金	1601	固定资产
1221	应收到位追偿款	1602	累计折旧
1222	应收分保账款	1603	固定资产减值准备
1223	应收分保未到期责任准备金	1604	在建工程
1224	应收分保保险责任准备金	1605	工程物资
1231	其他应收款	1606	固定资产清理
1241	坏账准备	1611	融资租赁资产
1251	贴现资产	1612	未担保余值
1301	贷款	1621	生产性生物资产
1302	贷款损失准备	1622	生产性生物资产累计折旧
1311	代理兑付证券	1623	公益性生物资产
1321	代理业务资产	1631	油气资产
1401	材料采购	1632	累计折耗
1402	在途物资	1701	无形资产
1403	原材料	1702	累计推销
1404	材料成本差异	1703	无形资产减值准备
1406	库存商品	1711	商誉
1407	发出商品	1801	长期待摊费用
1410	商品进销差价	1811	递延所得资产
1411	委托加工物资	1801	待处理财产损益
1412	包装物及低值易耗品		（二）负债类
1421	消耗性生物资产	2001	短期借款
2002	存入保证金	4001	实收资本
2003	拆入资金	4002	资本公积
2004	向中央银行借款	4101	盈余公积

续表

序号	科目	序号	科目
2011	同业存放	4102	一般风险准备
2012	吸收存款	4103	本年利润
2021	贴现负债	4104	利润分配
2101	交易性金融负责	4201	库存股
2111	转出回购金融资产款		**（五）成本类**
2201	应付票据	5001	生产成本
2202	应付账款	5101	制造费用
2205	预收账款	5201	劳务成本
2211	应付职工薪酬	5301	研发支出
2221	应交税费	5401	工程施工
2231	应付股利	5402	工程结算
2232	应付利息	5403	机械作业
2241	其他应付款		**（六）损益类**
2251	应付保户红利	6001	主营业务收入
2261	应付分保账款	6011	利息收入
2311	代理买卖证券款	6021	手续费收入
2312	代理承销证券款	6031	保费收入
2313	代理兑付证券款	6032	分保费收入
1314	代理业务负债	6041	租赁收入
2401	预提费用	6051	其他业务收入
2411	预计负债	6061	汇兑损益
2501	递延收益	6101	公允价值变动损益
2601	长期借款	6111	投资收益
2602	长期债券	6201	摊回保险责任准备金
2701	未到期责任准备金	6202	摊回赔付支出
2102	保险责任准备金	6203	摊回分保费用
2711	保护储金	6411	利息支出摊回分保费用
2721	独立账户负债	6421	手续费支出
2801	长期应付款	6501	提取未到期责任准本金
2802	未确认融资费用	6502	提保险责任准备金
2811	专项应付款	6511	赔付支出
2901	递延所得税负债	6521	保户红利支出
	（三）共同类	6531	退保金
3001	清算资金往来	6541	分出费用
3002	外汇买卖	6542	分保费用
3101	衍生工具	6601	销售费用
3201	套期工具	6602	管理费用
3202	被套期项目	6603	财务费用
	（四）所有者权益类	6604	勘探费用

五、建立会计科目的注意事项

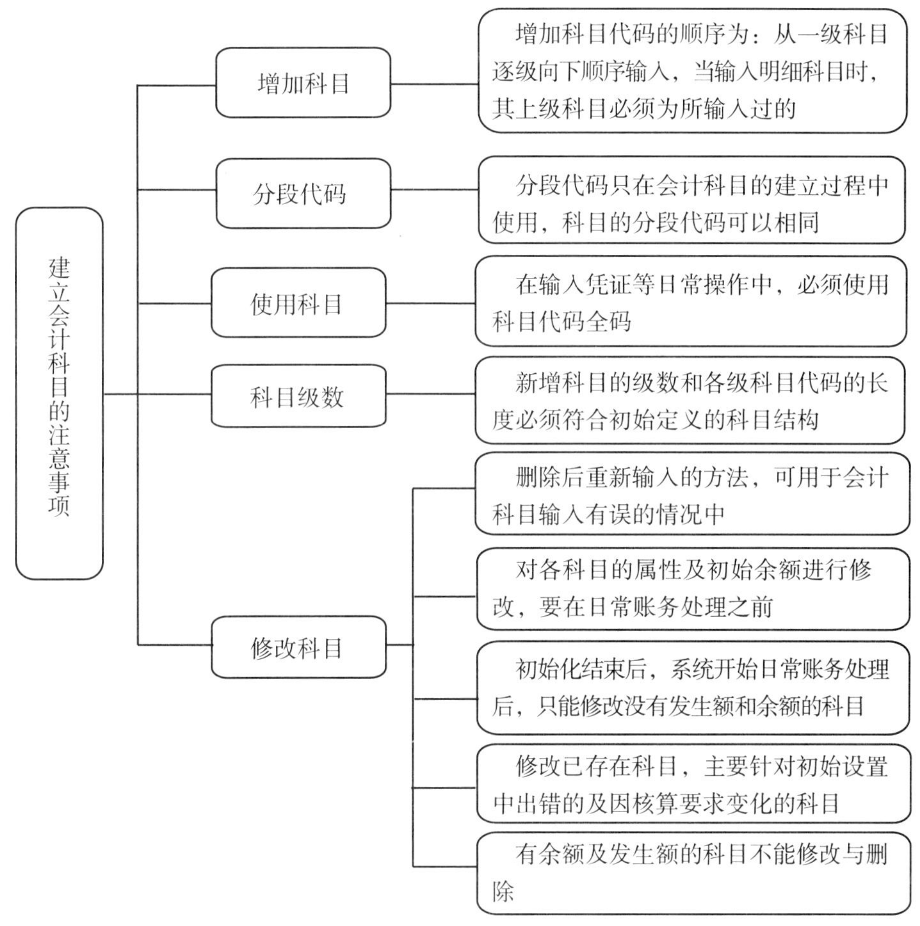

图 1-29　建立会计科目的注意事项

六、对会计科目进行编码的作用

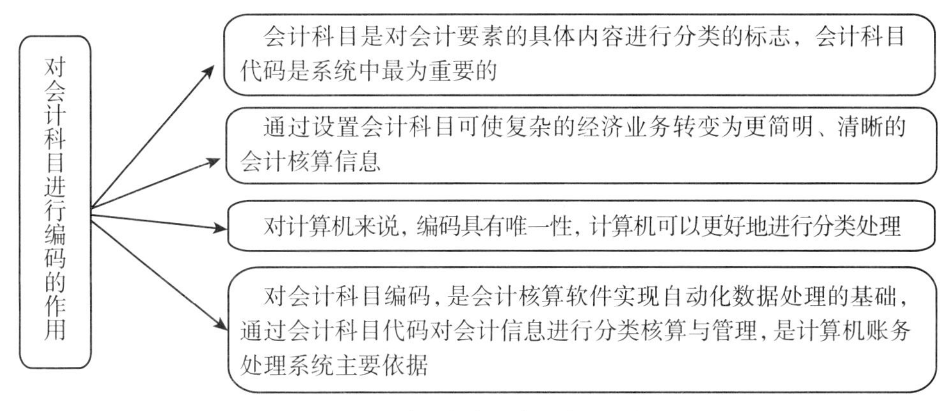

图 1-30　对会计科目进行编码的作用

七、会计科目与会计账户的关系

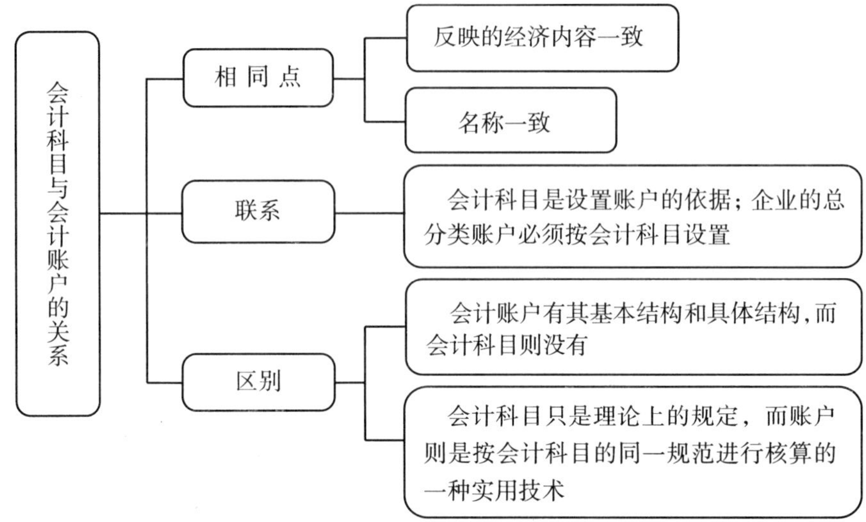

图 1-31　会计科目与会计账户的关系

第二章　会计凭证

本章导读

会计凭证，简称凭证，是记录经济活动、明确经济责任的书面证明。会计凭证是登记账簿、进行会计监督的重要依据，正确填制和认真审核会计凭证是财务管理不可缺少的基础工作。任何企业、事业和行政单位在从事任何一项经济活动时，都必须办理会计凭证，也就是由有关人员根据有关规定和程序填制和取得会计凭证，对整个经济活动过程做出书面记录。有关部门和人员要在会计凭证上盖章签字，表示对会计凭证的真实性、正确性与合法性负责。会计人员必须对已取得的会计凭证进行严格的审核，只有准确无误的会计凭证才能作为登记各种账簿的凭据。

为了具体地认识、掌握和运用会计凭证，首先要对会计凭证加以分类。按照会计凭证的填制程序和用途，一般可以分为原始凭证和记账凭证两类。会计凭证的填制和审核，对于完成会计工作的任务，发挥会计在经济管理中的作用，具有十分重要的意义，归纳起来有以下三个方面。

1. 会计凭证是登记账簿的根据

每个企业在生产经营过程中，会发生大量的、各种各样的经济业务。会计部门要及时正确地记录这些经济业务，必须依据会计凭证。每当发生经济业务时，必须填制相应的会计凭证。一般地说，经济业务发生在哪里，会计凭证就在哪里填制，这样可以正确及时地反映各项经济业务的发生及完成情况。随着经济业务的执行和完成，记载经济业务执行和完成情况的会计凭证就按规定的流转程序最终汇集到财务会计部门，成为记账的基本依据。

2. 审核会计凭证，可以更有效地发挥会计的监督作用，使经济业务合理合法

通过会计凭证的审核，可以监督各项经济业务的合法性，检查经济业务是否符合国家的有关法律、制度，是否符合企业目标和财务计划；检查经济业务有无违法乱纪或违反会计制度的现象，有无铺张、浪费、贪污、盗窃等损害公共财产的行为；可以及时发现经济管理中存在的问题和管理制度中存在的漏洞，及时加以制止和纠正，以改善经营管理，提高经济效益。

3. 会计凭证可以强化经营管理上的责任制

任何一项经济业务活动，都要由经管人员填制凭证并签字盖章，这样就便于划清职责，加强责任感；并便于发现问题，查明责任，从而有利于加强与改善经营管理，推行经济责任制。

第一节　会计凭证概述

一、会计凭证的意义

会计凭证是记录经济业务发生和完成情况的书面证明，是记录经济信息的载体，其主要意义如图 2–1 所示。

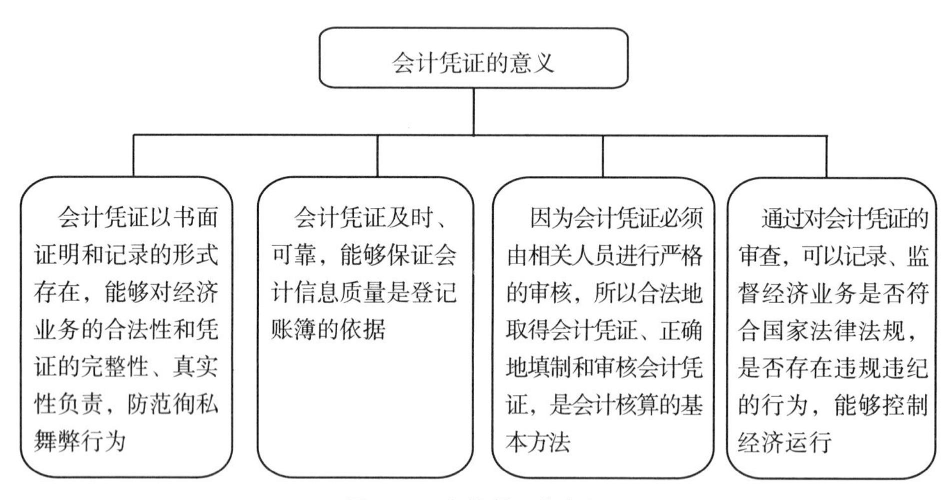

图 2–1　会计凭证的意义

二、会计凭证的种类

会计凭证依据不同的程序和用途，分为原始凭证和记账凭证。

1. 原始凭证

原始凭证是用以记录或证明经济业务发生或完成情况的原始凭据。原始凭证是会计核算的原始资料和重要依据，如图 2–2 所示。

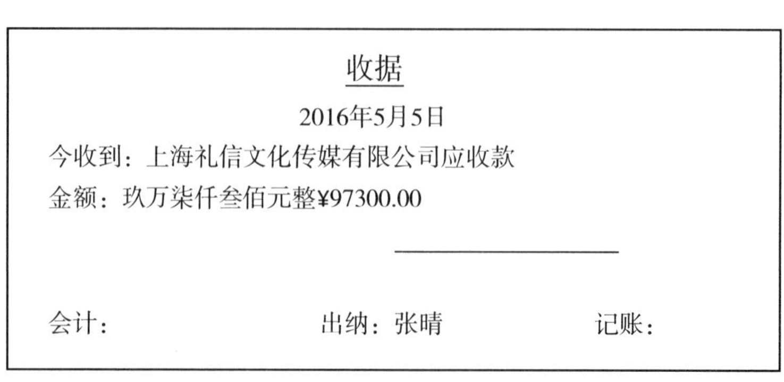
收据

2016年5月5日

今收到：上海礼信文化传媒有限公司应收款

金额：玖万柒仟叁佰元整¥97300.00

会计：　　出纳：张晴　　记账：

图 2–2　收据

2. 记账凭证

记账凭证作为登记账簿的直接依据，是会计人员对原始凭证审核无误后，按照经济业务的内容进行分类，并据以确定会计分录后所填制的会计凭证，如图 2-3 所示。

记 账 凭 证

年　　月　　日　　　　　　　　　　　　　　　　　　　　记字第　　　号

摘要	总账科目	明细科目	借方金额	贷方金额	记账
合计					

核准:　　复核:　　记账:　　出纳:　　制单:　　签收:

图 2-3　记账凭证

第二节　原始凭证

一、原始凭证的基本内容

原始凭证的基本内容如图 2-4 所示。

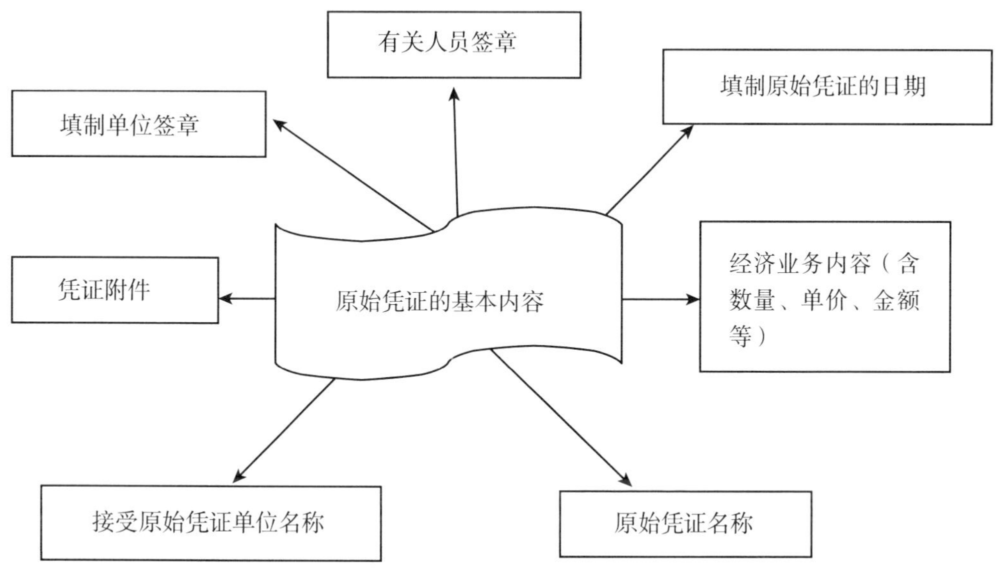

图 2-4　原始凭证的基本内容

二、原始凭证的种类

根据不同的分类标准可将原始分为不同类别，具体如图 2-5 所示。

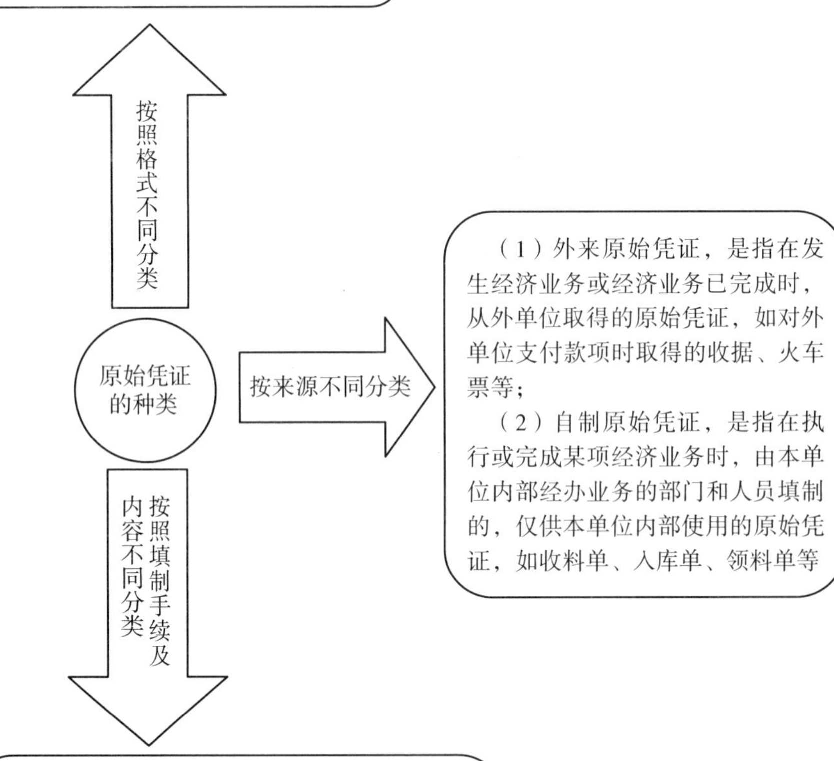

图 2-5　原始凭证的种类

三、原始凭证的意义

原始凭证的意义如图 2-6 所示。

原始凭证的意义

- 原始凭证经严格审核后可以确保会计信息的真实性，发挥其监管职能，进而使经济业务合理合法
- 原始凭证自身具有必须性，它可以体现出会计的反映职能，能够准确及时地记录经济业务的发生状况。以办公用品的收、发、存为例，采购者购买办公用品时，必须获得销售单位所开具的发票；相关用品经库管验收后，开具入库单记入库存；需领用相关用品时，领用者要填制好领料单据
- 原始凭证是会计资料中最具有法律效力的文件，是核对账目检查的重要依据，可以有效防止损公肥私等现象的发生
- 当发生或完成经济业务时，都要有相关单位的工作人员办理凭证手续，因此，原始凭证可以很好地明确经济责任。例如单位工作人员凭单据报管理培训费时，有关领导必须审核后签字；而后财务人员方可根据此单据进行报账

图 2-6　原始凭证的意义

四、原始凭证的填制

原始凭证又分为外来原始凭证及自制原始凭证，而自制原始凭证又可分为一次凭证、累计凭证、汇总原始凭证、记账编制凭证四种，具体如图 2-7 所示。

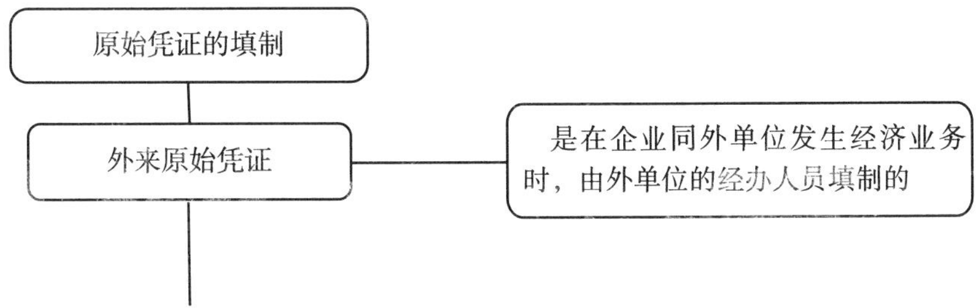

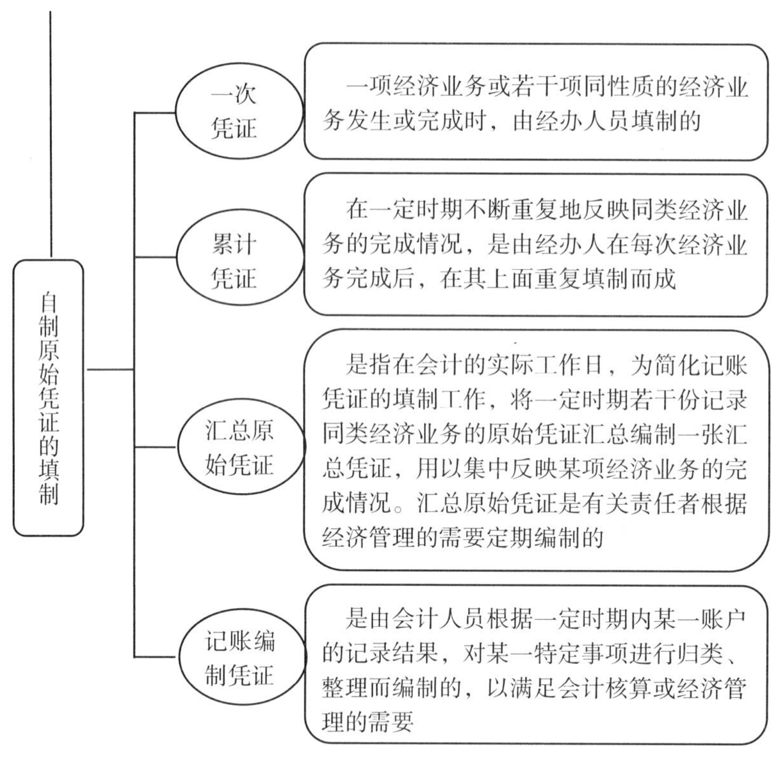

图 2-7　原始凭证的填制

五、原始凭证的审核

原始凭证的审核是会计机构及会计人员的法律职责，并应按国家统一的会计制度规定来进行相关工作，其审核原则具体表现为如图 2-8 所示的几点：

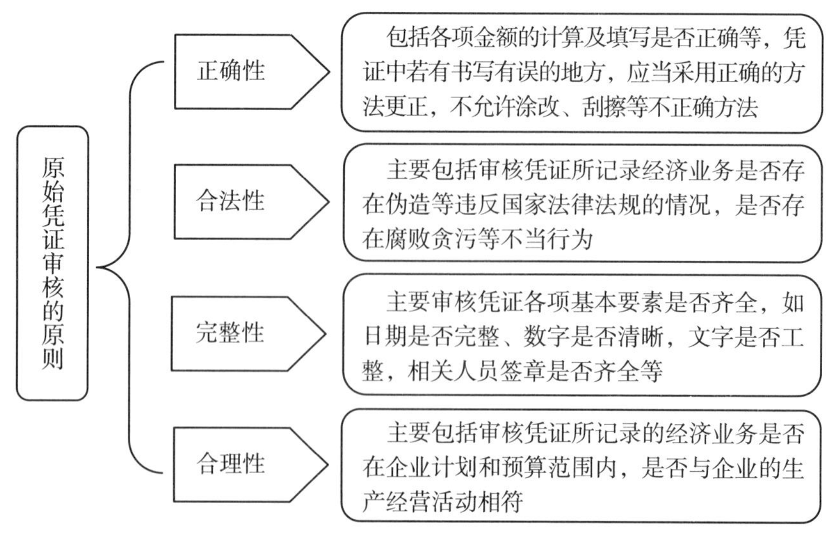

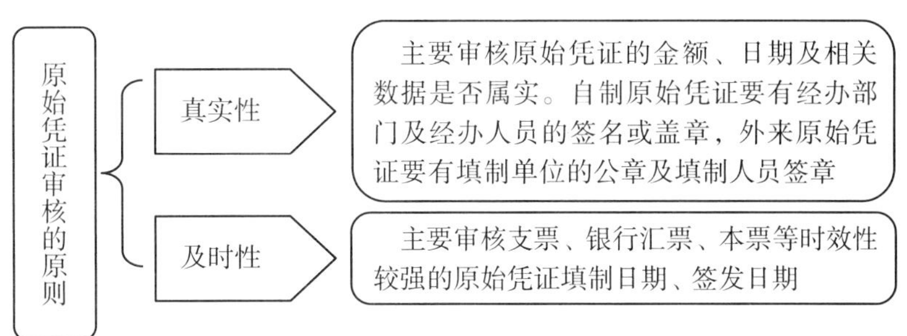

图 2-8　原始凭证审核的原则

第三节　记账凭证

一、记账凭证的基本内容

记账凭证是会计人员对原始凭证审核无误后，按经济业务事项的内容进行分类，并据以确定会计分录后所填制的会计凭证。记账凭证应具备以下几项内容：

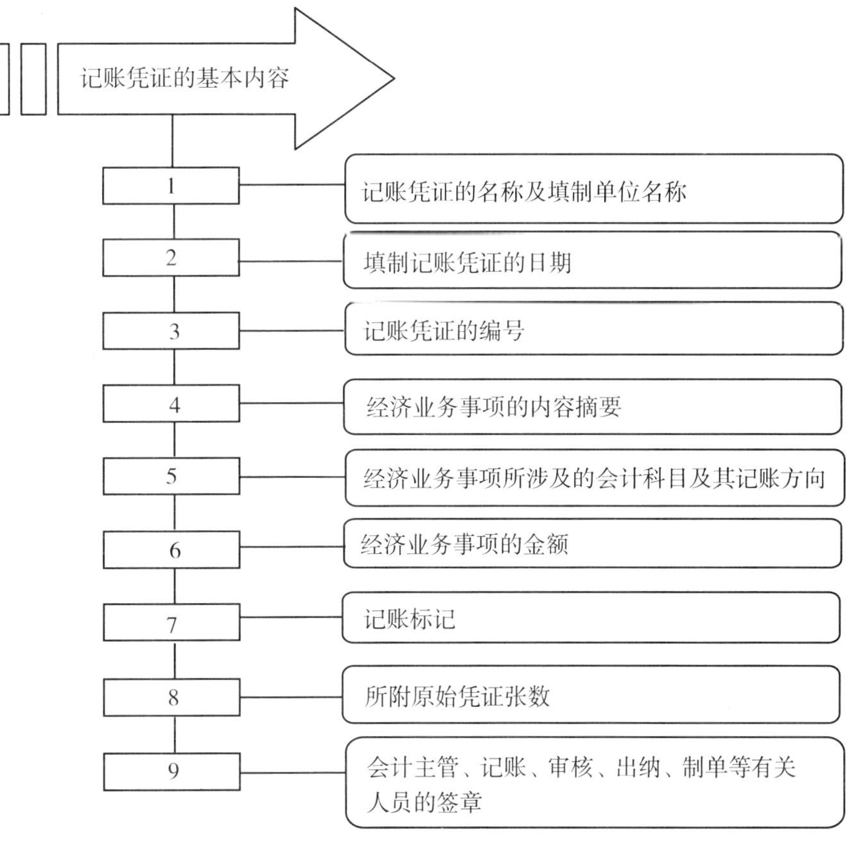

图 2-9　记账凭证的基本内容

二、记账凭证的种类

按照不同的分类标准，记账凭证可分为不同类别，具体如图 2-10 所示。

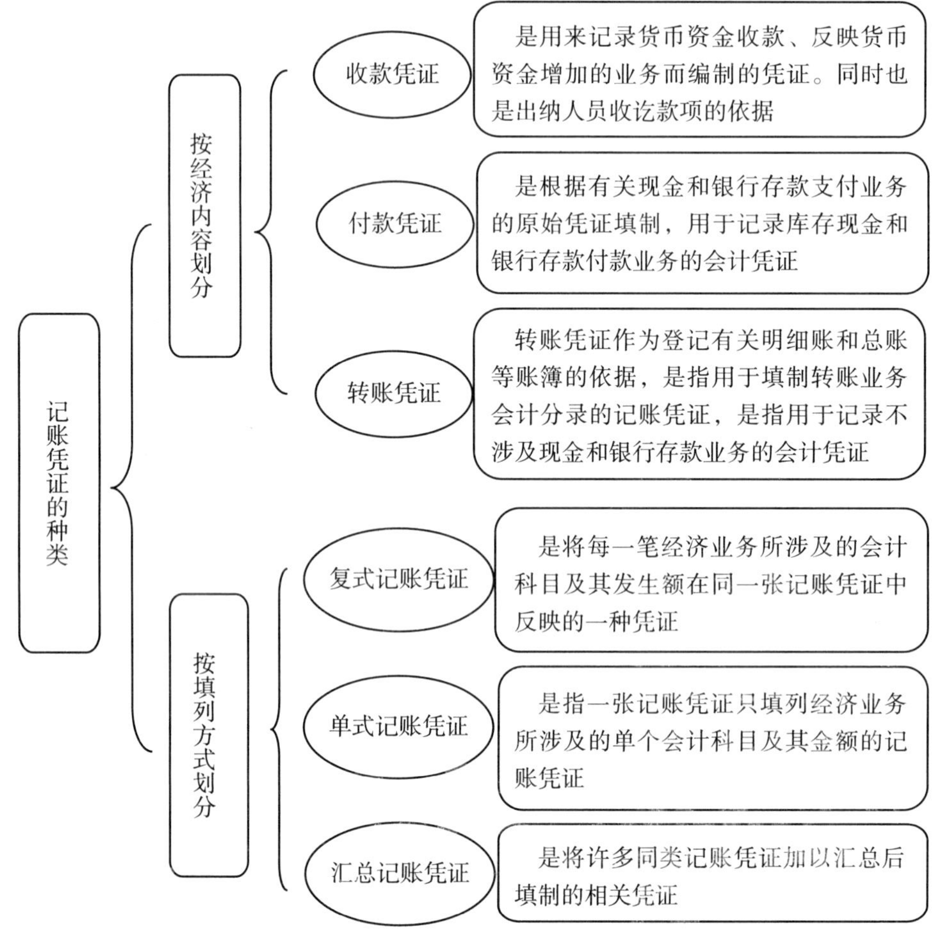

图 2-10 记账凭证的种类

凭证样表如图 2-11、图 2-12、图 2-13 所示。

收款凭证

借方科目：　　　　年　　月　　日　　　　　　　　　　　　付字第　　号

摘要	会计科目		记账	借方金额	贷方金额
	一级科目	二级或明细科目			
合计					

会计主管：　　记账：　　出纳：　　审核：　　制单：

图 2-11 收款凭证

付款凭证

贷方科目：　　　　年　　月　　日　　　　　　　　　　　　付字第　　号

摘要	会计科目		记账	借方金额	贷方金额
	一级科目	二级或明细科目			
合计					

会计主管：　　记账：　　出纳：　　审核：　　制单：

图 2-12　付款凭证

转账凭证

年　　月　　日　　　　　　　　　　　　记字第　　号

摘要	会计科目		记账	借方金额	贷方金额
	一级科目	二级或明细科目			
合计					

会计主管：　　记账：　　出纳：　　审核：　　制单：

图 2-13　转账凭证

三、记账凭证的填制

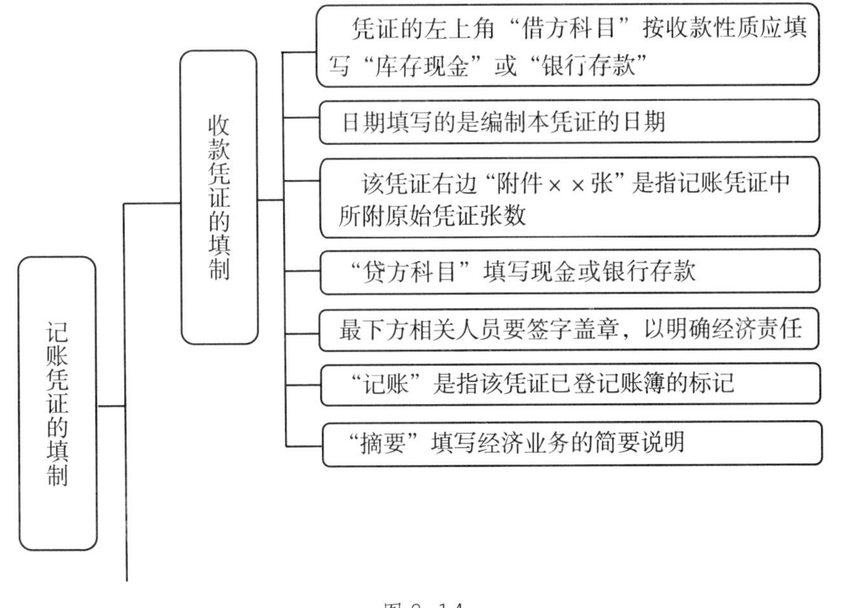

图 2-14

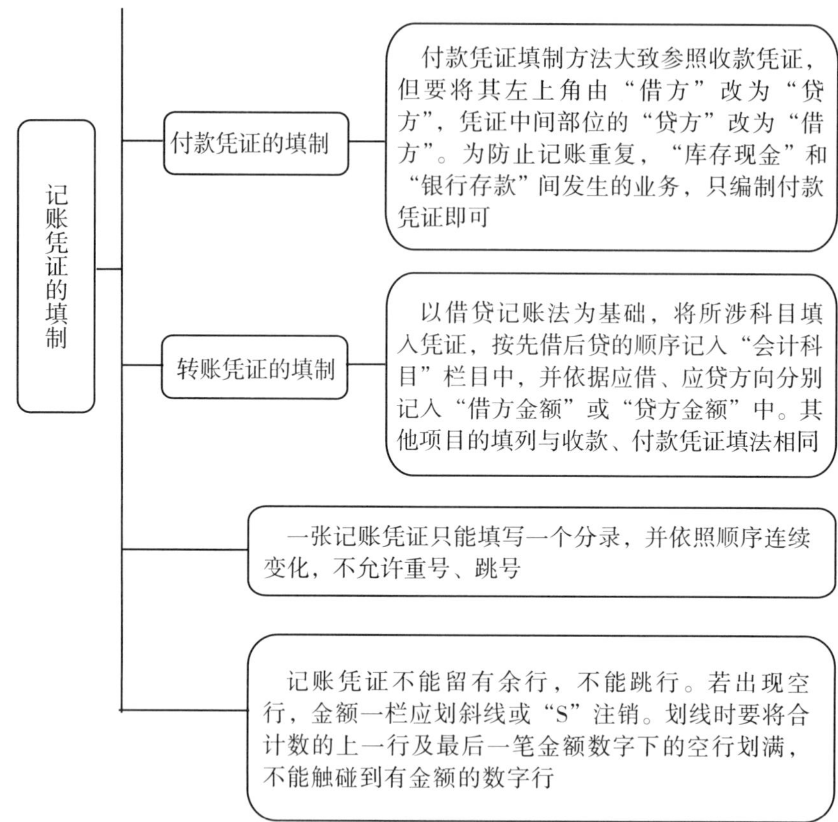

图 2-14　记账凭证的填制

四、记账凭证的审核

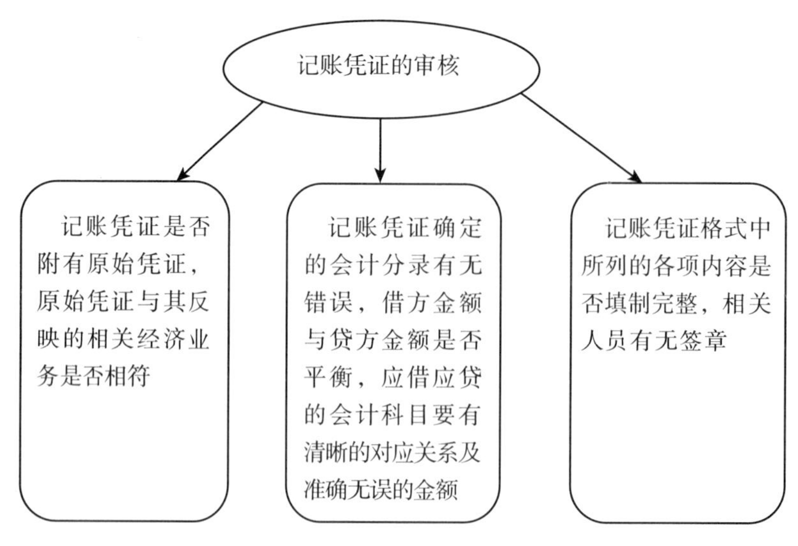

图 2-15　记账凭证的审核

第四节　会计凭证的传递和保管

一、会计凭证的传递

会计凭证的传递是指凭证从填制或取得，经一系列审核到归档保管的传递过程。

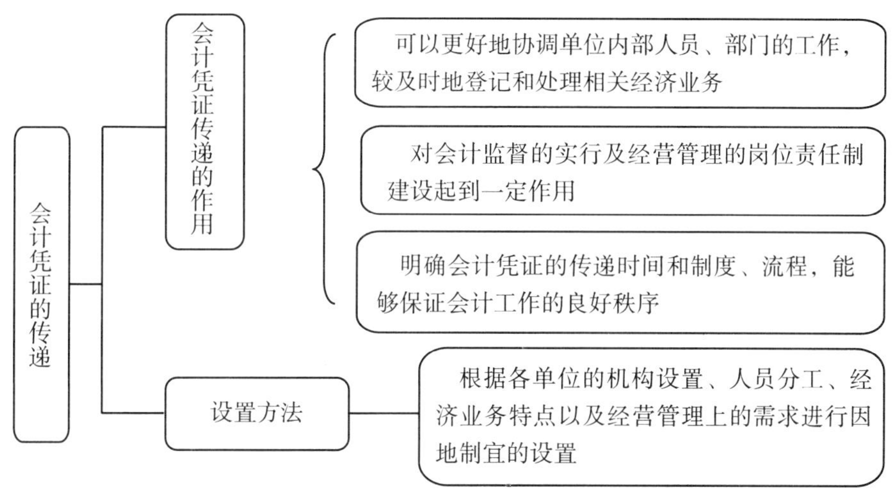

图 2-16　会计凭证的传递

二、会计凭证的保管

因为会计凭证是记账的依据，所以为了方便工作，会计部门对会计凭证要加以整理、归类后妥善保管。

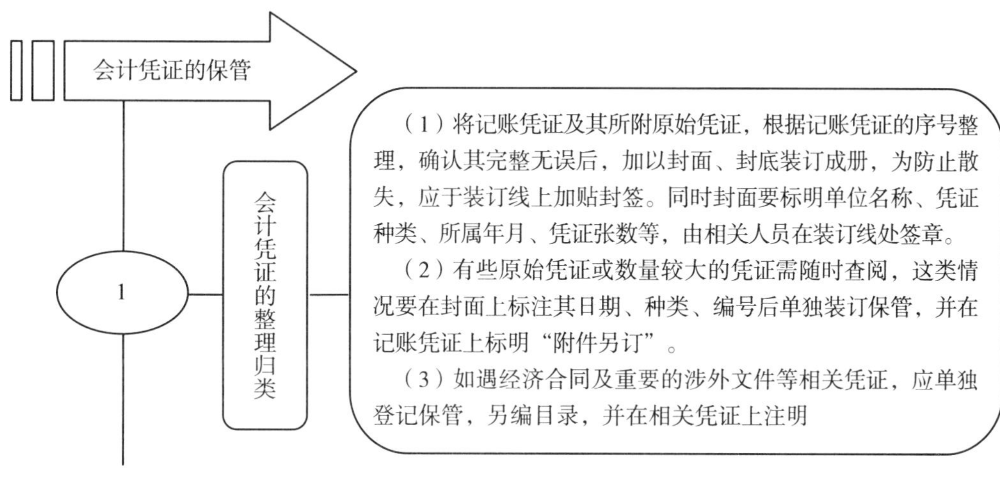

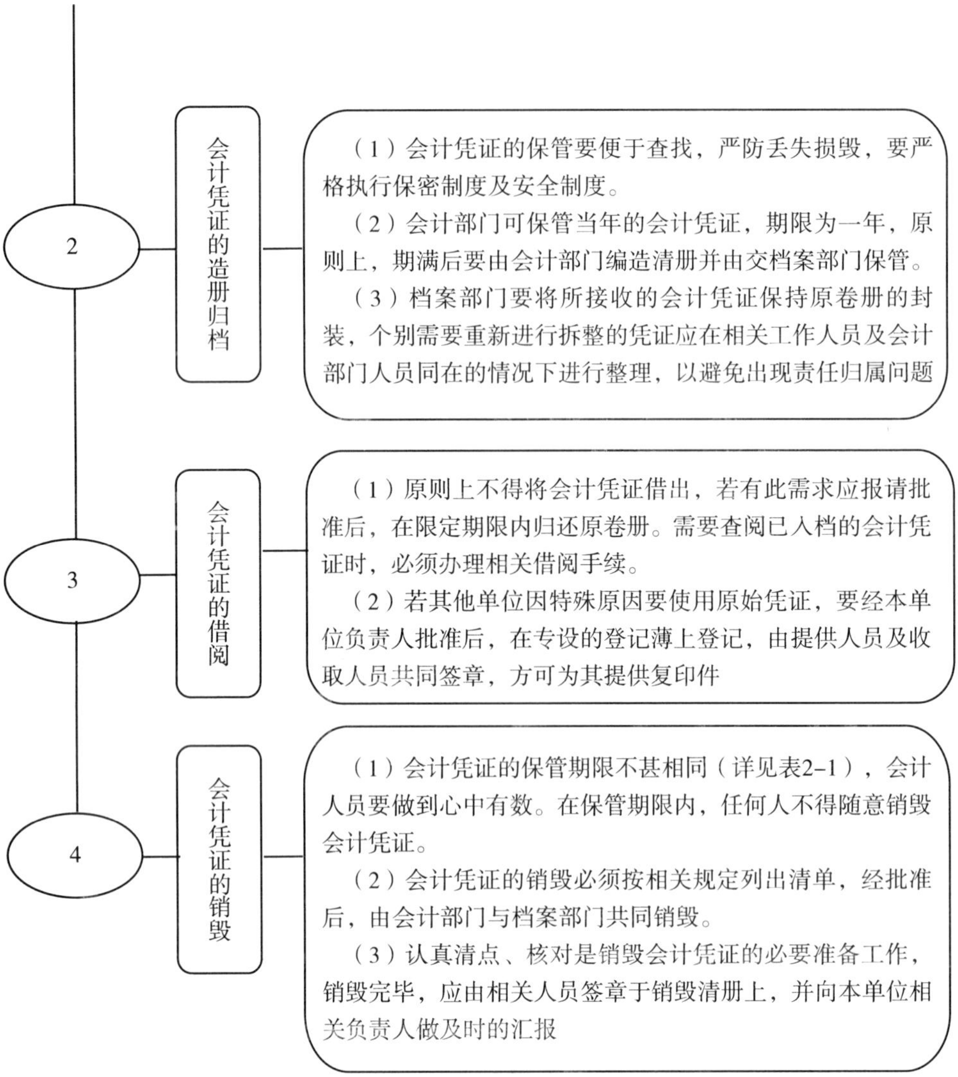

编号	事项	内容
2	会计凭证的造册归档	（1）会计凭证的保管要便于查找，严防丢失损毁，要严格执行保密制度及安全制度。 （2）会计部门可保管当年的会计凭证，期限为一年，原则上，期满后要由会计部门编造清册并由交档案部门保管。 （3）档案部门要将所接收的会计凭证保持原卷册的封装，个别需要重新进行拆整的凭证应在相关工作人员及会计部门人员同在的情况下进行整理，以避免出现责任归属问题
3	会计凭证的借阅	（1）原则上不得将会计凭证借出，若有此需求应报请批准后，在限定期限内归还原卷册。需要查阅已入档的会计凭证时，必须办理相关借阅手续。 （2）若其他单位因特殊原因要使用原始凭证，要经本单位负责人批准后，在专设的登记薄上登记，由提供人员及收取人员共同签章，方可为其提供复印件
4	会计凭证的销毁	（1）会计凭证的保管期限不甚相同（详见表2-1），会计人员要做到心中有数。在保管期限内，任何人不得随意销毁会计凭证。 （2）会计凭证的销毁必须按相关规定列出清单，经批准后，由会计部门与档案部门共同销毁。 （3）认真清点、核对是销毁会计凭证的必要准备工作，销毁完毕，应由相关人员签章于销毁清册上，并向本单位相关负责人做及时的汇报

图 2-17　会计凭证的保管

表 2-1　企业和其他组织会计档案保管期限表

序号	档案名称	保管期限	备注
	一、会计凭证		
1	原始凭证	30 年	
2	记账凭证	30 年	
	二、会计账簿		
3	总账	30 年	
4	明细账	30 年	
5	日记账	30 年	
6	固定资产卡片		固定资产报废清理后保管 5 年
7	其他辅助性账簿	30 年	

续表

序号	档案名称	保管期限	备注
三、财务会计报告			
8	月度、季度、半年度财务会计报告	10年	
9	年度财务会计报告	永久	
四、其他会计资料			
10	银行存款余额调节表	10年	
11	银行对账单	10年	
12	纳税申报表	10年	
13	会计档案移交清册	30年	
14	会计档案保管清册	永久	
15	会计档案销毁清册	永久	
16	会计档案鉴定意见书	永久	

第三章　会计账簿

本章导读

会计账簿是指由一定格式的账页组成，以会计凭证为依据，全面、系统、连续地记录各项经济业务的簿籍。企业通过将会计凭证中反映的经济内容过入相应账簿，可以全面反映会计主体在一定时期内所发生的各项资金运动，储存所需要的会计信息；通过账簿的设置和登记，可以将企业不同的信息分门别类地加以反映，提供企业一定时期内经济活动的详细情况，也可以反映企业财务及经营成果状况。另外通过会计账簿的设置，可以建立起账证、账账、账表之间的勾稽关系，可以检查、校正会计信息。

在会计核算中，对每一项经济业务，都必须取得和填制会计凭证。但会计凭证数量很多，又很分散，而且只能分散地反映个别经济业务的内容，不能全面、连续、系统地反映和监督一个经济单位在一定时期内某类和全部经济业务的变化情况，且不便于日后查阅。因此，为了给经济管理提供系统的核算资料，就要运用登记账簿的方法，把大量分散的会计凭证核算资料，加以集中和归类整理，登记到账簿中去。

设置和登记账簿，是对经济信息进行加工整理的一种专门方法，也是会计核算的中心环节。账簿的作用，可以概括如下：

1. 账簿可以为企业经营管理提供系统、完整的会计核算资料

通过设置和登记账簿，可以把会计凭证提供的大量分散的核算资料，加以归类整理，以全面地、连续地、系统地反映企业的经济活动情况，这对于加强经济核算、提高企业经营管理水平具有重要作用。

2. 账簿可以为编制会计报表提供数据资料

企业定期编制的会计报表的主要依据来自于账簿记录，而账簿又是进行会计分析和会计检查的必要依据。因此，账簿的记录和设置正确、完整与否，直接影响财务报告的质量。

3. 账簿是考核企业经营业绩、加强经济核算、分析经济活动的重要依据

账簿既提供了总括的核算资料，又提供了明细的核算资料，提供了成本、费用、收入和财务成果的会计信息。通过会计账簿，可分析出企业经营过程中存在的问题，及时总结经验，以便加强企业管理。

第一节　会计账簿概述

一、会计账簿的含义及意义

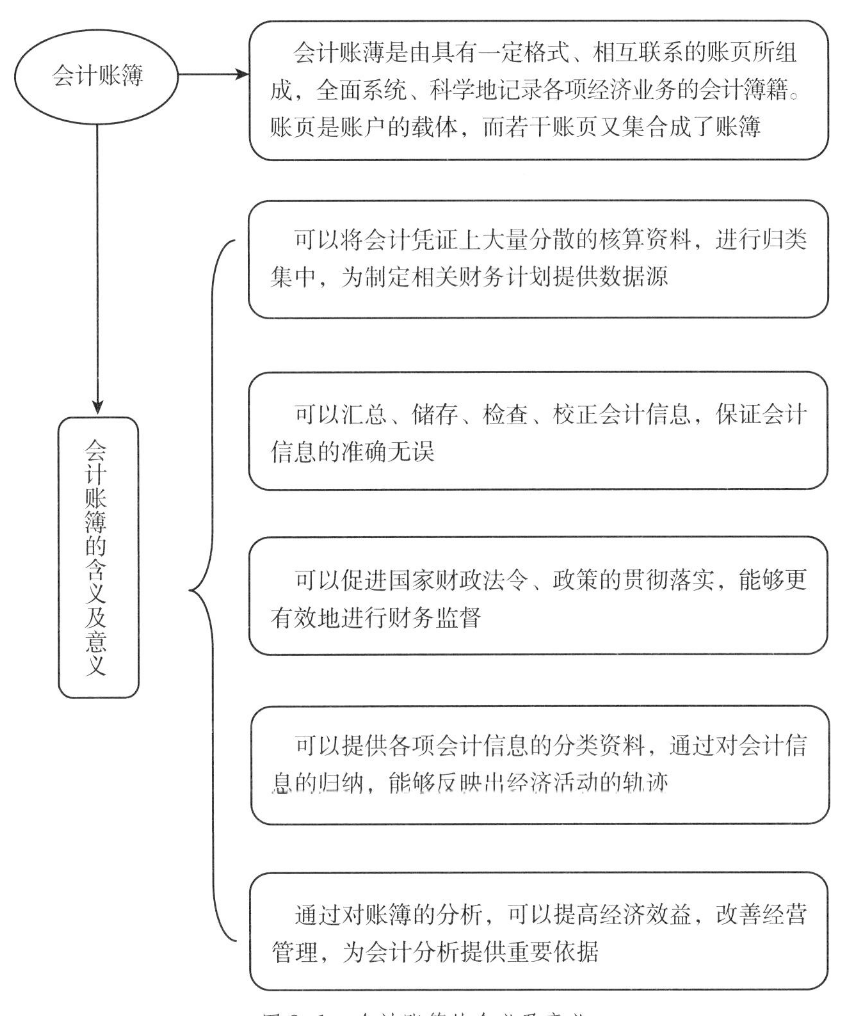

图 3-1　会计账簿的含义及意义

二、会计账簿的分类

会计账簿可按外表特征、账页格式和用途进行分类。

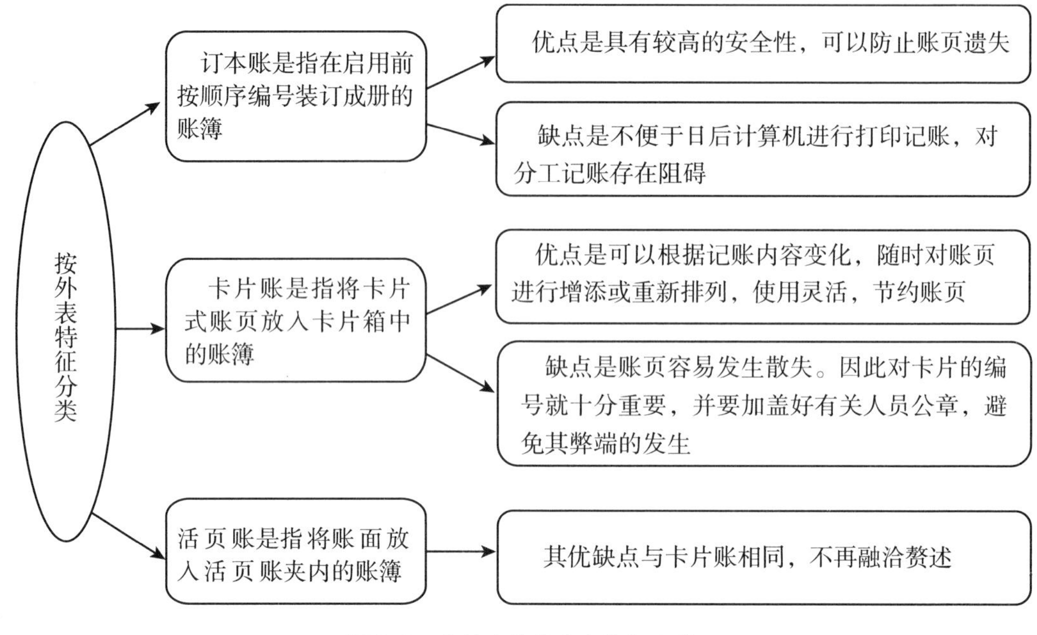

图 3-2　会计账簿按外表特征分类

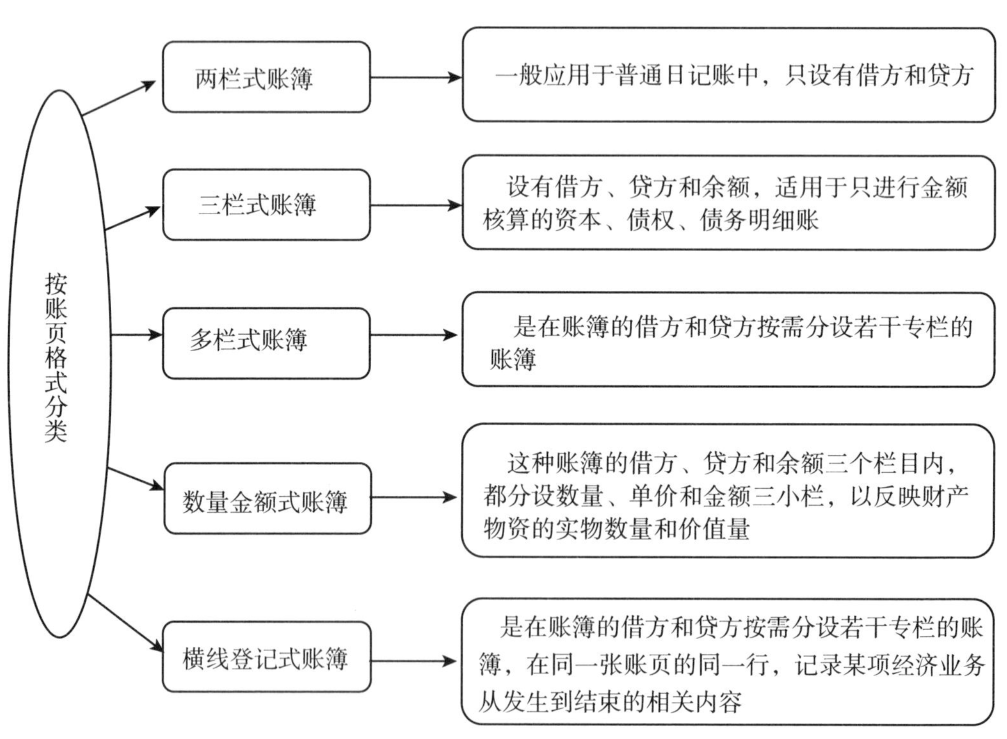

图 3-3　会计账簿按账页格式分类

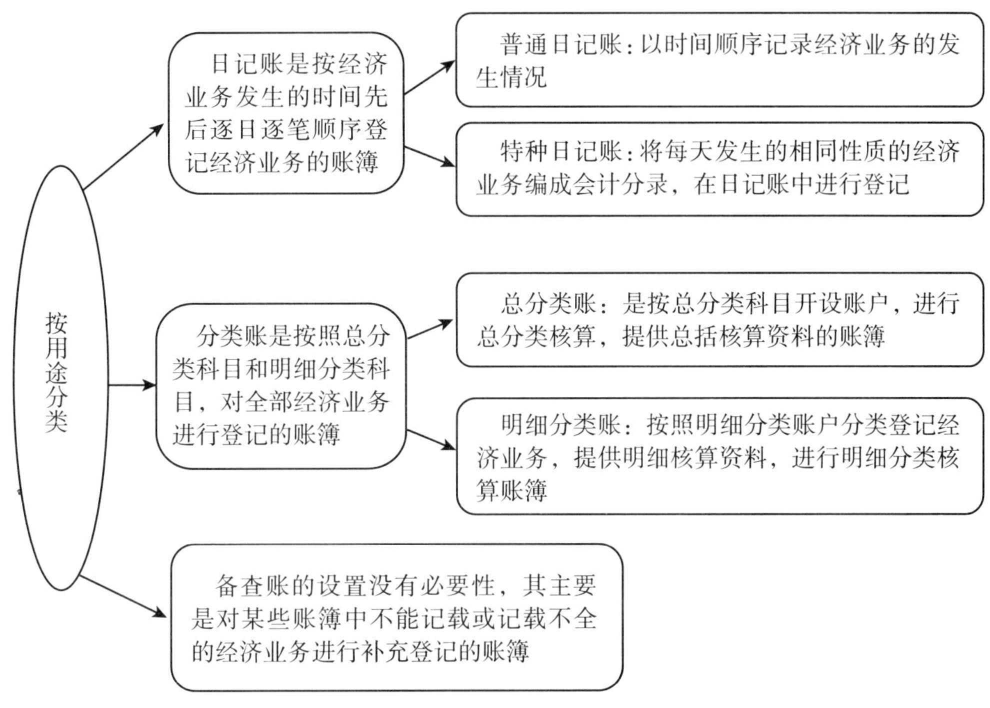

图 3-4 会计账簿按用途分类

三、会计账簿的设计原则

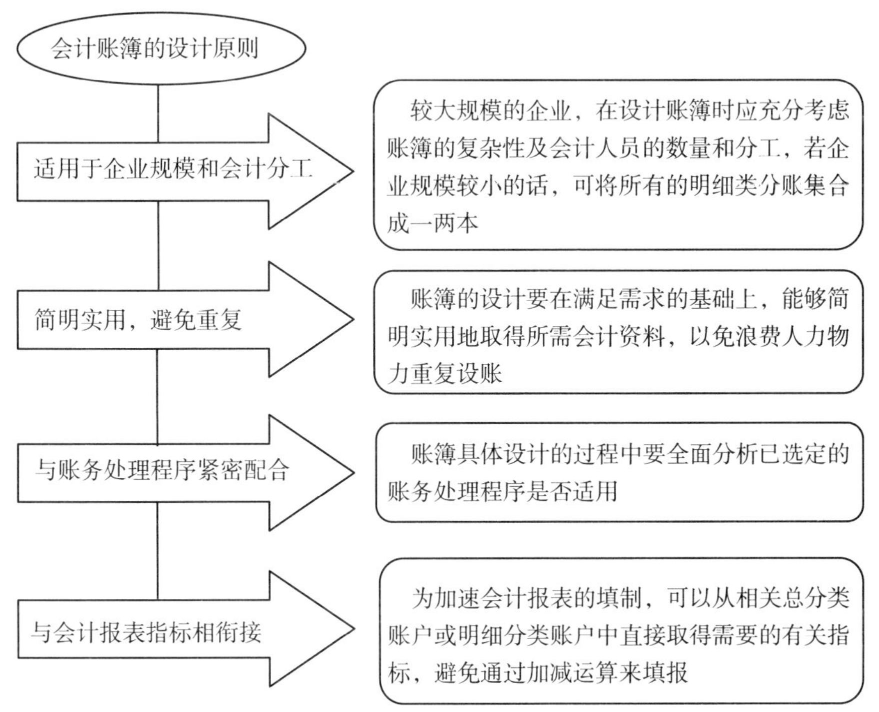

图 3-5 会计账簿的设计原则

第二节　会计账簿的登记

一、会计账簿的基本要素

会计账簿的基本要素为封面、扉页和账页，其具体内容如图 3-6 所示。

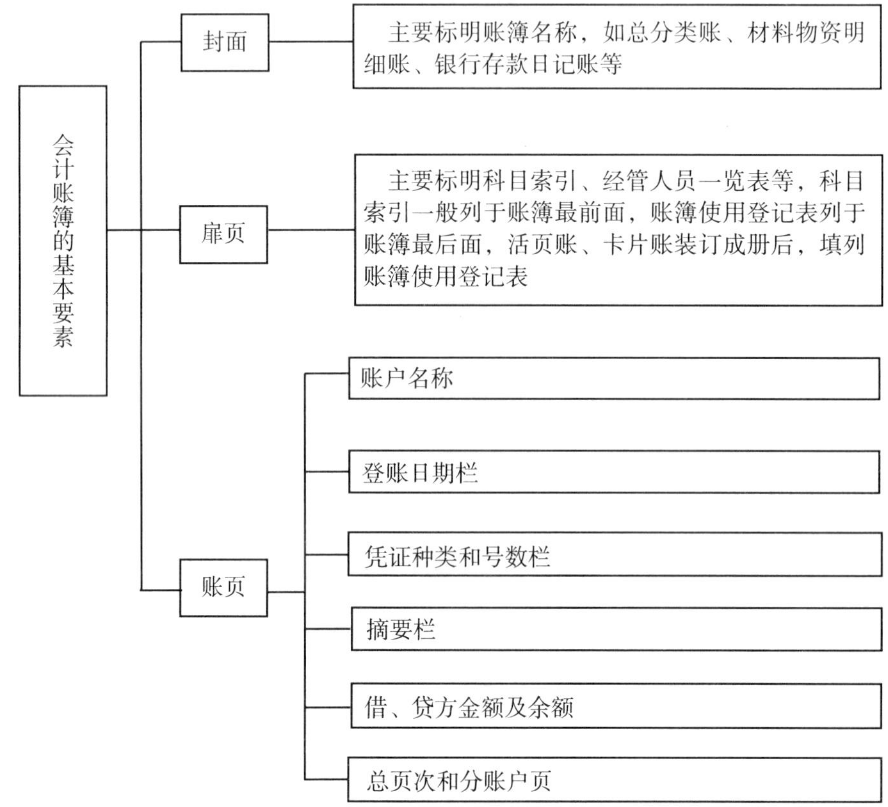

图 3-6　会计账簿的基本要素

封面、扉页及账页的格式分别如图 3-7、图 3-8、表 3-1 所示。

____

_____年_______月_____日

会计账簿封面

科目名称：________________

____

____

____

第____册　　　共____册

财务负责人______记账______复核______保管______装订人______

图 3-7　会计账簿封面

<table>
<tr><td colspan="11">启用表</td></tr>
<tr><td colspan="2">单位名称</td><td colspan="2"></td><td></td><td colspan="2"></td><td rowspan="2">负责人姓名</td><td colspan="3">记账人员</td></tr>
<tr><td rowspan="5">账
簿</td><td>名称</td><td colspan="5"></td><td>姓名</td><td>盖章</td><td>日期</td></tr>
<tr><td>号数</td><td colspan="2"></td><td>册数</td><td colspan="2"></td><td></td><td></td><td></td><td></td></tr>
<tr><td colspan="2">内容页数</td><td colspan="2"></td><td colspan="2"></td><td>盖章</td><td></td><td></td><td></td></tr>
<tr><td colspan="2">启用日期</td><td colspan="4">年　　月　　日</td><td rowspan="2"></td><td></td><td></td><td></td></tr>
<tr><td colspan="2">截止日期</td><td colspan="4">年　　月　　日</td><td></td><td></td><td></td></tr>
<tr><td colspan="11">经管人员</td></tr>
<tr><td colspan="4">记账人员</td><td colspan="4">接管日期</td><td colspan="3">移交日期</td></tr>
<tr><td>职务</td><td>姓名</td><td colspan="2">盖章</td><td colspan="2">年</td><td>月</td><td>日</td><td>年</td><td>月</td><td>日</td></tr>
<tr><td></td><td></td><td colspan="2"></td><td colspan="2"></td><td></td><td></td><td></td><td></td><td></td></tr>
<tr><td></td><td></td><td colspan="2"></td><td colspan="2"></td><td></td><td></td><td></td><td></td><td></td></tr>
<tr><td></td><td></td><td colspan="2"></td><td colspan="2"></td><td></td><td></td><td></td><td></td><td></td></tr>
<tr><td></td><td></td><td colspan="2"></td><td colspan="2"></td><td></td><td></td><td></td><td></td><td></td></tr>
<tr><td></td><td></td><td colspan="2"></td><td colspan="2"></td><td></td><td></td><td></td><td></td><td></td></tr>
</table>

图 3-8　会计账簿启用表

表 3-1

现 金 日 记 账

年度

第　　页

20××年		凭证号数	摘要	对方科目	收入（借方）金额										√	付出（贷方）金额										√	结余金额										√
月	日				千	百	十	万	千	百	十	元	角	分		千	百	十	万	千	百	十	元	角	分		千	百	十	万	千	百	十	元	角	分	

二、日记账的设置与登记

每一个企业都必须设置现金日记账和银行存款日记账。其中，现金日记账是用来按日反映库存现金收入、付出、结余情况的特种记账方式，而银行存款日记账则是专门用来记录银行存款收支业务的。其设置及登记方法，详见图 3-9 及图 3-10。

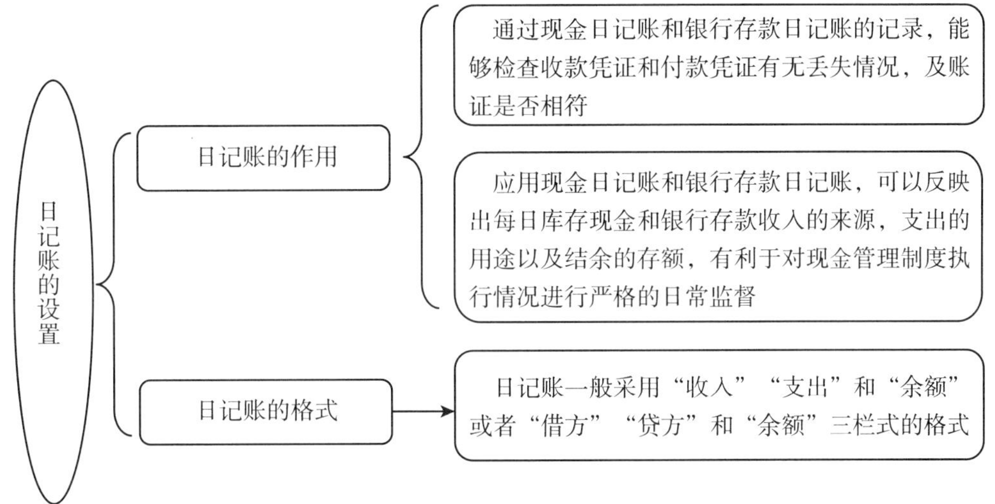

图 3-9　日记账的设置

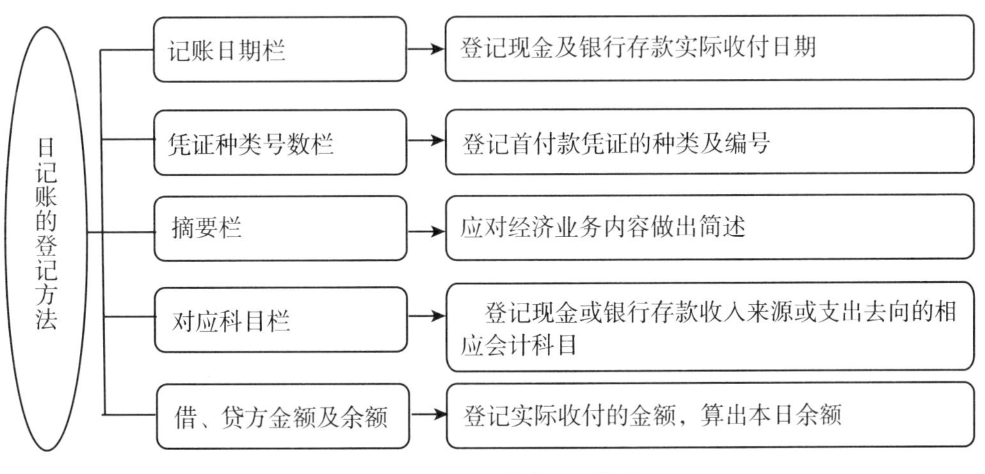

图 3-10　日记账的登记方法

现金日记账及银行存款日记账的格式分别如表 3-2 及表 3-3 所示。

表 3-2

现金日记账

第　　页

年		凭证号		对应科目	摘要	借方										贷方										余额									
月	日	现收	现付			千	百	十	万	千	百	十	元	角	分	千	百	十	万	千	百	十	元	角	分	千	百	十	万	千	百	十	元	角	分

表 3-3

银行存款日记账

第　　页

年		凭证号		对应科目	摘要	借方										√	贷方										√	余额									
月	日	现收	现付			千	百	十	万	千	百	十	元	角	分		千	百	十	万	千	百	十	元	角	分		千	百	十	万	千	百	十	元	角	分

三、分类账的设置与登记

按账户所记录的经济业务的详略程度划分，可分为总分类账和明细分类账。

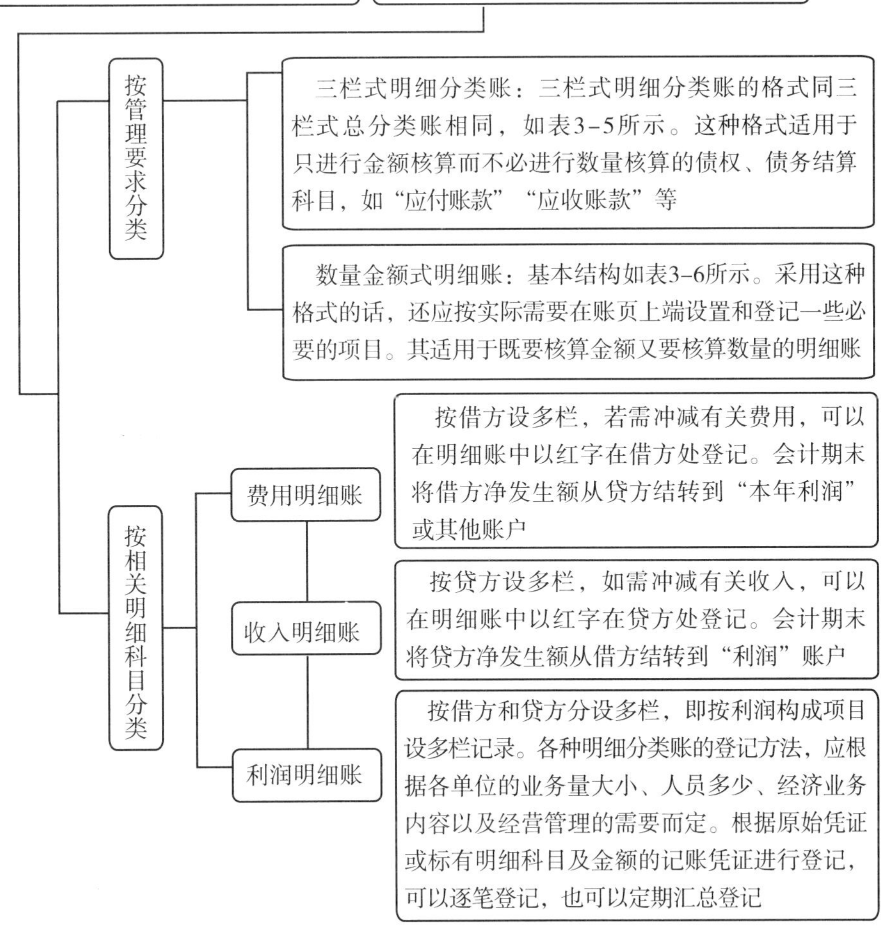

图 3-11　分类账的设置与登记

表 3-4

日记总账

年　　月份

年		凭证		摘要	借方										贷方										余额									
月	日	字	号																															
				月初余额	千	百	十	万	千	百	十	元	角	分	千	百	十	万	千	百	十	元	角	分	千	百	十	万	千	百	十	元	角	分
				发生额合计																														
				月末余额																														

表 3-5　三栏式明细分类账

账簿名称
明 细 科 目

年		凭证		摘要	借方										贷方										借成贷										余额									
月	日	字	号																																									
					千	百	十	万	千	百	十	元	角	分	千	百	十	万	千	百	十	元	角	分	千	百	十	万	千	百	十	元	角	分	千	百	十	万	千	百	十	元	角	分

表 3-6　数量金额式明细账

账簿名称

类别：　　　　　　　　编号：

品名或规格：　　　　　存放地点：

储备定额：　　　　　　计量单位：

年		凭证		摘要	收入			发出			结存		
月	日	字	号		数量	单价	金额	数量	单价	金额	数量	单价	金额

第四章　会计核算

本章导读

会计核算是指以货币为主要计量单位，通过确认、计量、记录和报告等环节，对特定主体的经济活动进行记账、算账和报账，为相关会计信息使用者提供决策所需的会计信息。会计核算的基本环节如下：

（1）确认：是指通过一定的标准或方法来确定所发生的经济活动是否应该或是否能够进行会计处理，主要解决定性问题。会计确认分为初始确认和后续确认。

（2）计量：是指以货币为单位对已确定可以进行会计处理的经济活动确定其应记录的金额，主要解决定量问题。

（3）记录：是指通过一定的会计专门方法按照上述确定的金额将发生的经济活动在会计特有的载体上进行登记的工作，是在计量的基础上进行记录。

（4）计算：是指按照一定的会计专门方法将所记录的内容进行计算、汇总。

（5）报告：是指通过编制财务会计报告的形式向有关方面和人员提供会计信息，解决信息体现问题。

会计核算的各种方法主要包括：设置会计科目及账户、复式记账、填制与审核凭证、设置与登记账簿、成本计算、财产清查和编制会计报表。

想了解更多有关会计核算的内容吗？跟随我们一起来翻看下面的介绍吧！

第一节　货币资金和应收项目的核算

一、货币资金

1. 现金的定义

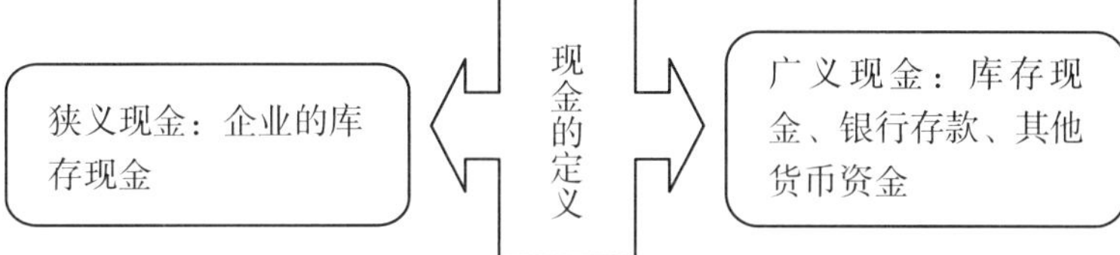

图 4-1　现金的定义

2. 现金管理制度的内容

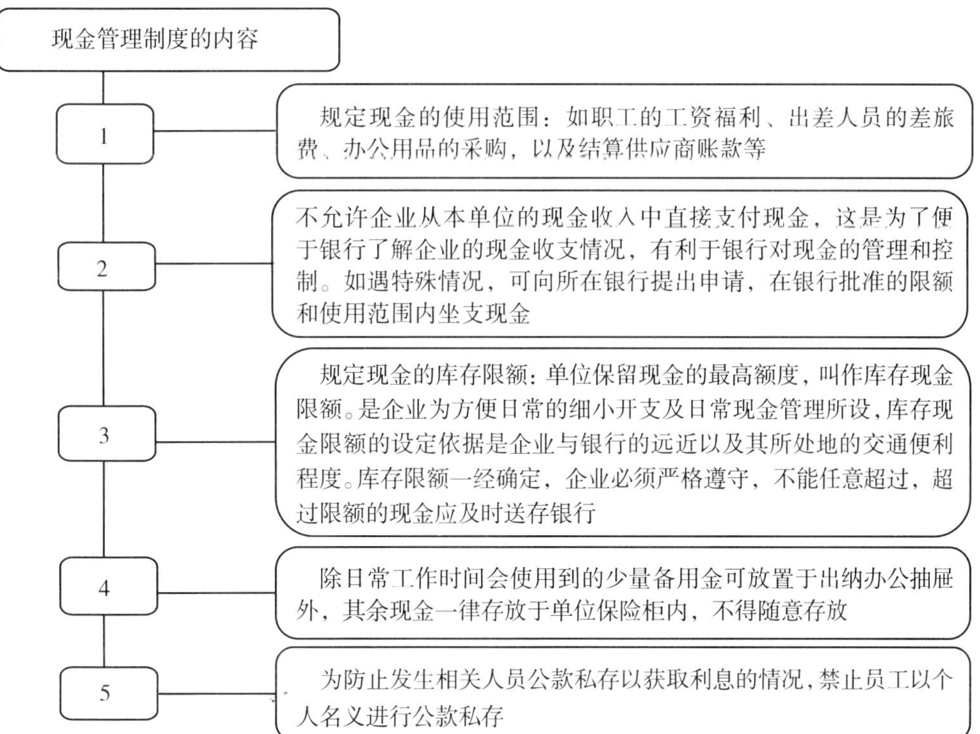

图 4-2　现金管理制度包含的内容

3. 发生现金收支的核算

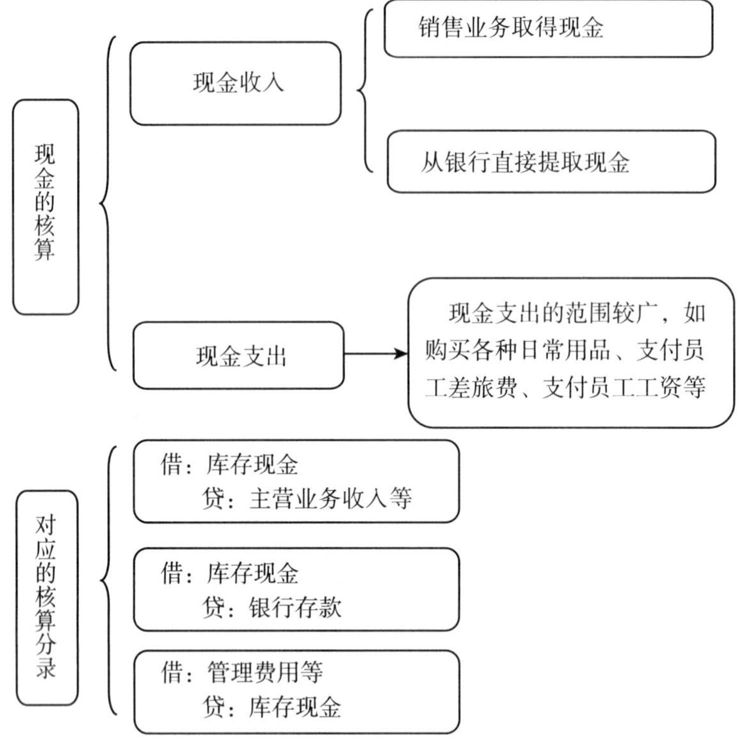

图 4-3　发生现金收支的核算

4. 设置备用金

针对企业日常发生的一些小额开支，如打车费、报刊费等，这些零星支出每次都使用支票不仅不经济更不现实，因此企业需要设立适用的备用金制度。

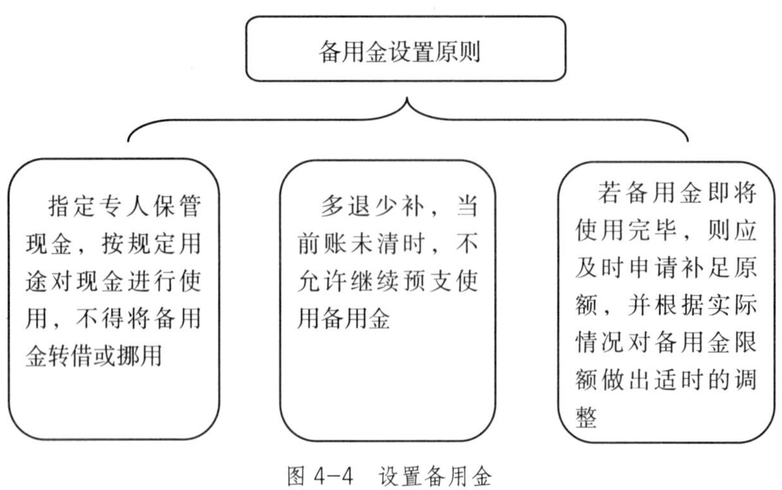

图 4-4　设置备用金

5. 现金的清查

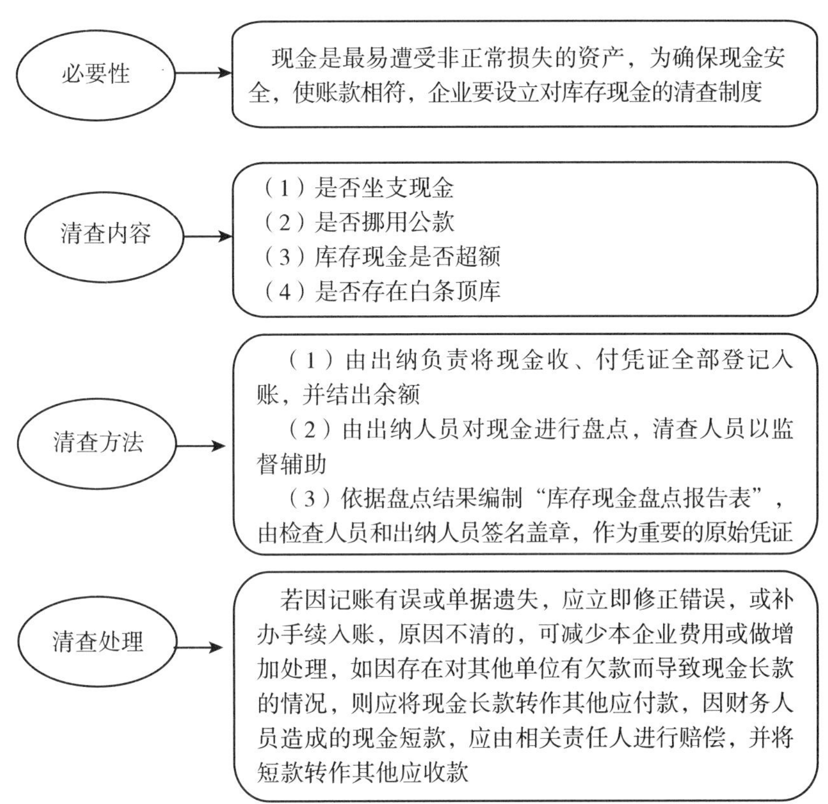

图 4-5　现金的清查

6. 银行存款

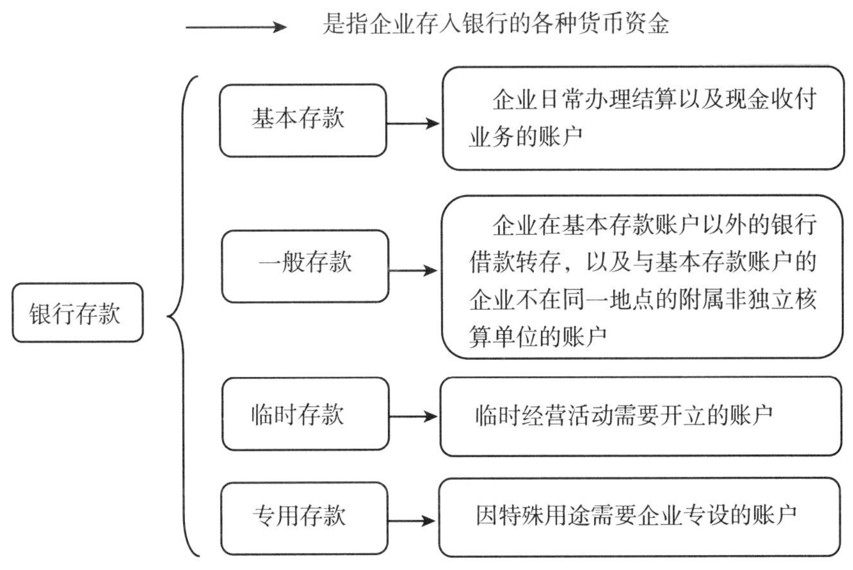

图 4-6　银行存款分类

一个企业只能够选择一家银行机构开立一个基本存款账户，开户时，提供当地工商行政管理机关核发的营业执照正本等有关文件，按规定正确填制开户申请书

企业在银行开立账户后，除按规定留存的库存现金外，所有货币资金都必须存入银行，企业与其他单位之间的一切收付款项，都要通过银行办理转账结算，且账户内必须有可供支付的存款

图 4-7　银行存款注意事项

二、应收账款的核算

1. 应收账款

应收账款是企业应收账款项的重要组成部分，是其在经营过程中由于销售商品、材料或提供劳务等业务，应向购货单位收取的款项，设置“应收账款”账户有利于核算应收账款的发生、收回和结算情况。

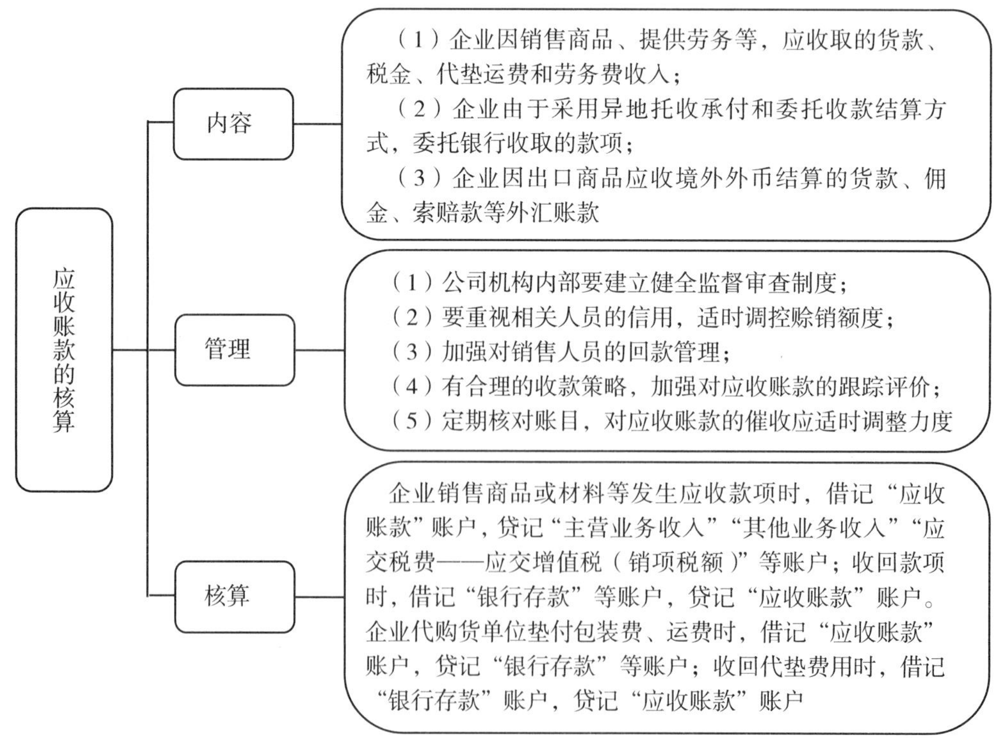

图 4-8　应收账款的核算

2. 预付账款

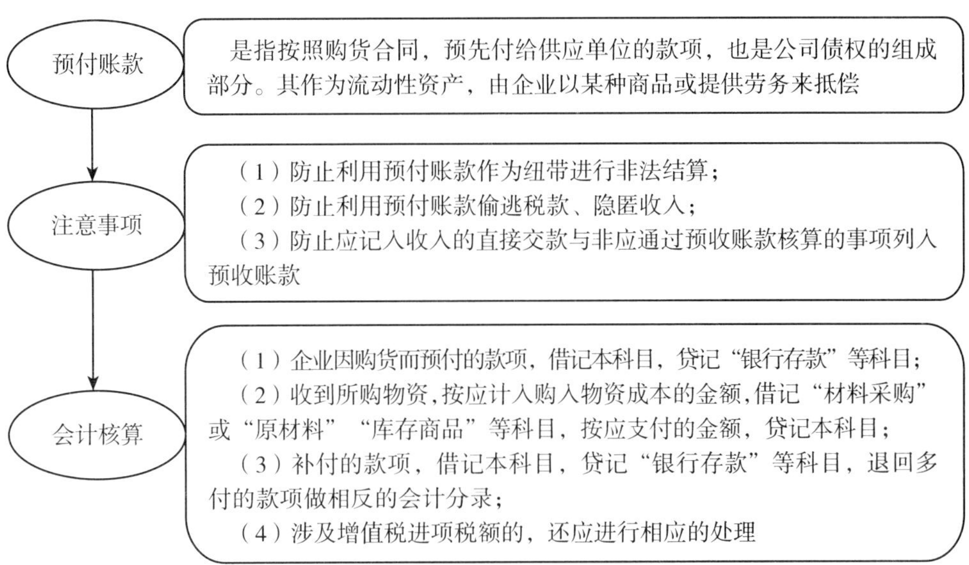

图 4-9 预付账款的核算

3. 应收票据

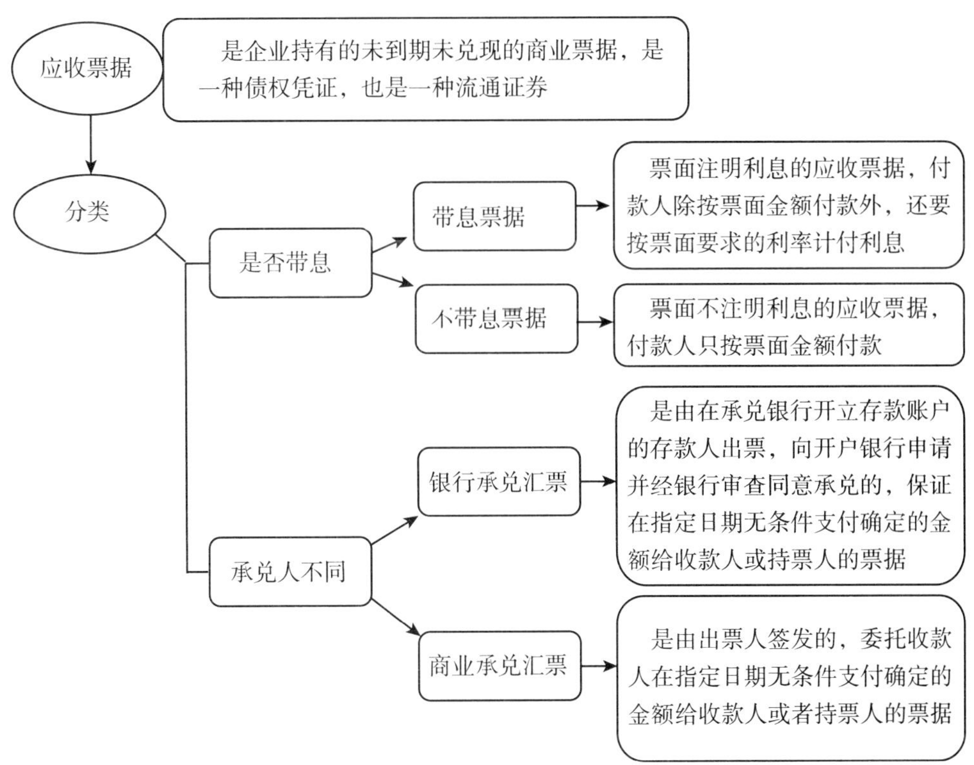

图 4-10 应收票据的概念及分类

应收票据的核算如图 4-11 所示。

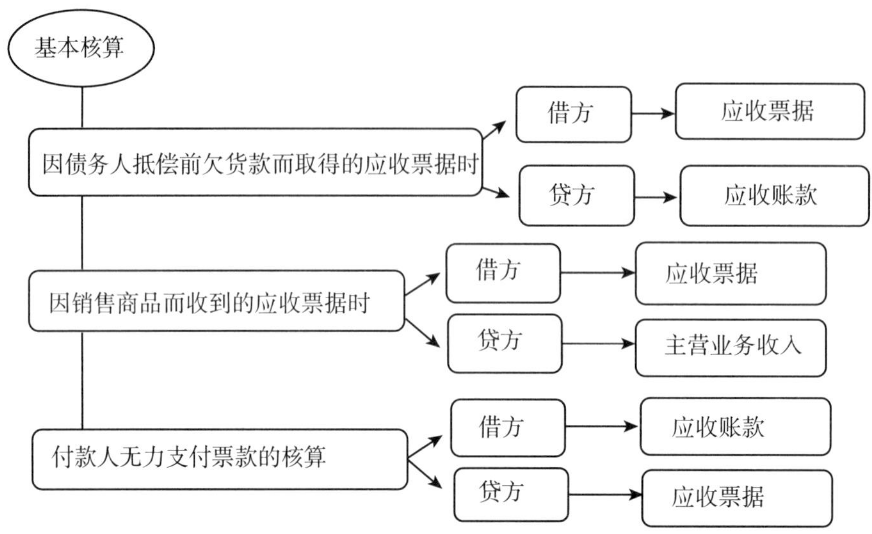

图 4-11 应收票据的核算

应收票据在到期前可进行贴现，其内容如图 4-12 所示。

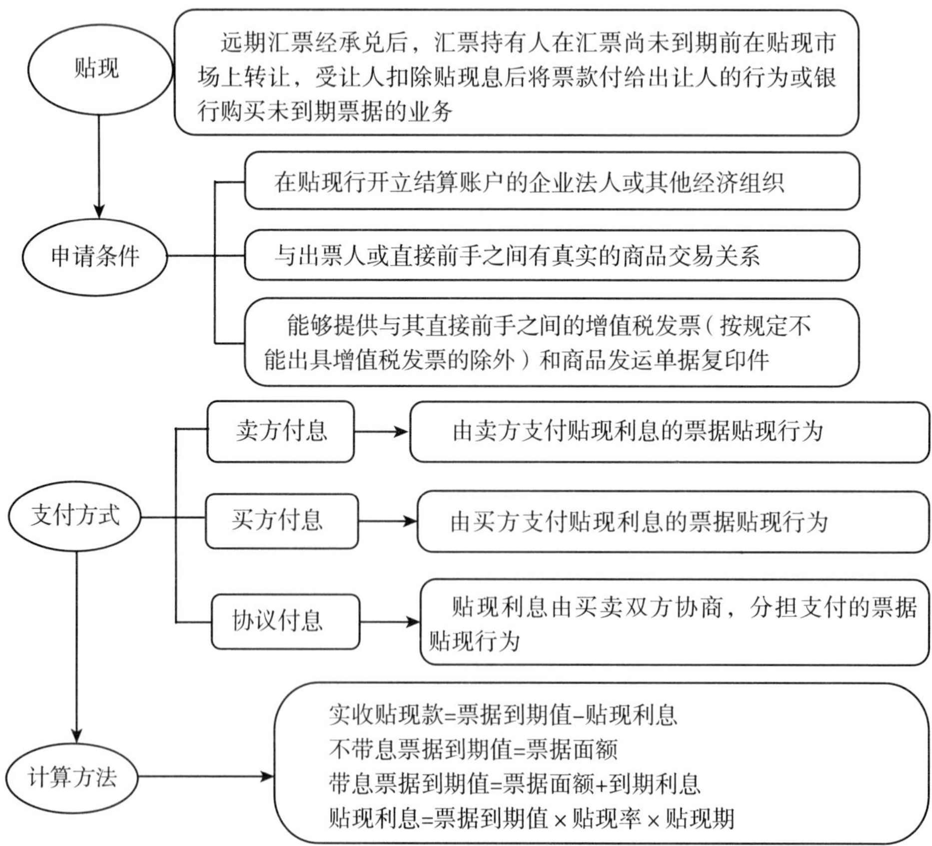

图 4-12 应收票据的贴现

4. 其他应收款

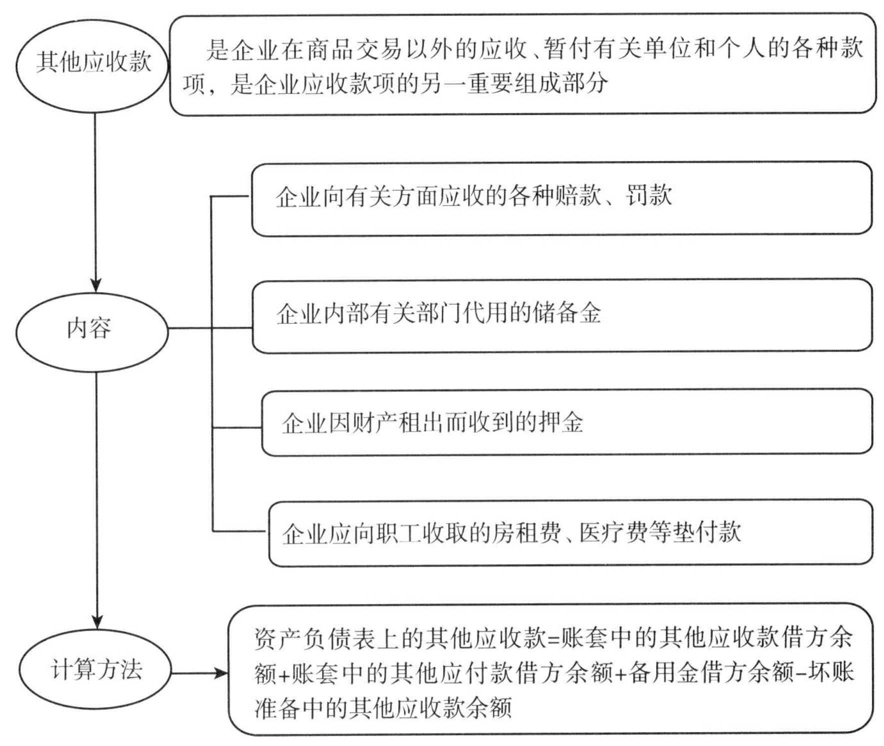

图 4-13　其他应收款的核算

5. 坏账准备

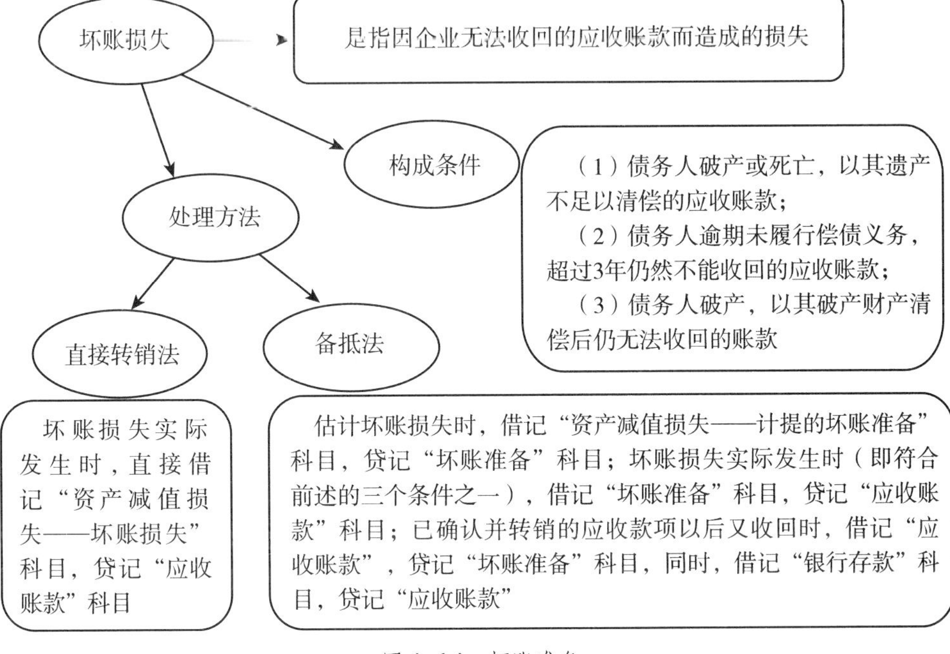

图 4-14　坏账准备

三、交易性金融资产

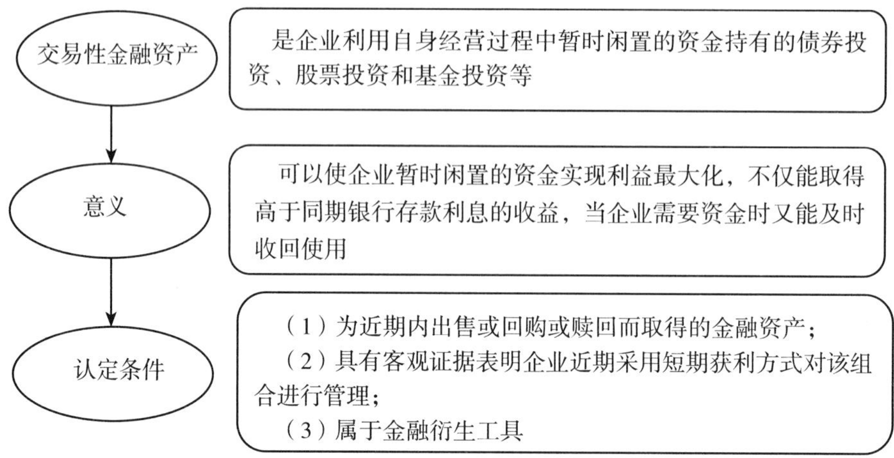

图 4-15　交易性金融资产的认定

交易性金融资产的核算方法如图 4-16 所示。

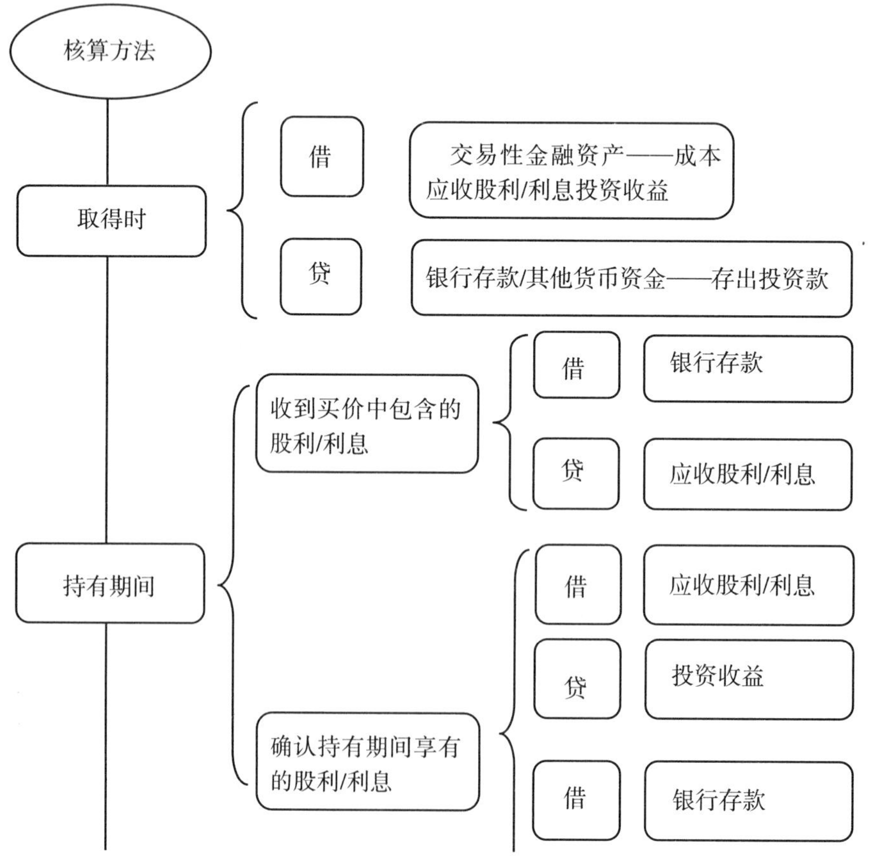

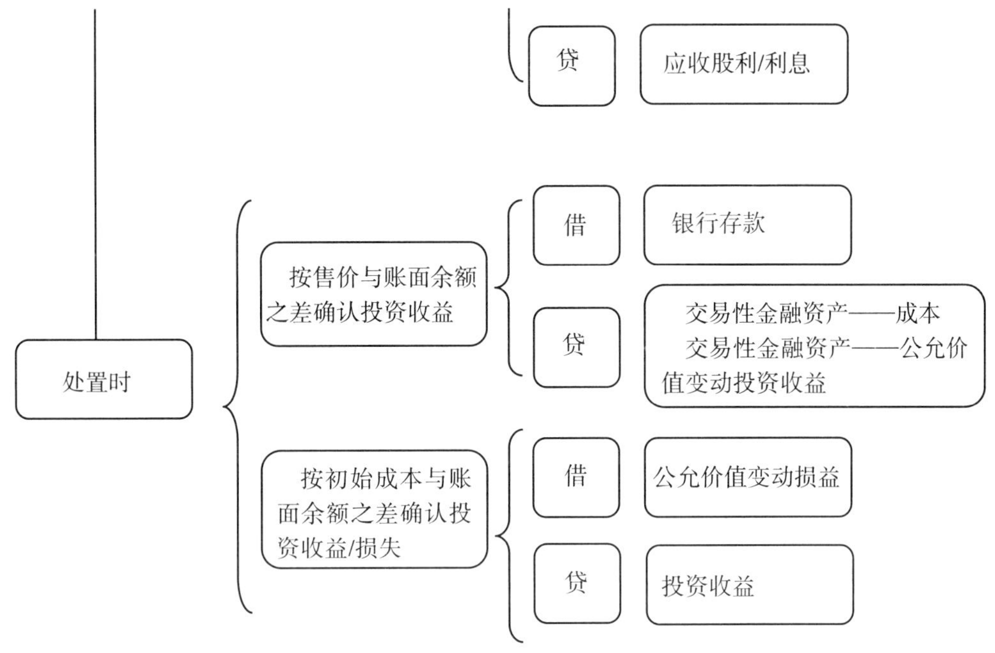

图 4-16 交易性金融资产的核算方法

第二节 存货的核算

一、存货的性质

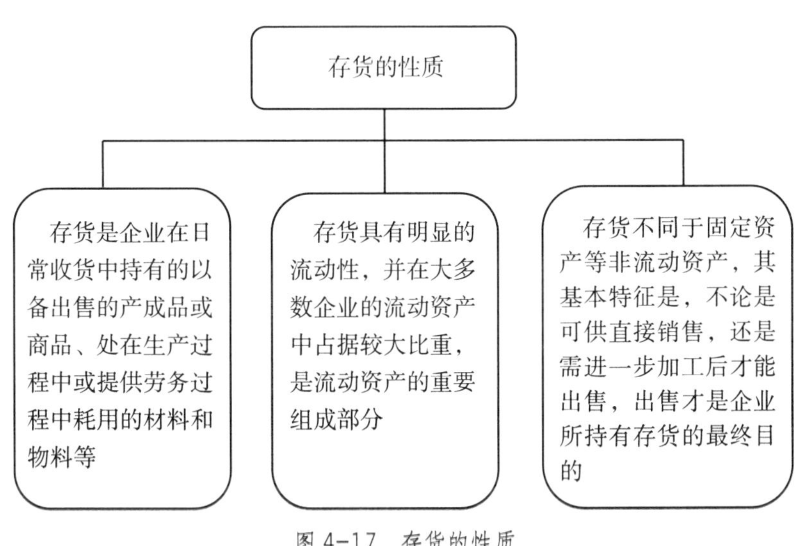

图 4-17 存货的性质

二、存货收入的核算

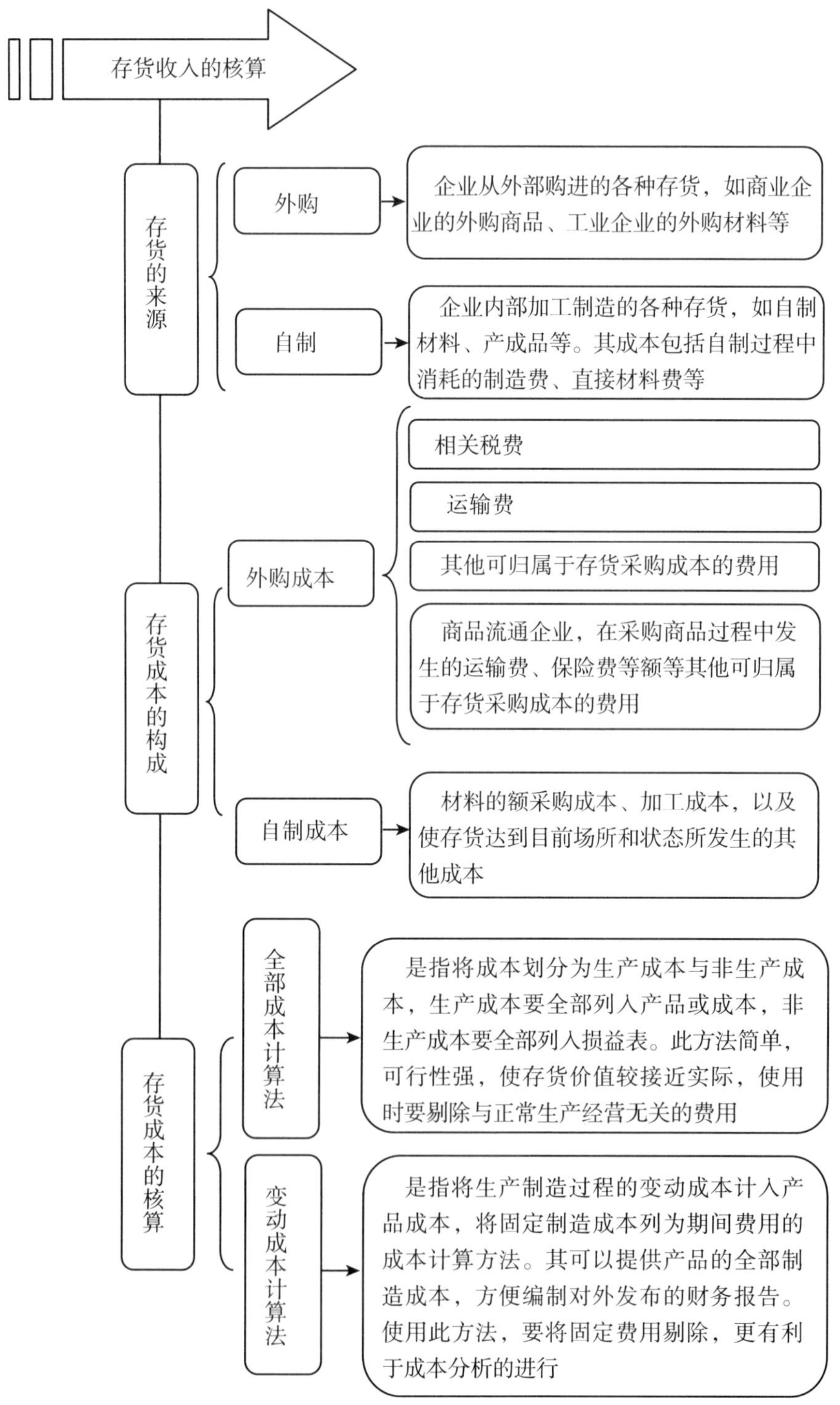

图 4-18　存货收入的核算

三、发出存货的核算

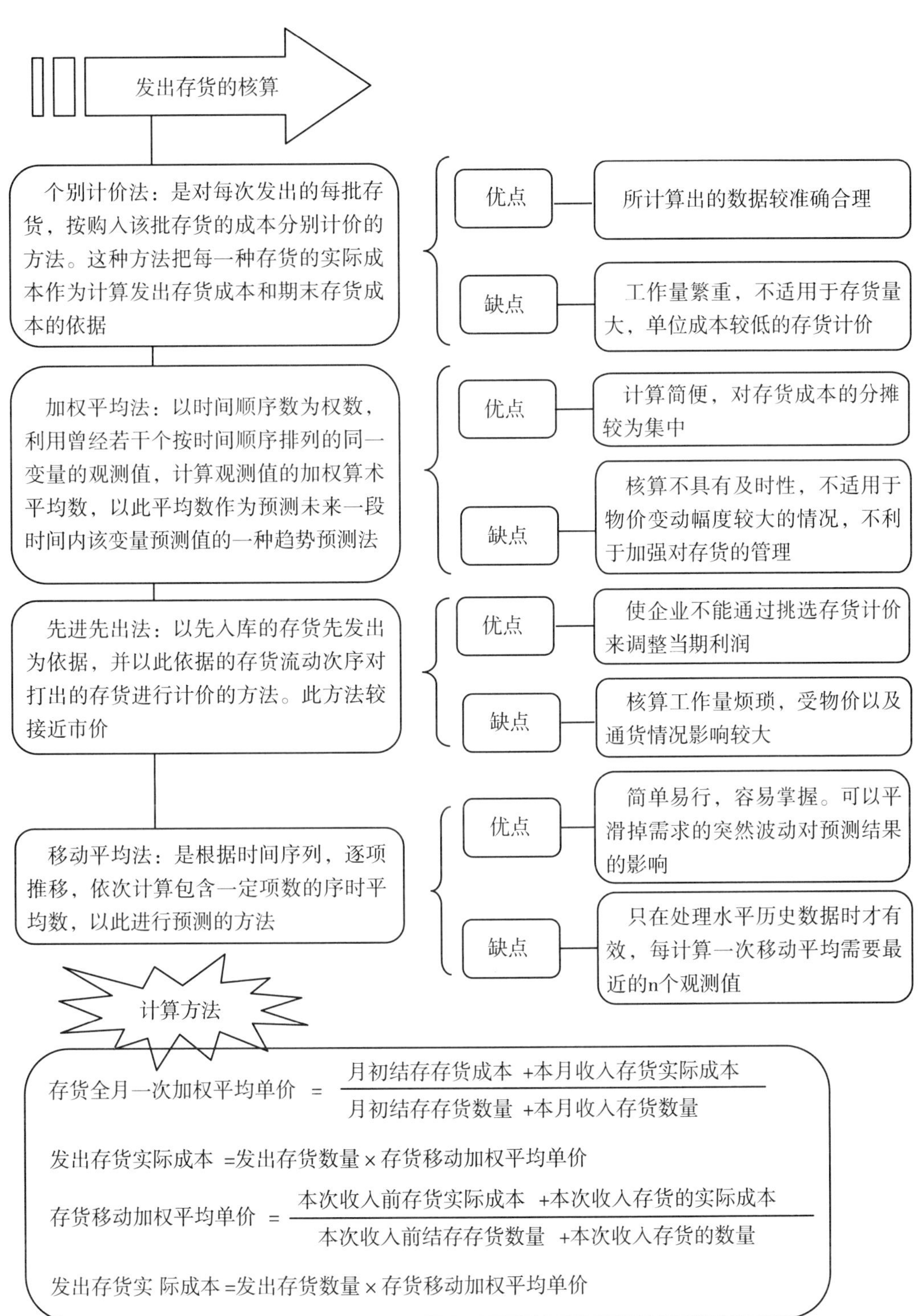

图 4-19　发出存货的核算

四、存货的期末计价与盘存

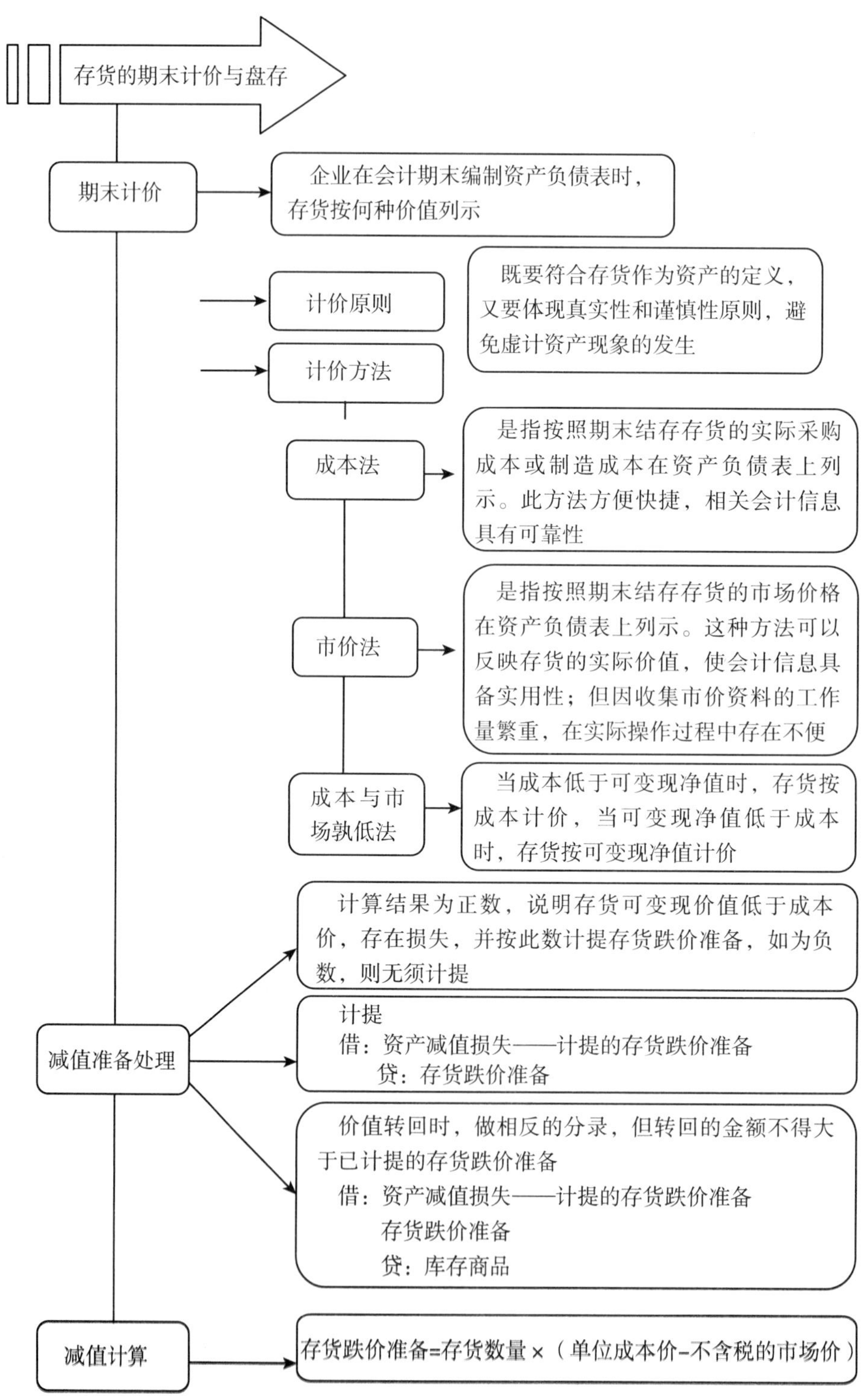

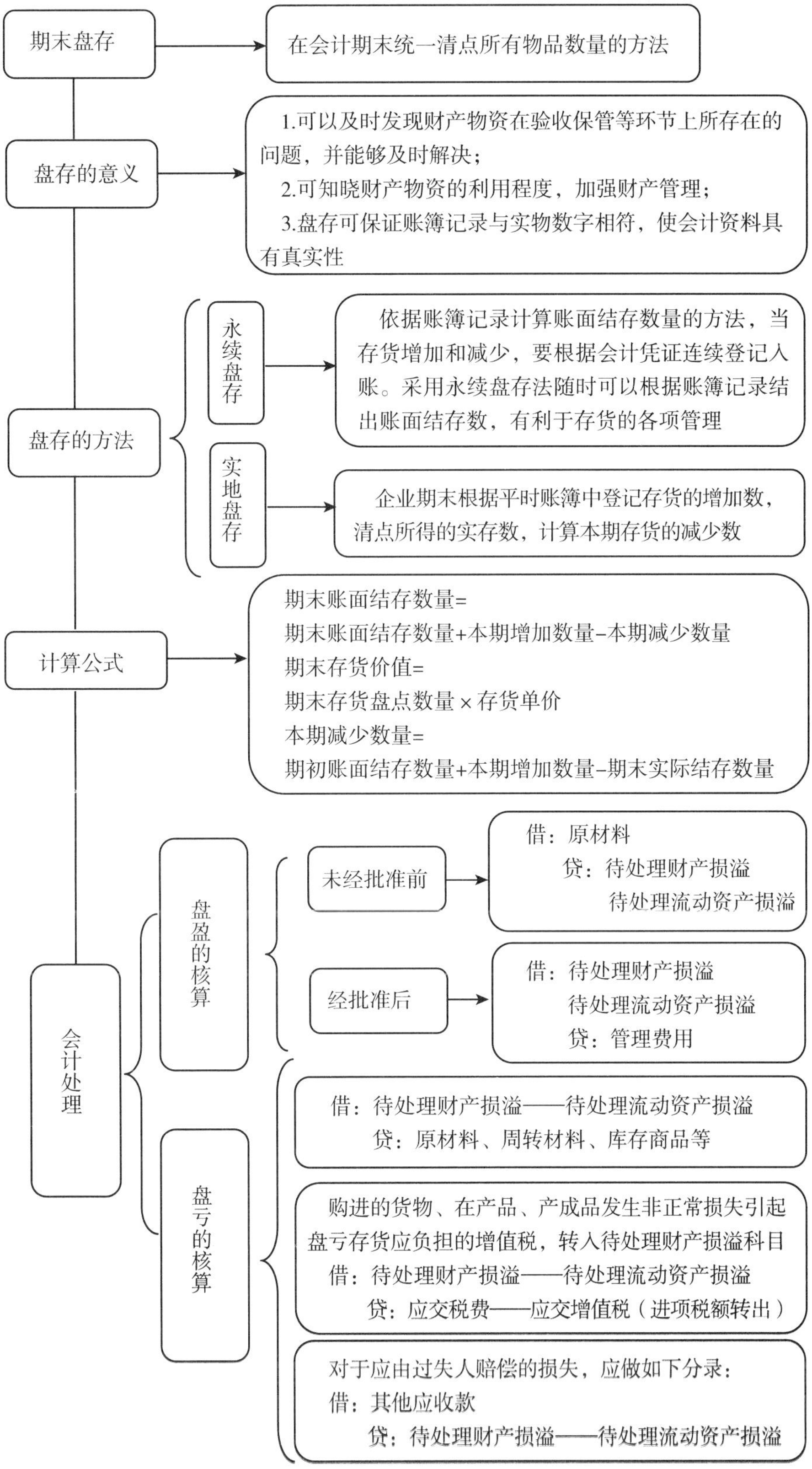

期末盘存

在会计期末统一清点所有物品数量的方法

盘存的意义

1.可以及时发现财产物资在验收保管等环节上所存在的问题，并能够及时解决；

2.可知晓财产物资的利用程度，加强财产管理；

3.盘存可保证账簿记录与实物数字相符，使会计资料具有真实性

盘存的方法

永续盘存

依据账簿记录计算账面结存数量的方法，当存货增加和减少，要根据会计凭证连续登记入账。采用永续盘存法随时可以根据账簿记录结出账面结存数，有利于存货的各项管理

实地盘存

企业期末根据平时账簿中登记存货的增加数，清点所得的实存数，计算本期存货的减少数

计算公式

期末账面结存数量=

期末账面结存数量+本期增加数量−本期减少数量

期末存货价值=

期末存货盘点数量×存货单价

本期减少数量=

期初账面结存数量+本期增加数量−期末实际结存数量

会计处理

盘盈的核算

未经批准前

借：原材料

　贷：待处理财产损溢

　　　待处理流动资产损溢

经批准后

借：待处理财产损溢

　　待处理流动资产损溢

　贷：管理费用

盘亏的核算

借：待处理财产损溢——待处理流动资产损溢

　贷：原材料、周转材料、库存商品等

购进的货物、在产品、产成品发生非正常损失引起盘亏存货应负担的增值税，转入待处理财产损溢科目

借：待处理财产损溢——待处理流动资产损溢

　贷：应交税费——应交增值税（进项税额转出）

对于应由过失人赔偿的损失，应做如下分录：

借：其他应收款

　贷：待处理财产损溢——待处理流动资产损溢

图 4-20　存货的期末计价与盘存

第三节　固定资产的核算

一、固定资产的含义、特征及计价方法

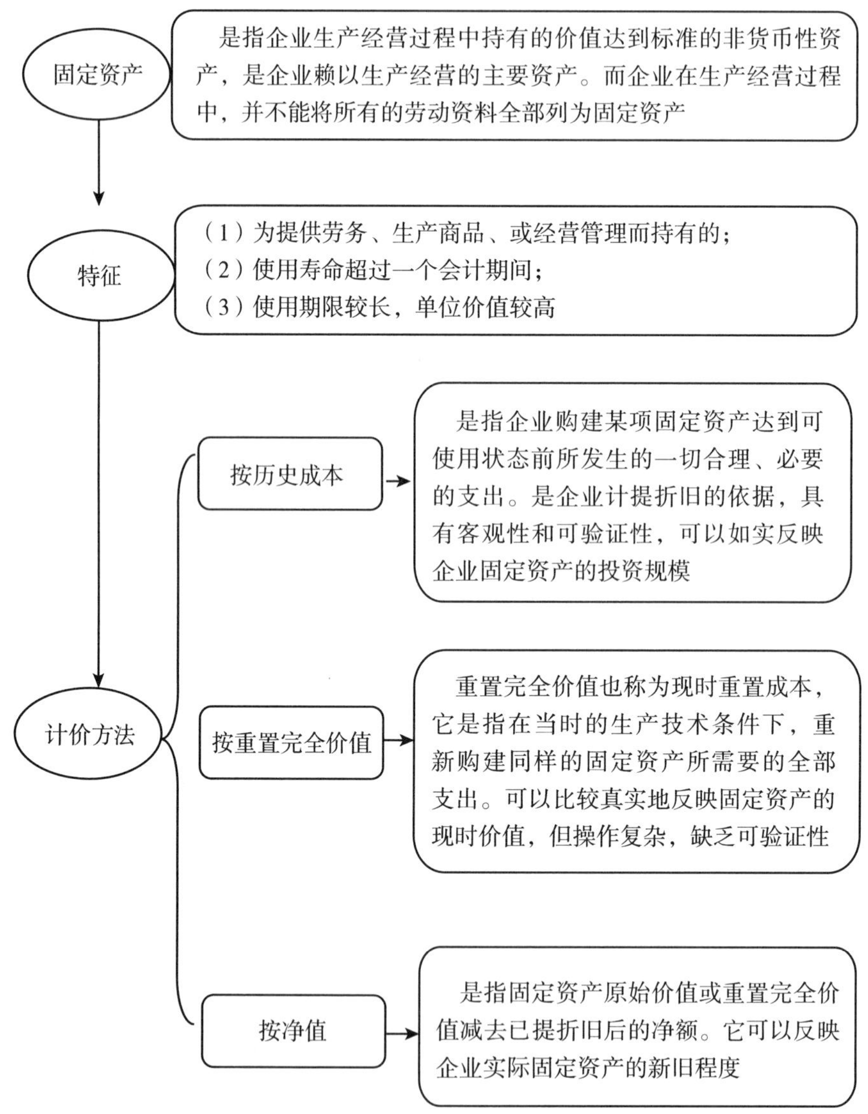

图 4-21　固定资产的含义、特征及计价方法

二、取得固定资产的核算

固定资产的核算通常分为四种情况，如图 4–22 所示。

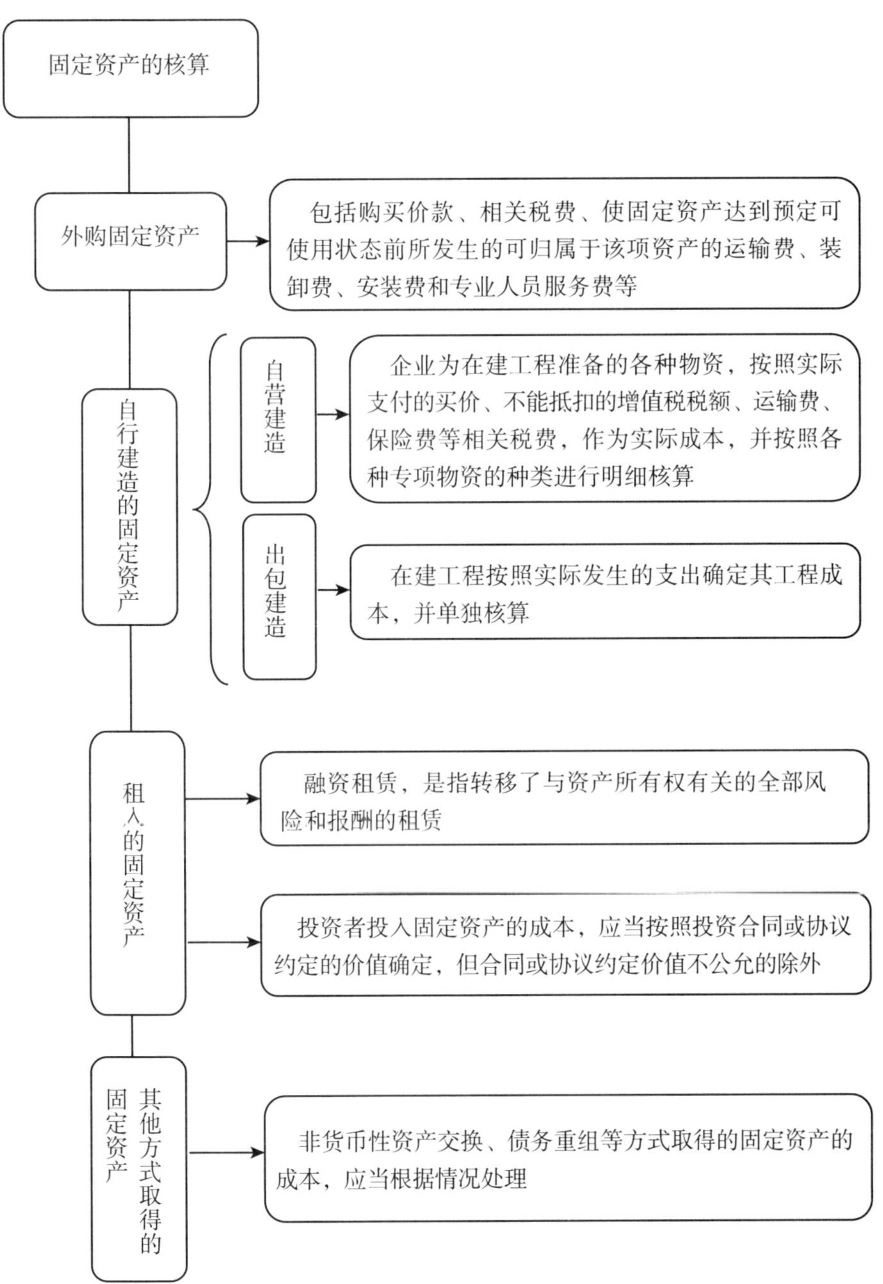

图 4–22　固定资产的取得

三、固定资产折旧

固定资产折旧的含义、分类及影响因素如图 4–23 所示。

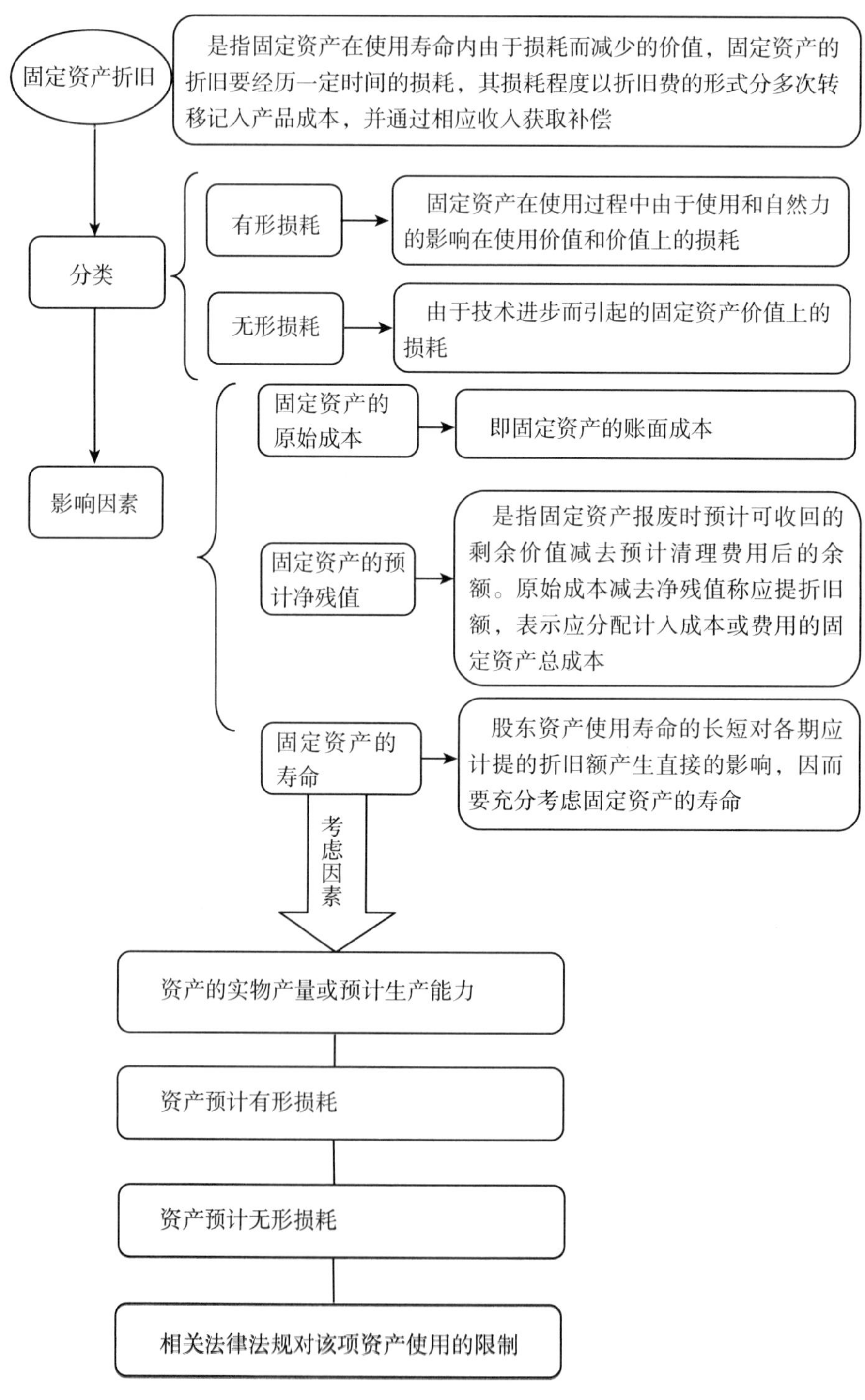

图 4–23 固定资产折旧

常用的固定资产折旧方法如图 4-24 所示。

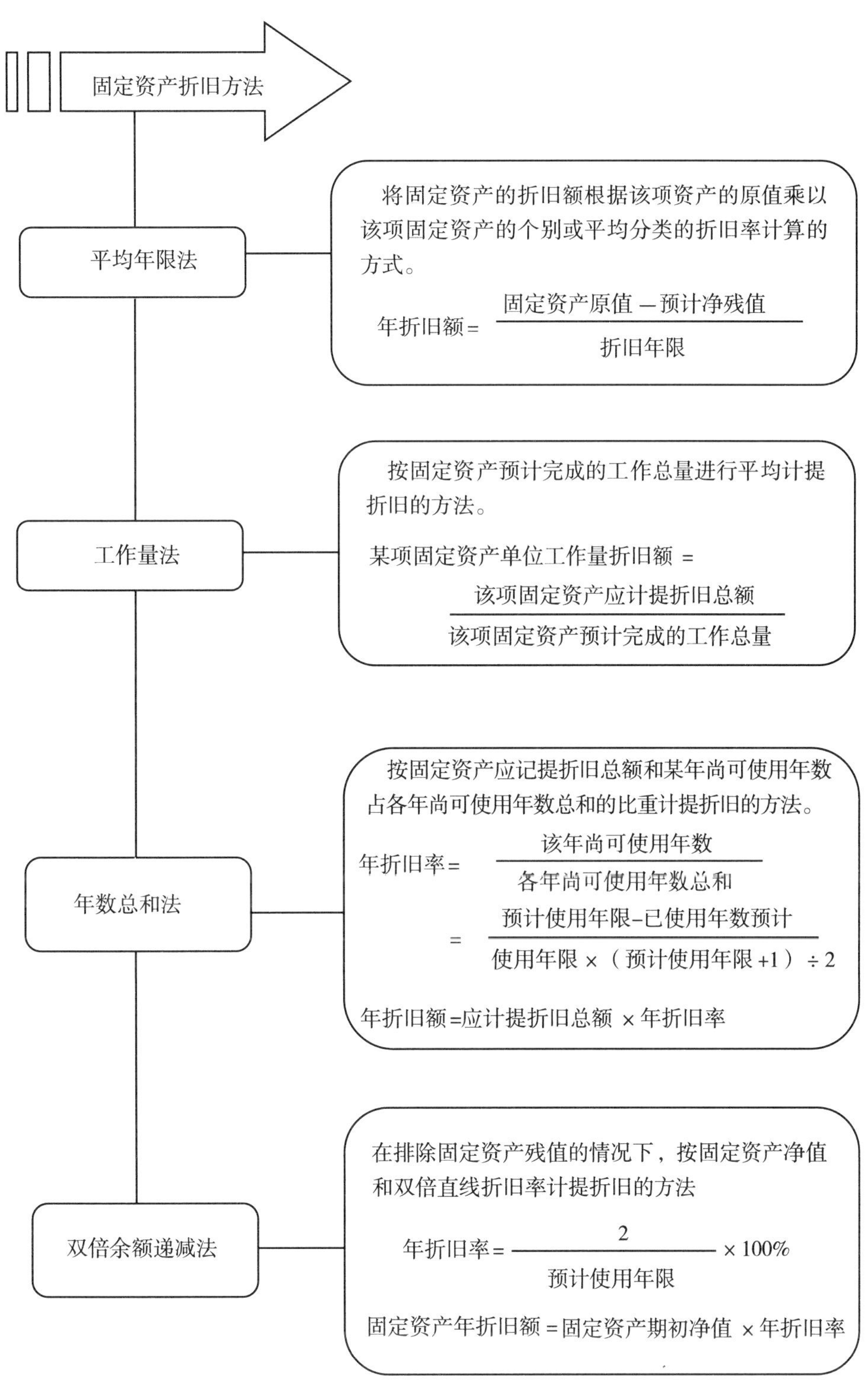

图 4-24　固定资产折旧方法

四、固定资产改扩建的核算

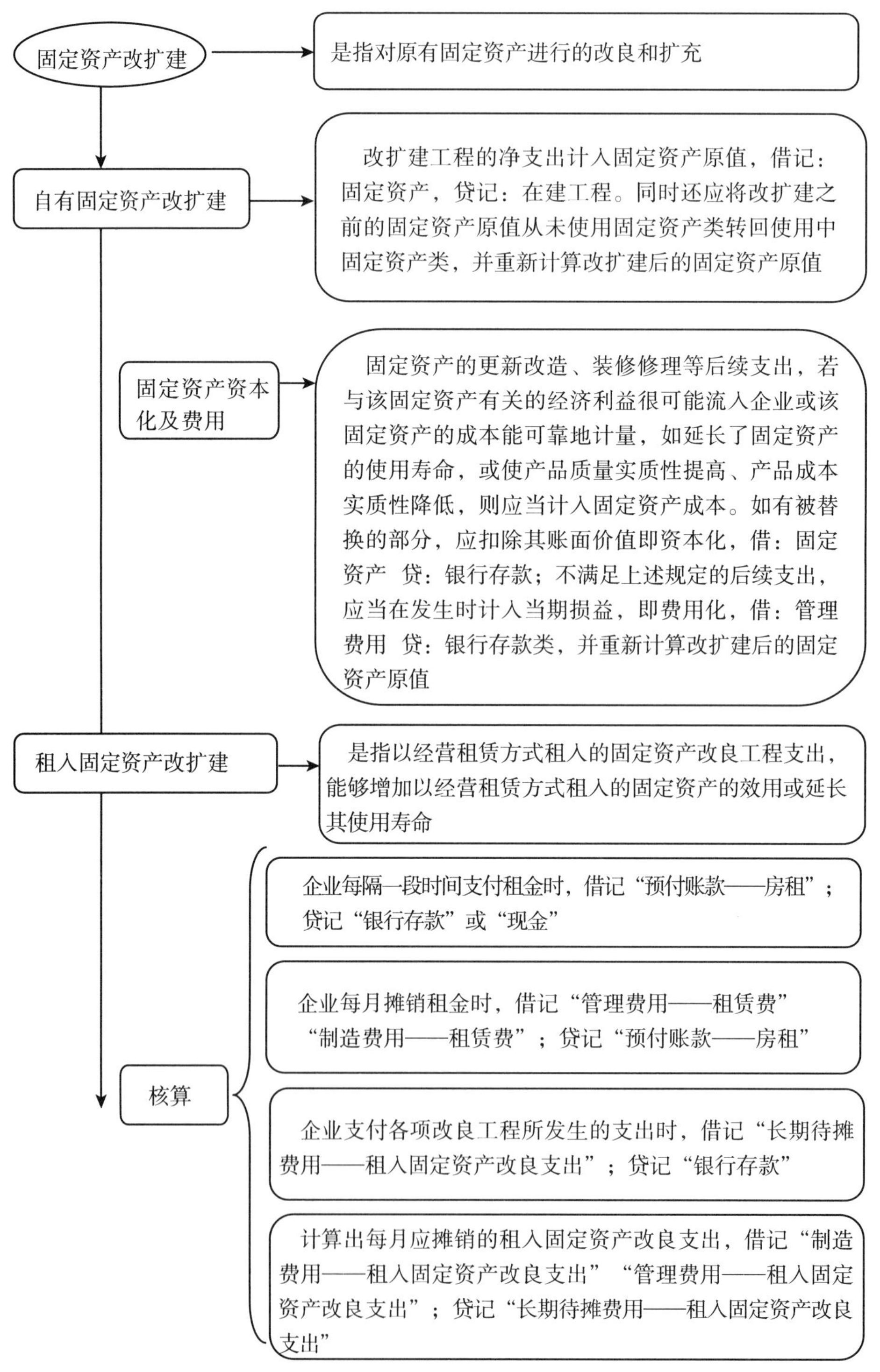

图 4-25

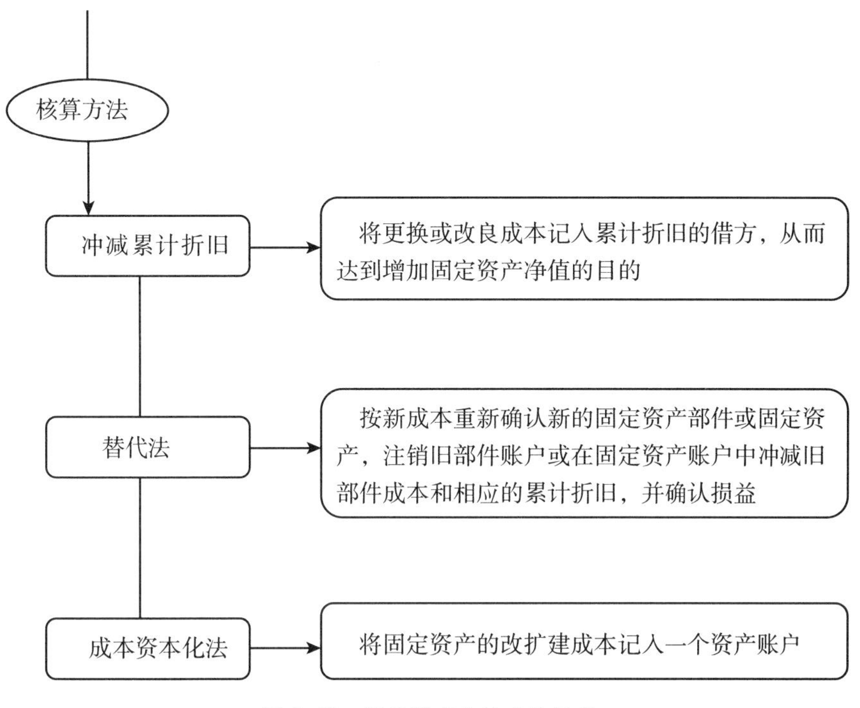

图 4-25　固定资产改扩建的核算

五、固定资产减值

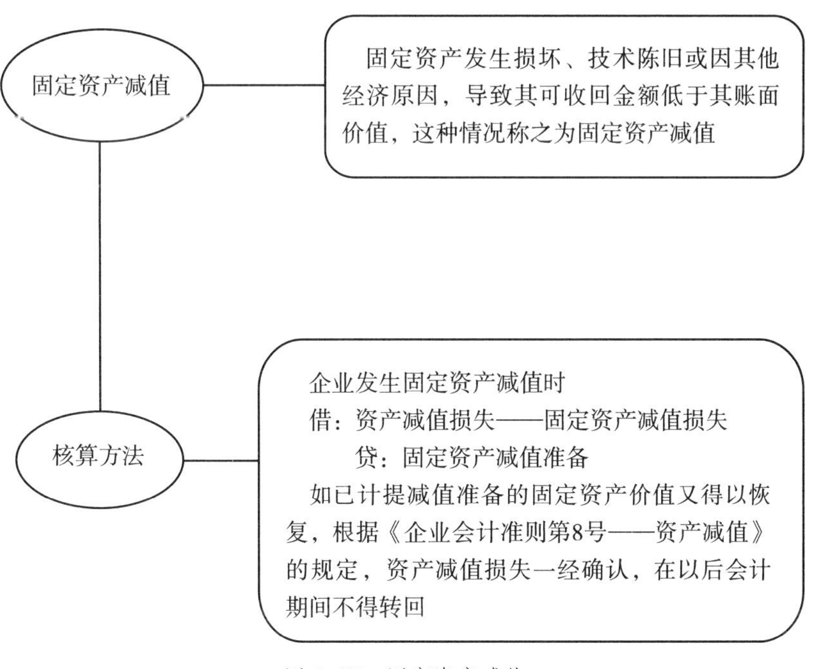

图 4-26　固定资产减值

六、固定资产清理的核算

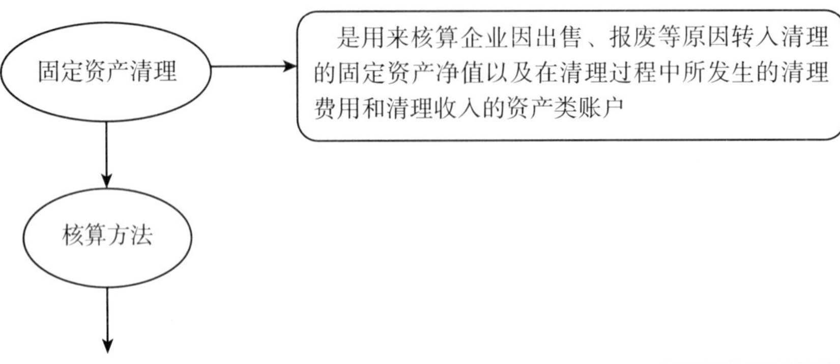

借方登记固定资产转入清理的净值和清理过程中发生的费用。借方余额表示清理后的净损失。

贷方登记出售固定资产的取得的价款、残料价值和变价收入。其贷方余额表示清理后的净收益。

清理完毕后净收益转入"营业外收入"账户；净损失转入"营业外支出"账户。

"固定资产清理"账户应按被清理的固定资产设置明细账

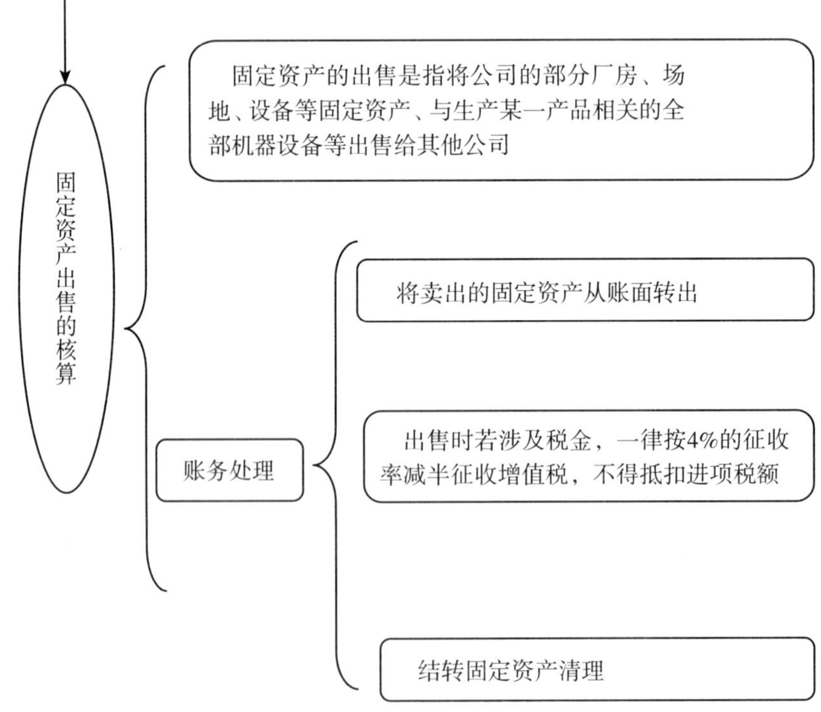

图 4-27　固定资产清理的核算

七、固定资产报废处理的核算

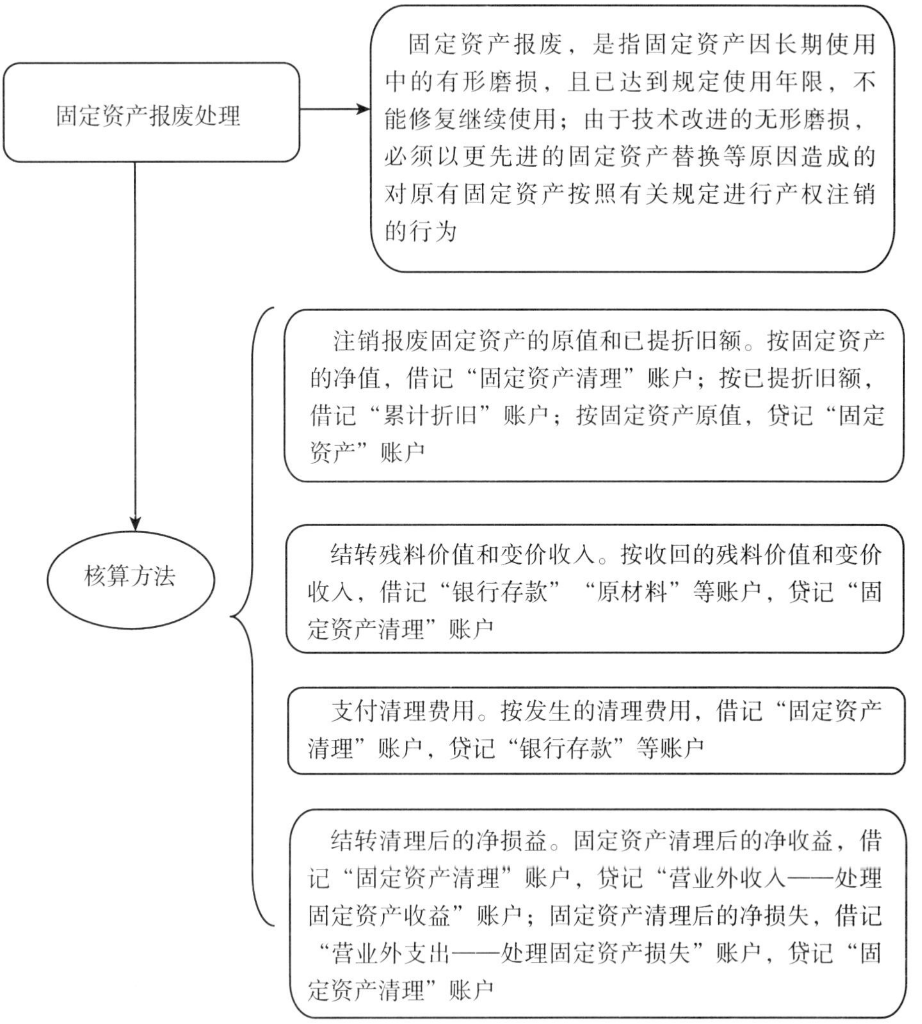

图 4-28　固定资产报废处理的核算

八、固定资产盘盈、盘亏及其核算

期末，企业需对固定资产使用情况进行清查，在清查过程中，可能会出现固定资产盘盈、盘亏的情况，应及时填制固定资产盘盈、盘亏报告表，查明原因后及时报批处理。

固定资产盘盈与盘亏的核算方法分别如图 4-29 及图 4-30 所示。

盘盈的核算方法

确定盘盈固定资产的重置成本以及成新度。以重置价值为入账价值，根据确定的重置成本借记“固定资产”，根据成新度计算出来的折旧额贷记“累计折旧”，将两者差额贷记“以前年度损益调整”

计算应缴纳的所得税费用，借记“以前年度损益调整”科目，贷记“应交税费——应交所得税”

按照“以前年度损益调整”科目贷方余额的一定比例（一般为10%）来计提盈余公积金，贷记“盈余公积”，同时将差额贷记“利润分配——未分配利润”

图 4-29　固定资产盘盈的核算

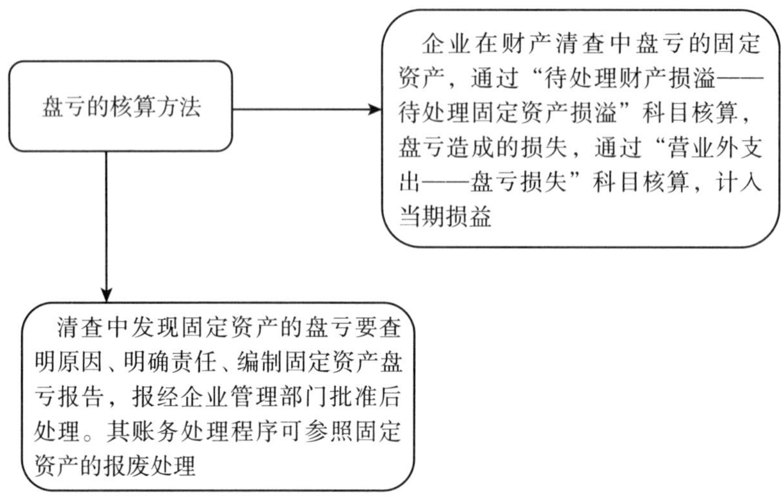

图 4-30　固定资产盘亏的核算

第四节　无形资产和其他资产的核算

一、无形资产的定义及特征

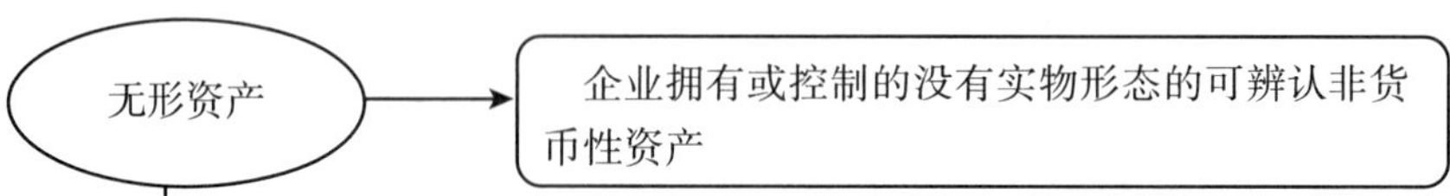

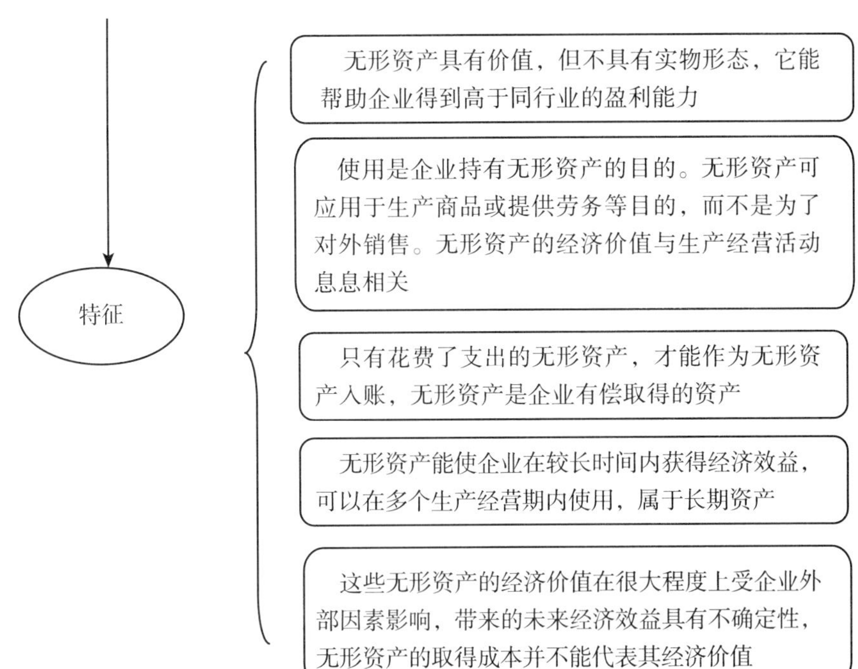

图 4-31 无形资产的定义及特征

二、无形资产的种类

无形资产分为社会无形资产及自然无形资产两种，其中社会无形资产大致分为六种，如图 4-32 所示。

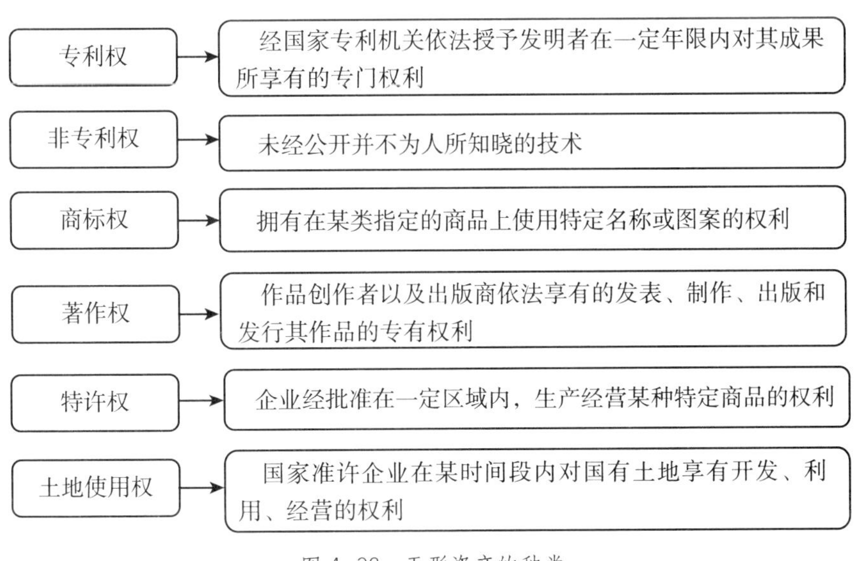

图 4-32 无形资产的种类

三、取得无形资产的账务处理

企业设置“无形资产”账户，可以总括反映和监督无形资产的取得、摊销及转让情况。

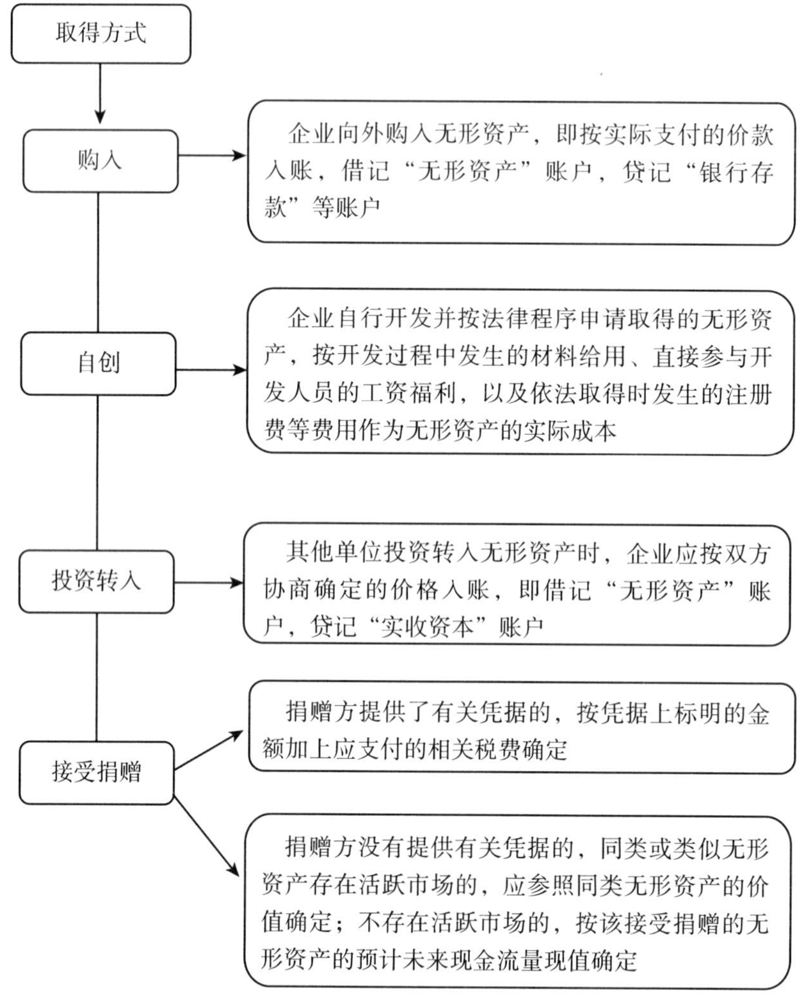

图 4-33　取得无形资产的账务处理

四、摊销无形资产的核算

当今社会，无形资产数量大、种类多，而不同种类的无形资产会呈现出不同的特点，在这种情况下，应针对无形资产的摊销特点采取不同的核算方法。

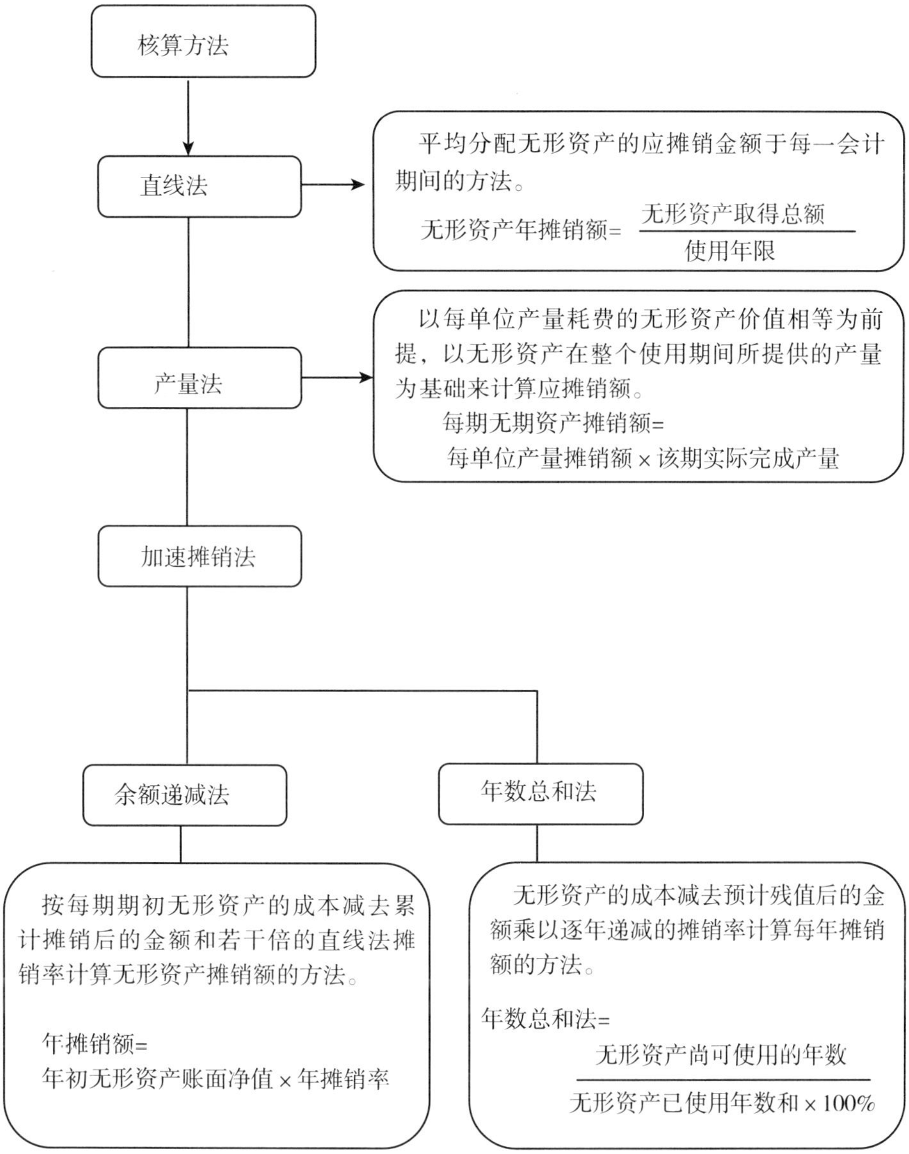

核算方法

直线法

平均分配无形资产的应摊销金额于每一会计期间的方法。

无形资产年摊销额= 无形资产取得总额 / 使用年限

产量法

以每单位产量耗费的无形资产价值相等为前提，以无形资产在整个使用期间所提供的产量为基础来计算应摊销额。

每期无期资产摊销额=每单位产量摊销额×该期实际完成产量

加速摊销法

余额递减法

按每期期初无形资产的成本减去累计摊销后的金额和若干倍的直线法摊销率计算无形资产摊销额的方法。

年摊销额=年初无形资产账面净值×年摊销率

年数总和法

无形资产的成本减去预计残值后的金额乘以逐年递减的摊销率计算每年摊销额的方法。

年数总和法= 无形资产尚可使用的年数 / 无形资产已使用年数和×100%

图 4-34　推销无形资产的核算

五、计提无形资产减值准备

根据新《企业会计准则》的规定，企业在计提无形资产减值准备时，借记——“资产减值准备”科目；贷记——“无形资产减值准备”科目。值得注意的是，新《企业会计准则》中规定，无形资产减值准备不允许转回，区别于旧的会计政策。当以后年度无形资产价值有所回升时，对此不做账务处理。

六、转让无形资产

无形资产转让的核算方法如图 4-35 所示。

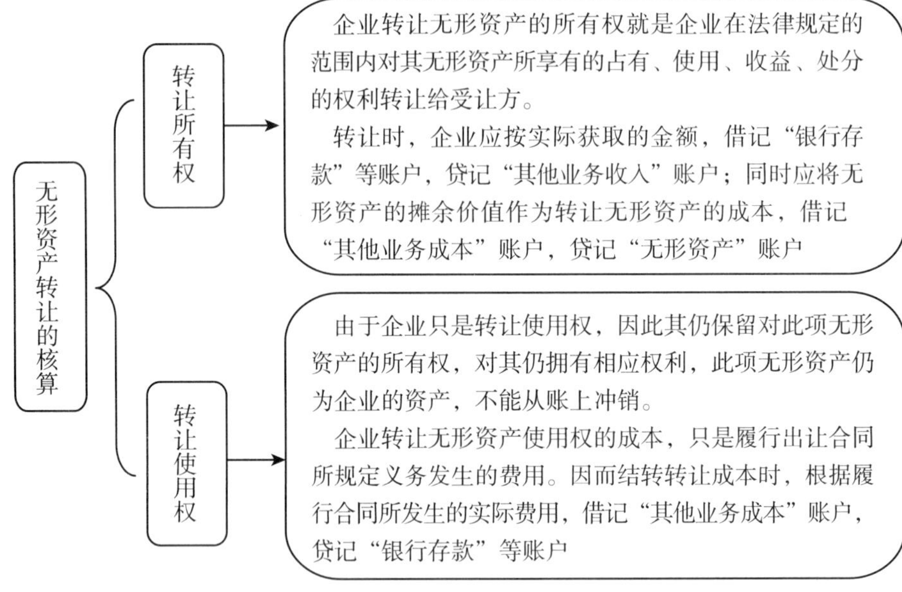

图 4-35 无形资产转让的核算

七、长期待摊费用的核算

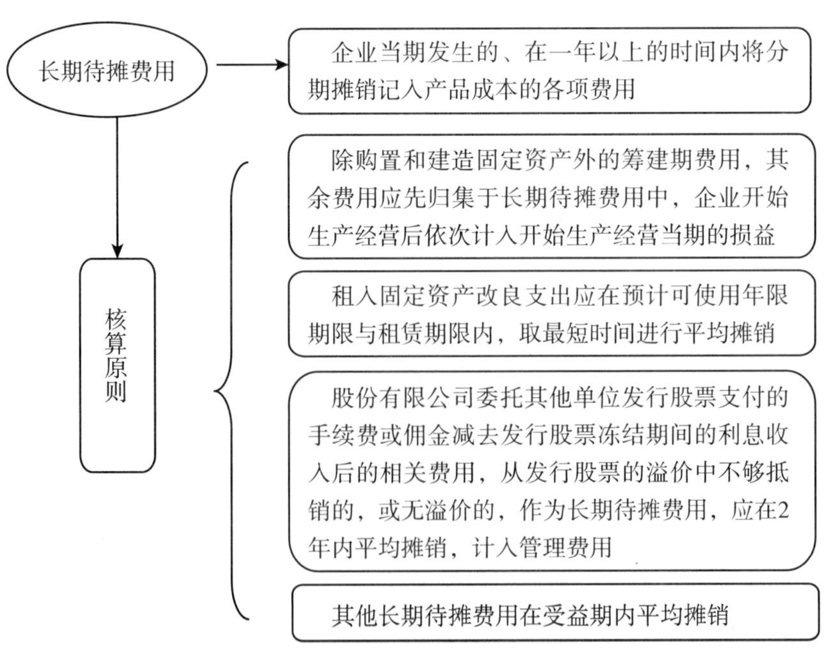

图 4-36 长期待摊费用的核算

第五节　负债的核算

一、短期借款核算

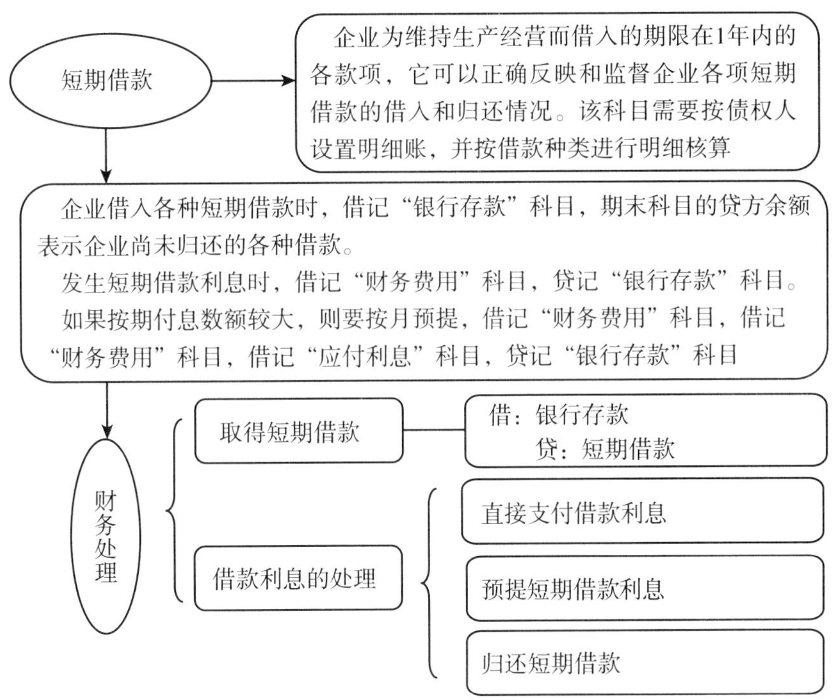

图 4-37　短期结款核算

二、应付票据的核算

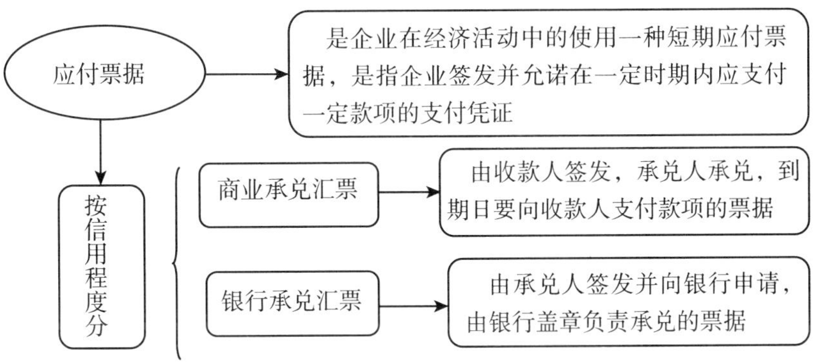

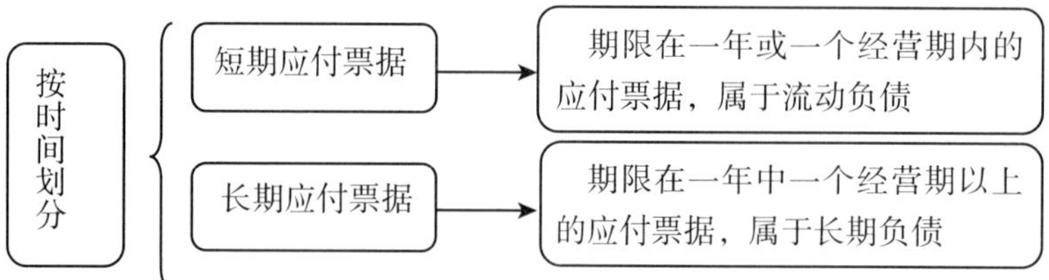

图 4-38 应付票据的核算

三、应付账款的核算

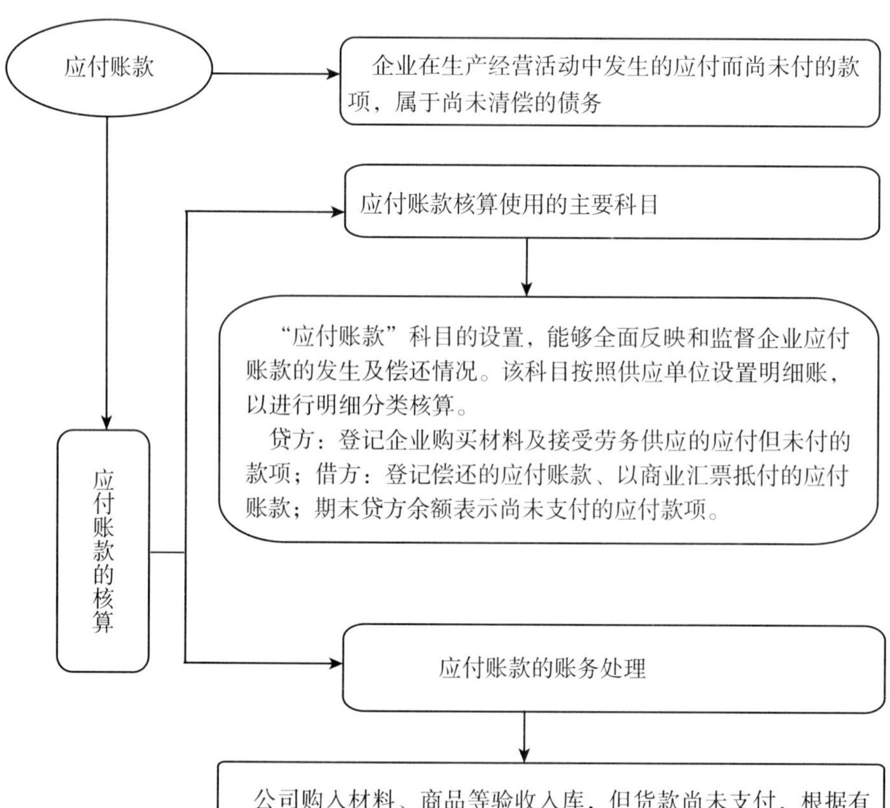

公司购入材料、商品等验收入库，但货款尚未支付，根据有关凭证，借记“原材料”“库存商品”“应交税金——应交增值税”等科目，贷记“应付账款”科目。

企业接受供应单位提供劳务而发生的应付但尚未支付的款项，以供应单位的发票账单为依据，借记“制造费用”“管理费用”等有关成本费用科目，贷记“应付账款”科目；企业偿付应付账款时，借记“应付账款”科目，贷记“银行存款”科目。

物资和发票账单同时到达的情况下，物资验收入库后，应付账款按发票账单登记入账，以确认所购入的物资是否与合同上订明的条件相符，以免入库时发现购入物资错误、破损等情况再行调账

图 4-39 应付账款的核算

四、预收账款的核算

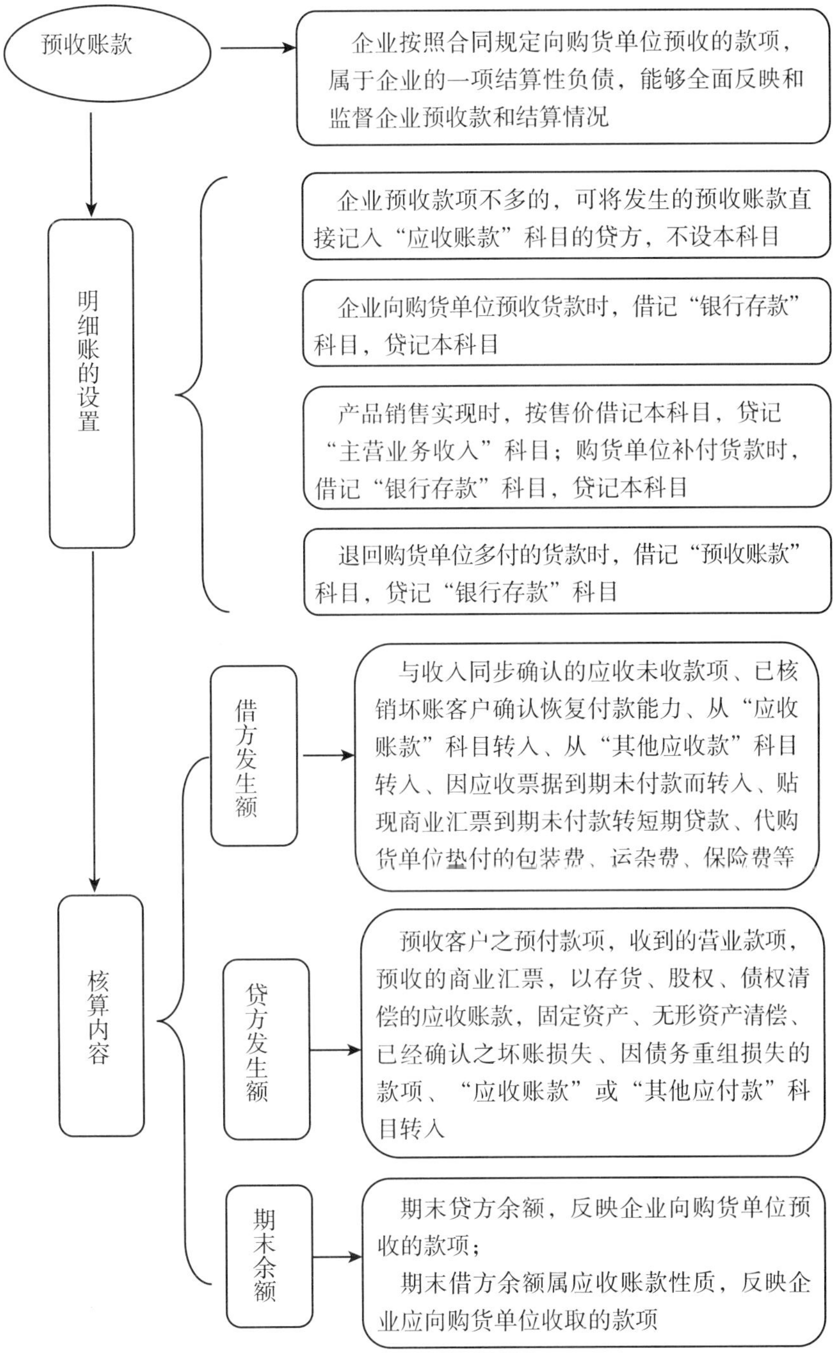

预收账款

企业按照合同规定向购货单位预收的款项，属于企业的一项结算性负债，能够全面反映和监督企业预收款和结算情况

明细账的设置

- 企业预收款项不多的，可将发生的预收账款直接记入“应收账款”科目的贷方，不设本科目
- 企业向购货单位预收货款时，借记“银行存款”科目，贷记本科目
- 产品销售实现时，按售价借记本科目，贷记“主营业务收入”科目；购货单位补付货款时，借记“银行存款”科目，贷记本科目
- 退回购货单位多付的货款时，借记“预收账款”科目，贷记“银行存款”科目

核算内容

- 借方发生额：与收入同步确认的应收未收款项、已核销坏账客户确认恢复付款能力、从“应收账款”科目转入、从“其他应收款”科目转入、因应收票据到期未付款而转入、贴现商业汇票到期未付款转短期贷款、代购货单位垫付的包装费、运杂费、保险费等
- 贷方发生额：预收客户之预付款项，收到的营业款项，预收的商业汇票，以存货、股权、债权清偿的应收账款，固定资产、无形资产清偿、已经确认之坏账损失、因债务重组损失的款项、“应收账款”或“其他应付款”科目转入
- 期末余额：期末贷方余额，反映企业向购货单位预收的款项；期末借方余额属应收账款性质，反映企业应向购货单位收取的款项

图 4-40　预收账款的核算

五、应付职工薪酬的核算

应付职工薪酬是指企业根据有关规定应付给职工各种薪酬，属于负债类科目。

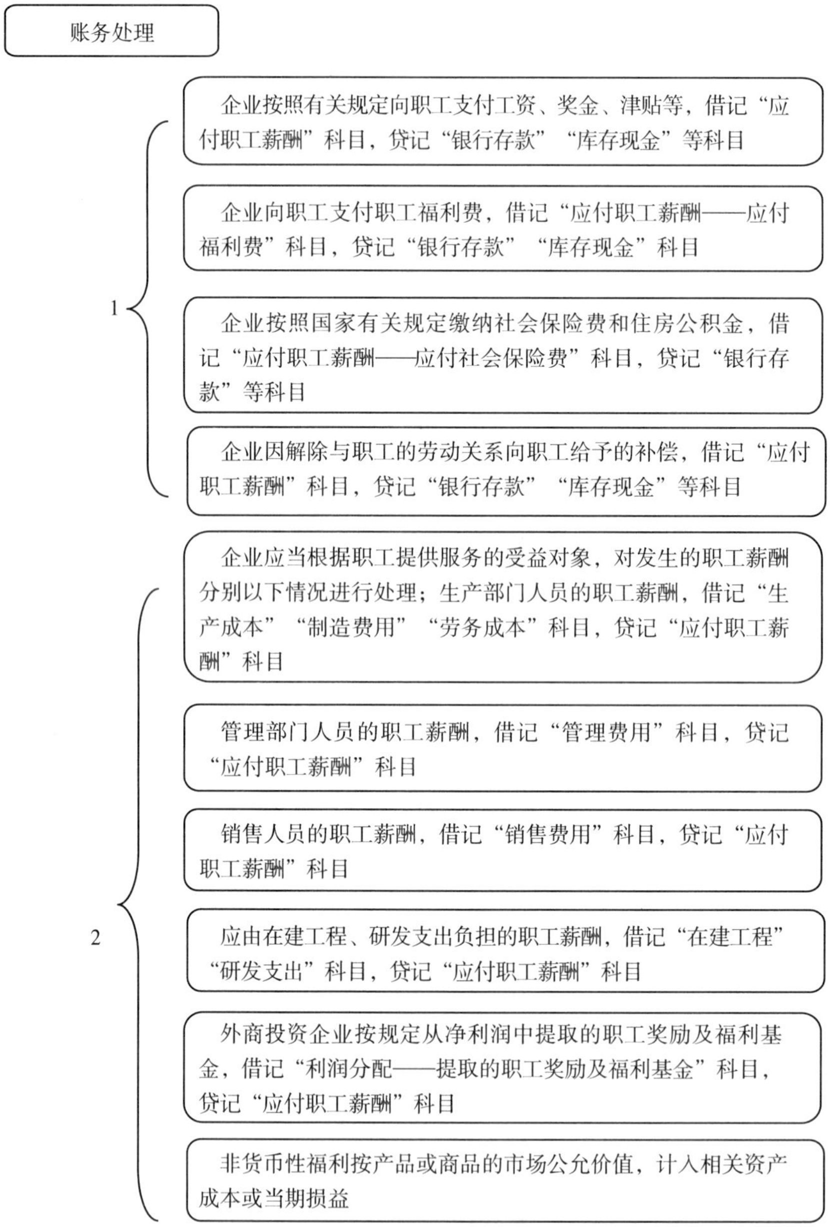

账务处理

1

企业按照有关规定向职工支付工资、奖金、津贴等，借记“应付职工薪酬”科目，贷记“银行存款”“库存现金”等科目

企业向职工支付职工福利费，借记“应付职工薪酬——应付福利费”科目，贷记“银行存款”“库存现金”科目

企业按照国家有关规定缴纳社会保险费和住房公积金，借记“应付职工薪酬——应付社会保险费”科目，贷记“银行存款”等科目

企业因解除与职工的劳动关系向职工给予的补偿，借记“应付职工薪酬”科目，贷记“银行存款”“库存现金”等科目

2

企业应当根据职工提供服务的受益对象，对发生的职工薪酬分别以下情况进行处理；生产部门人员的职工薪酬，借记“生产成本”“制造费用”“劳务成本”科目，贷记“应付职工薪酬”科目

管理部门人员的职工薪酬，借记“管理费用”科目，贷记“应付职工薪酬”科目

销售人员的职工薪酬，借记“销售费用”科目，贷记“应付职工薪酬”科目

应由在建工程、研发支出负担的职工薪酬，借记“在建工程”“研发支出”科目，贷记“应付职工薪酬”科目

外商投资企业按规定从净利润中提取的职工奖励及福利基金，借记“利润分配——提取的职工奖励及福利基金”科目，贷记“应付职工薪酬”科目

非货币性福利按产品或商品的市场公允价值，计入相关资产成本或当期损益

图 4-41　应付职工薪酬的核算

六、长期借款的核算

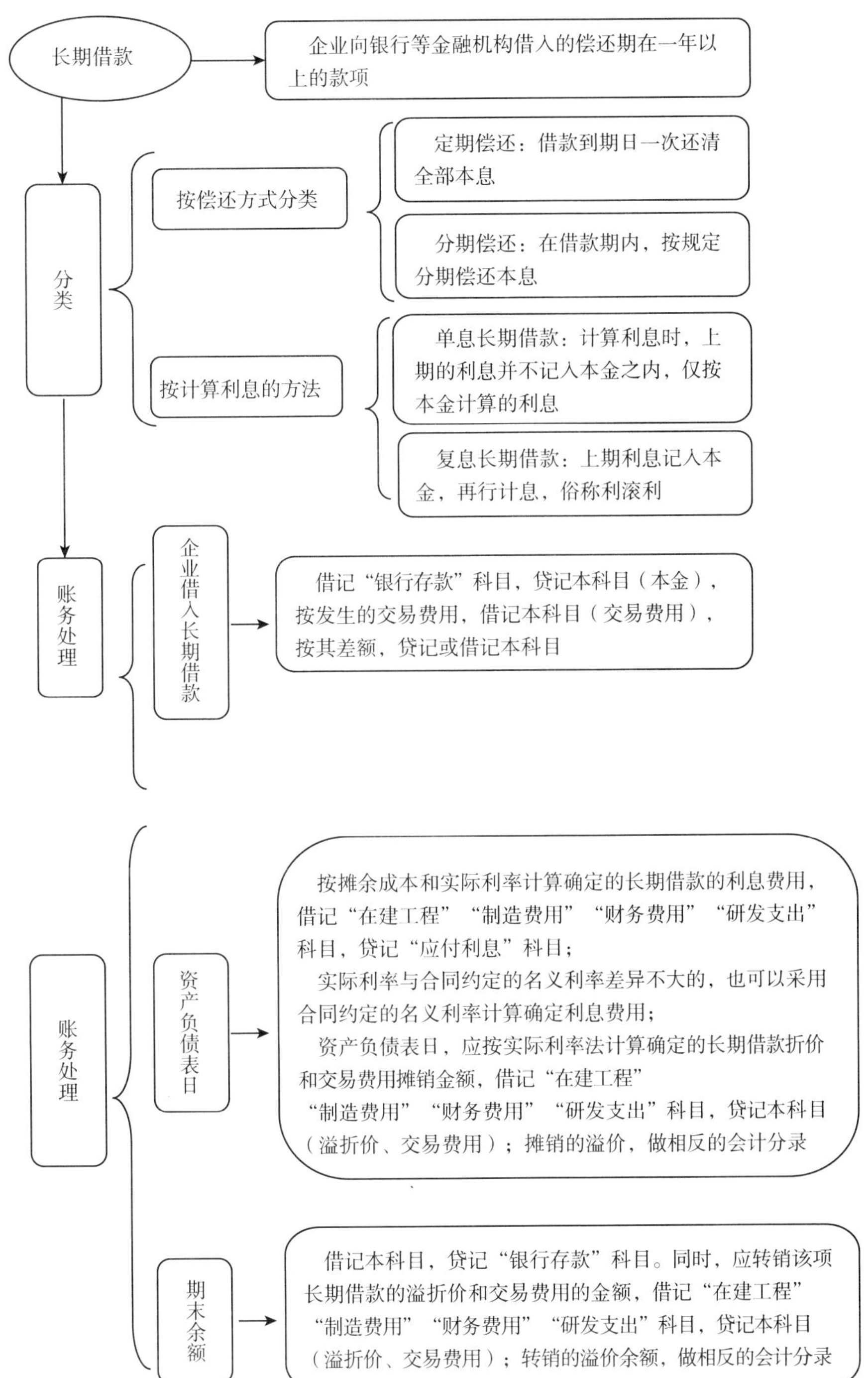

图 4-42　长期借款的核算

七、融资租赁的核算

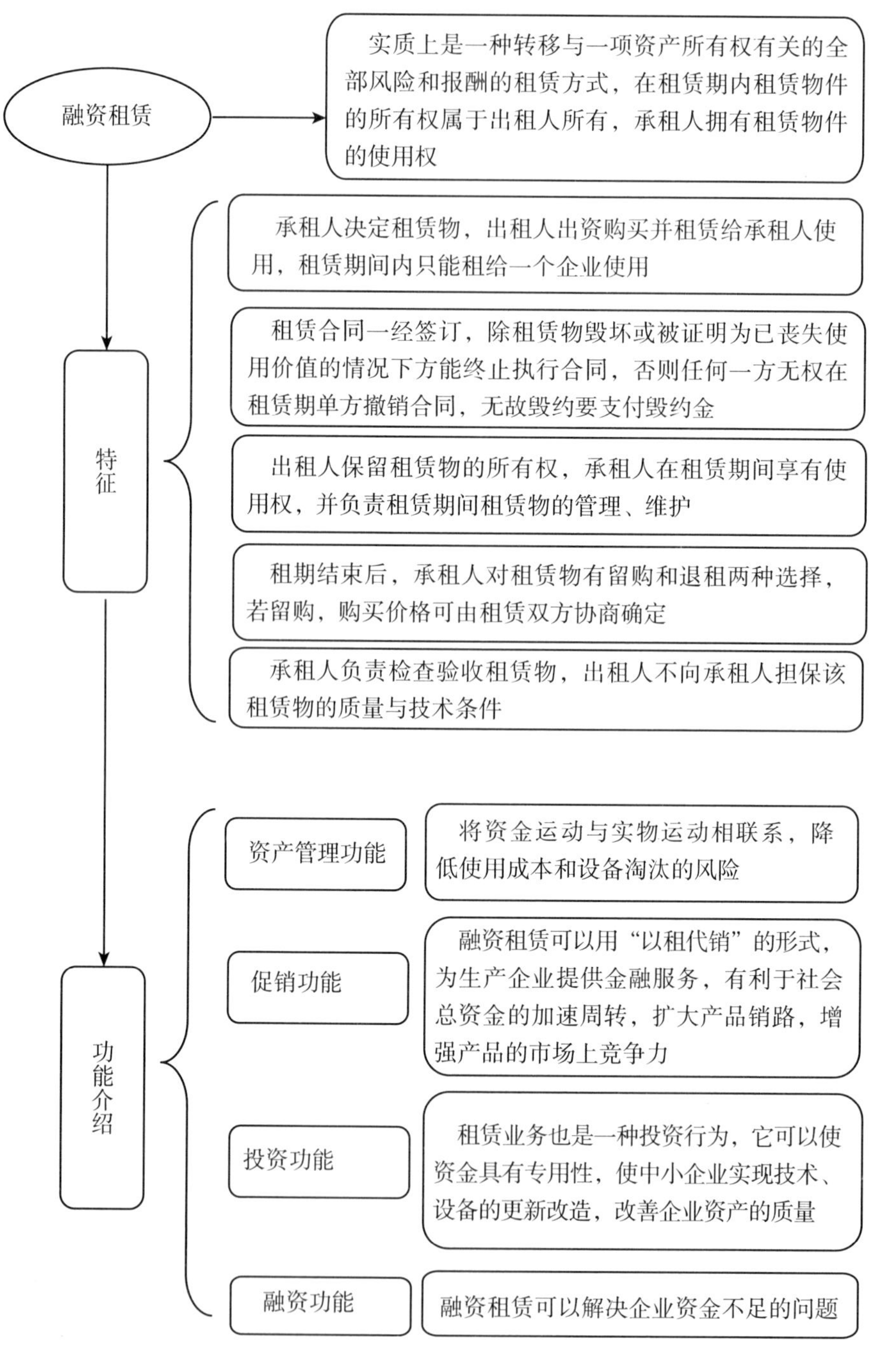

图 4-43　融资租赁的核算

第六节　收入、费用、利润的核算

一、收入的定义

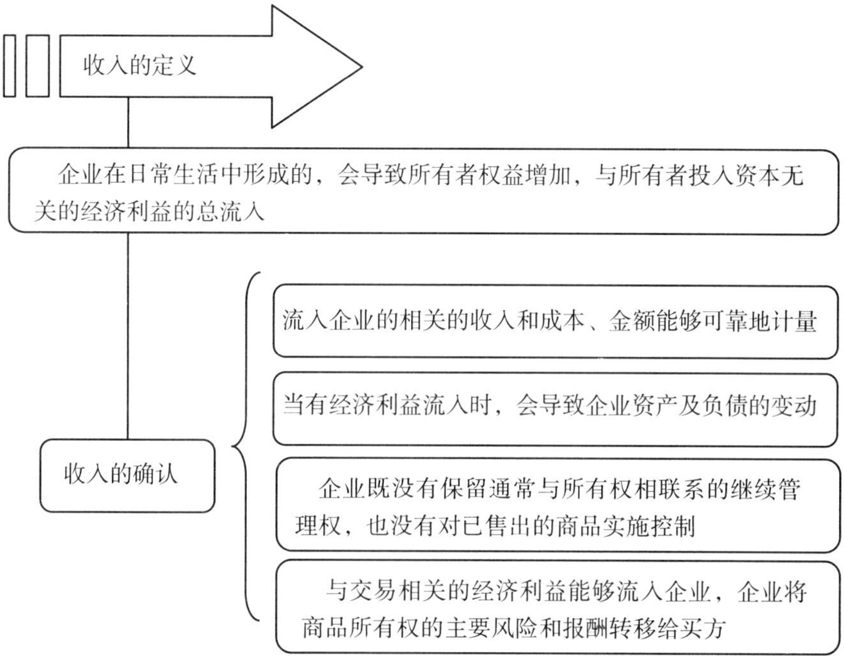

收入的定义
企业在日常生活中形成的，会导致所有者权益增加，与所有者投入资本无关的经济利益的总流入
收入的确认
流入企业的相关的收入和成本、金额能够可靠地计量
当有经济利益流入时，会导致企业资产及负债的变动
企业既没有保留通常与所有权相联系的继续管理权，也没有对已售出的商品实施控制
与交易相关的经济利益能够流入企业，企业将商品所有权的主要风险和报酬转移给买方

图 4-44　收入的定义

二、现金折扣的核算

现金折扣的核算
企业为敦促客户在一定时期内尽早付清货款而给予的一种价格优惠
处理方法
总价法
在不考虑现金折扣的情况下，将未扣减现金折扣前的金额记入应收账款及销售收入，销售折扣作为销售收入的减项列入损益表
净价法
将扣减现金折扣后的金额作为实际售价入账，客户丧失的现金折扣进行冲减财务费用处理

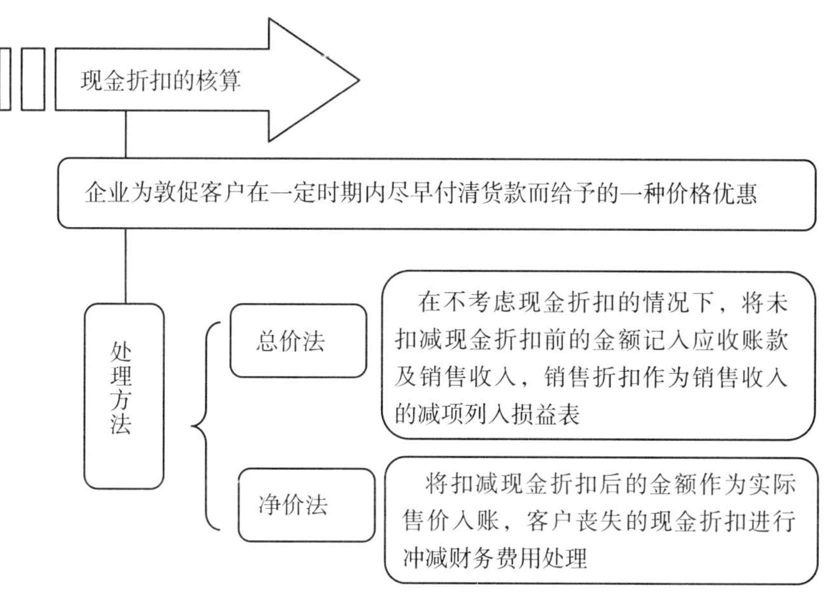

图 4-45　现金折扣的核算

三、销售折让和销售退回的核算

企业在销售商品时，会产生销售折让，以便可以多销产品；在商品销售完之后，也会发生销售退回。

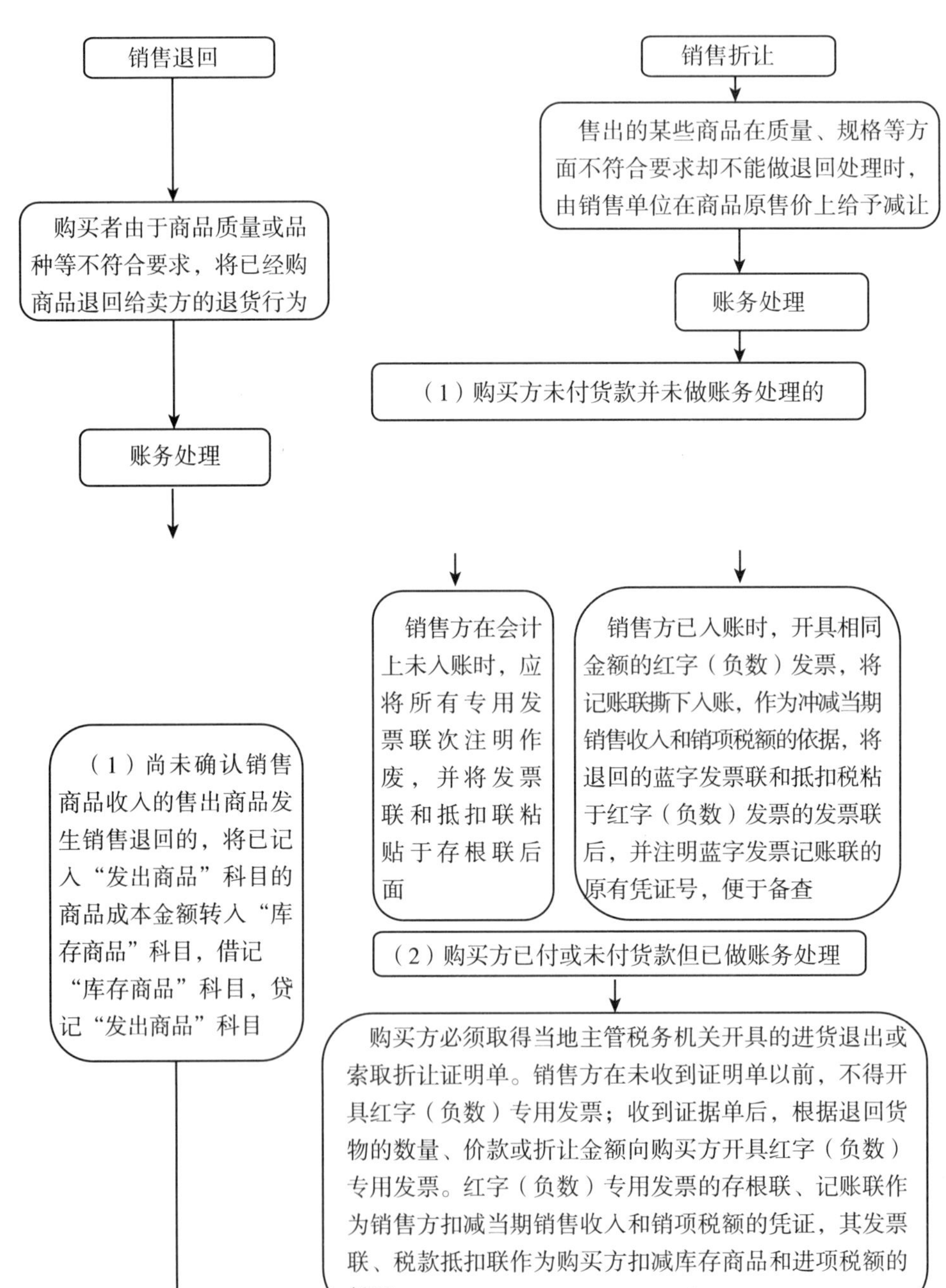

（3）已确认销售商品收入的售出商品发生销售退回的，应在发生时冲减当期销售商品收入，以及当期销售商品成本，如该项销售退回已发生现金折扣，应同时调整相关财务费用的金额。已确认收入的售出商品发生销售退回时，按应冲减的销售商品收入金额，借记“主营业务收入”科目，按增值税专用发票上注明的应冲减的增值税销项税额，借记“应交税费——应交增值税（销项税额）”科目，按实际支付或应退还的价款，贷记“银行存款”“应收账款”等科目，如已发生现金折扣的，还应按相关财务费用的调整金额，贷记“财务费用”科目，同时，按退回的商品成本，借记“库存商品”科目，贷记“主营业务”

图 4-46　销售折让和销售返回的核算

四、其他业务收入和其他业务成本

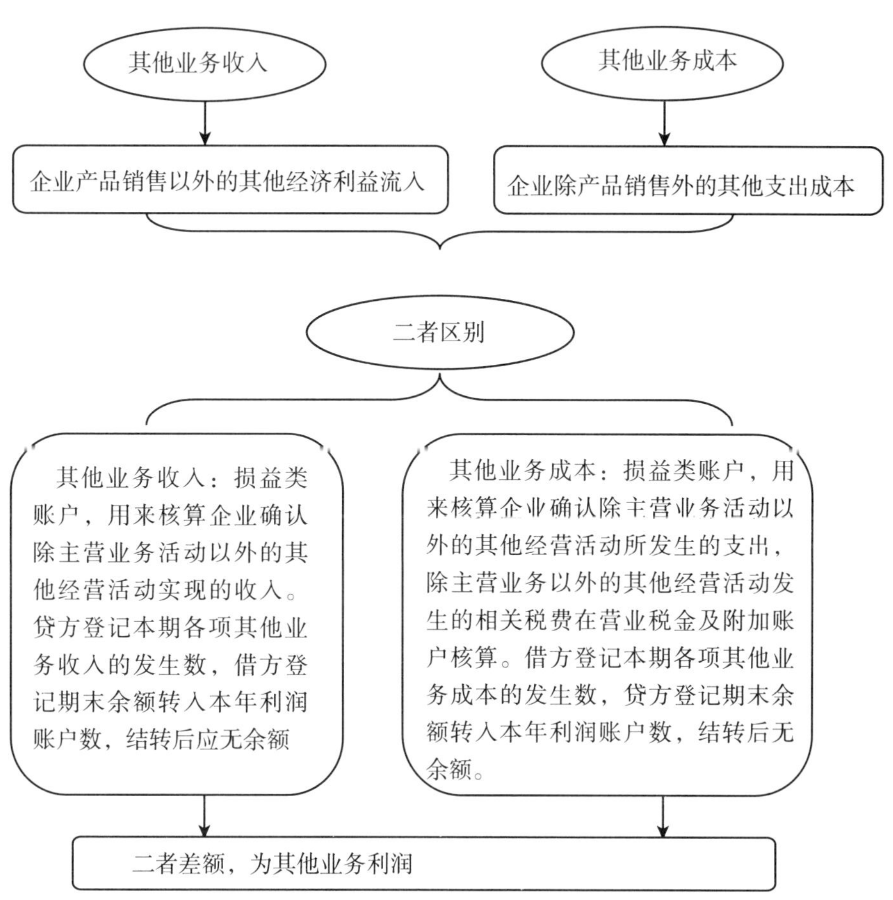

图 4-47　其他业务收入和其他业务成本的区别

五、各项费用

各项费用的定义

财务费用：是指企业在筹集资金过程中发生的各项费用，包括生产经营期间发生的不应计入固定资产价值的利息费用、汇兑损失等

营业税金及附加：是指应由销售产品、提供工业性劳务等负担的销售税金和教育费附加，包括营业税、消费税、教育费附加等

销售费用：是指企业在产品销售过程中发生，以及专设销售机构的各项经费，包括企业应负担的运输费、广告费等

管理费用：是指企业行政管理部门在经营活动发生的各项费用，包括公司经费、坏账损失、存货盘亏和毁损等

主营业务成本：是指企业已销售的产品和工业性劳务等的生产成本。它等于本期各种产品的实际销售数量与各该产品实际单位生产成本乘积的总和

图 4-48　各项费用的定义

六、营业外收入与营业外支出的核算

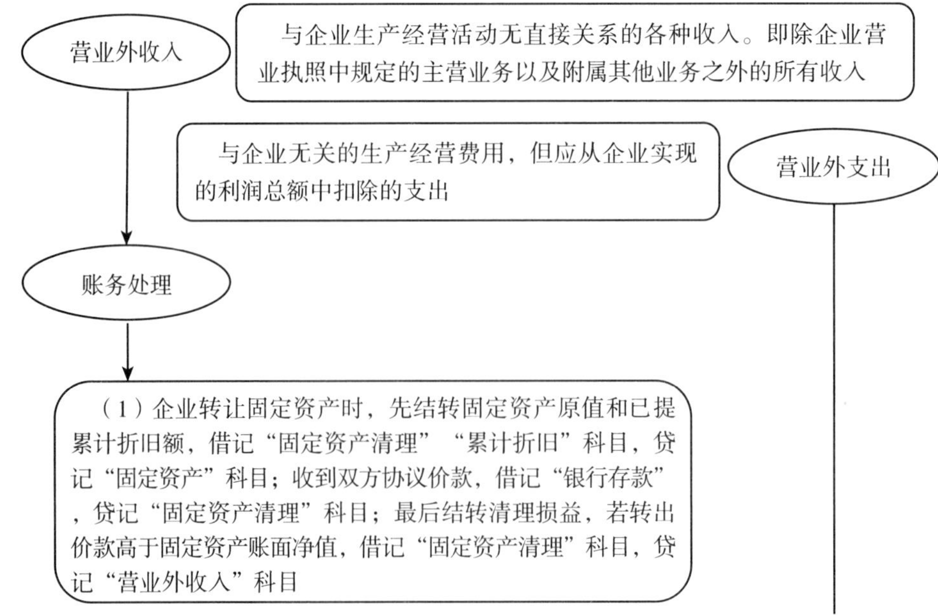

（2）企业处置无形资产时，按实际收到的金额等，借记“银行存款”等科目，按已计提的累计摊销，借记“累计摊销”科目，按应支付的相关税费及其他费用，贷记“应交税费”“银行存款”等科目，按其账面余额，贷记“无形资产”科目，按其贷方差额，贷记“营业外收入——处置非流动资产利得”科目，已计提减值准备的，应同时结转减值准备

账务处理

（1）确认盘亏、非常损失计入营业外支出时，借记“营业外支出”科目，贷记“待处理财产损溢”“库存现金”

（2）确认处置非流动资产损失时，借记“营业外支出”科目，贷记“固定资产清理”“原材料”等

（3）期末，将“营业外支出”科目余额转入“本年利润”科目，借记“本年利润”科目，贷记“营业外支出”科目。结转后本科目应无余额

（4）营业外支出是企业财务的重要指标，能够反映企业发生的与其经营活动无关的各项支出，包括处置非流动资产损失、盘亏损失、公益性捐赠等支出

图 4-49　营业外收入与营业外支出的核算

七、利润的核算

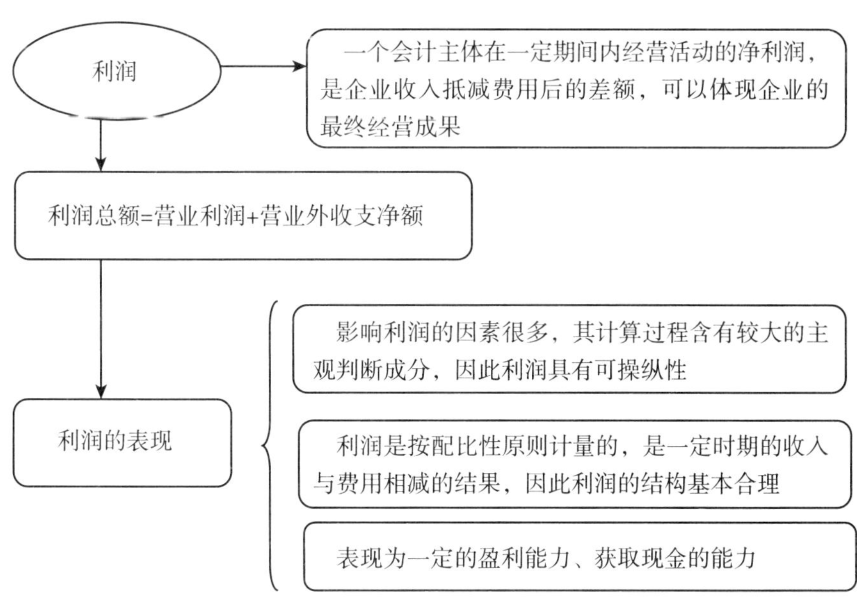

图 4-50　利润的核算

图 4-51 投资净收益的核算

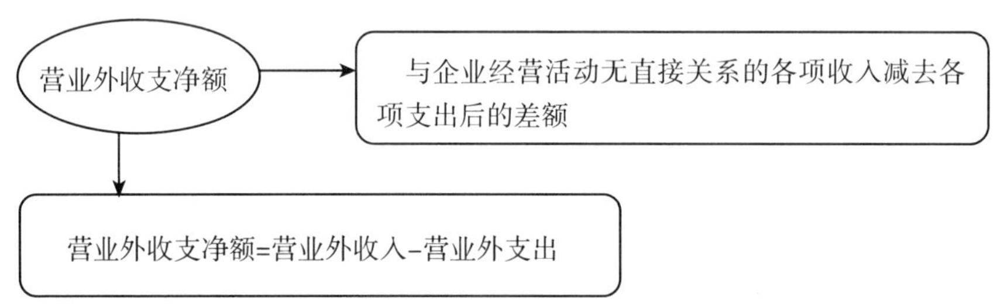

图 4-52 营业外收支核算

第七节 所有者权益的核算

一、所有者权益的性质

《企业会计制度规定》规定，所有者权益是指所有者在企业资产中享有的经济利益，其金额为企业的总资产减去总负债后的余额，包括实收资本、资本公积、未分配利润等。

所有者权益的含义就是企业里的所有资产，除了借钱形成的以外，其余都是所有者的。对于不同的企业组织形式，所有者权益有不同的叫法，独资企业叫业主权益，股份公司叫股东权益

对所有者权益的核算，不仅可以反映企业资本的来源，揭示企业法定资本，还可以对利润分配、公积金使用等构成限制

对所有者权益的理解

在企业经营过程中，引起所有者权益变化的因素很多，而股东所投入的资产由公司按计划永久占有及支配，因此其没有固定的偿还期限和偿还金额

产生于权益性投资行为，是企业分配税后净利润的主要依据，企业所有人凭其对企业投入的资本，享受税后分配利润的权利

收益视企业自身的经营状况而定，如果企业发生亏损，则所有者无法分配利润，故所有者权益具有比债权人权益更大的风险

所有者权益在企业经营期内可供企业长期、持续地使用，企业不必向投资人返还资本金

图 4-53　所有者权益的性质

二、所有者权益的内容

所有者权益按其构成，分为投入资本、资本公积和留存收益三类。

投入资本　资本公积　留存收益

投入资本是指所有者在企业注册资本的范围内实际投入的资本。而注册资本，是指企业在设立时向工商行政管理部门登记的资本总额，应该按照法律、法规、合同和章程的规定及时进行。若为一次筹集的，投入资本应等于注册资本；如果是分期筹集的，在所有者最后一次缴入资本以后，投入资本应等于注册资本。注册资本是企业的法定资本，是企业承担民事责任的财力保证。

在不同类型的企业中，投入资本的表现形式有所不同。在股份有限公司，投入资本表现为实际发行股票的面值，也称为股本；在其他企业，投入资本表现为所有者在注册资本范围内的实际出资额，也称为实收资本

按所有者性质分类

国家投入资本是指有权代表国家投资的政府部门或者机构以国有资产投入企业所形成的资本；法人投入资本是指我国具有法人资格的单位以其依法可以支配的资产投入企业所形成的资本；个人投入资本是指我国公民以其合法财产投入企业所形成的资本；外方投入资本是指外国投资者以及我国香港、澳门和台湾地区的投资者将资产投入企业所形成的资本

按投入资产的形式分类

分为货币投资、实物投资和无形资产投资

资本公积是指归所有者所共有的、非收益转化而形成的资本，主要包括资本溢价（股本溢价）和其他资本公积等

留存收益是指归所有者所共有的、由收益转化而形成的所有者权益，主要包括法定盈余公积、任意盈余公积和未分配利润

图 4-54　所有者权益的内容

三、实收资本的核算

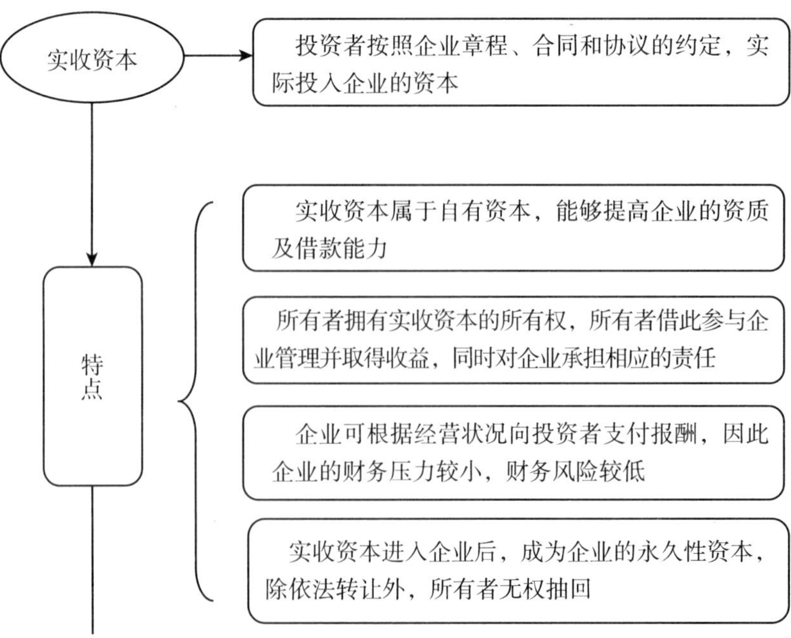

核算方法

投资者以非现金资产投入的资本，按投资各方确认的价值作为实收资本入账。为首次发行股票而接受投资者投入的无形资产，按该项资产在投资方的账面价值入账

投资者以现金投入的资本，以实际收到或者存入企业开户银行的金额作为实收资本入账。超过其在该企业注册资本中所占份额部分的资本，应当计入资本公积

中外合作经营企业依照有关法律、法规的规定，在合作期间归还投资者投资的，对已归还的投资做单独核算，并在资产负债表中作为实收资本的减项单独反映

投资者投入的外币，合同没有约定汇率的，按收到出资额当日的汇率折合；合同约定汇率的，按合同约定的汇率折合，因汇率不同产生的折合差额，作为资本公积处理

图 4-55　实收资本的核算

四、资本公积的核算

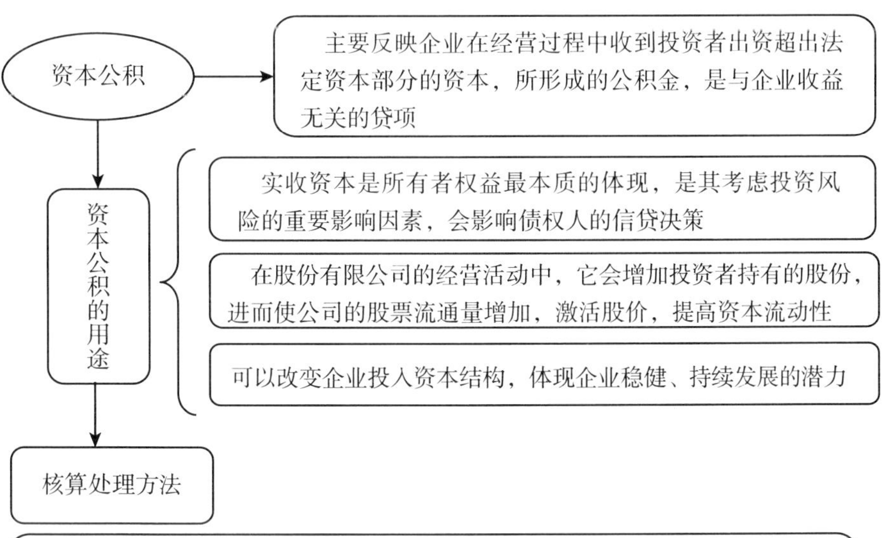

资本溢价的账务处理：投资者缴付的出资额大于注册资本的数额时，企业应按实际收到的出资额借记“银行存款”账户，按注册资本的金额贷记“实收资本”账户，其差额贷记“资本公积——资本溢价”账户

法定财产重估增值的账务处理：企业因对外投资而转出各种资产或企业内部由于合并、改组需要对财产进行重估时，资产评估确认价值或者双方约定价值与原账面净值的差额应作为“资本公积”入账，借记有关资产账户，贷记“资本公积——法定财产重估增值”账户

资本公积的账户设置：根据资本公积的来源分别设置“捐赠公积”“资本溢价”及“法定财产重估增值”“可供出售金融资产”“其他资本公积”等明细账户。凡是引起资本公积增加的项目记入贷方，引起资本公积减少的项目记入借方，期末余额在贷方，表示资本公积的结存数

接受捐赠的账务处理：企业接受捐赠分为现金或实物两种，接受现金捐赠时，借记“银行存款”账户，贷记“资本公积——捐赠公积”账户；接受外币捐赠时，按当日外币中间汇率入账；接受实物捐赠时，按有关凭证，确定其重置价值，按原始价值借记“固定资产”等账户，按重置价值贷记“资本公积——捐赠公积”账户，贷方差额贷记“累计折旧”账户

资本折算差额的账务处理：合资企业对于实收资本可按合同约定的合理汇率，或企业第一次收到出资额时国家外汇牌价折合记账本位币入账，因汇率不同而产生的差额，借记（或贷记）“资本公积——资本折算差额”账户

资本公积增值的账务处理：资本公积用于转增资本时，在办理增资手续后，借记“资本公积”账户，贷记“实收资本”账户

图 4-56　资本公积的核算

五、盈余公积的核算

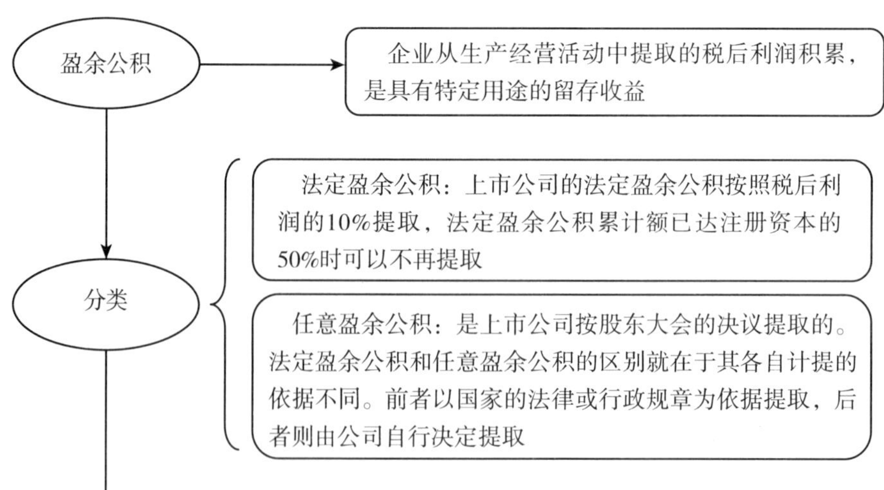

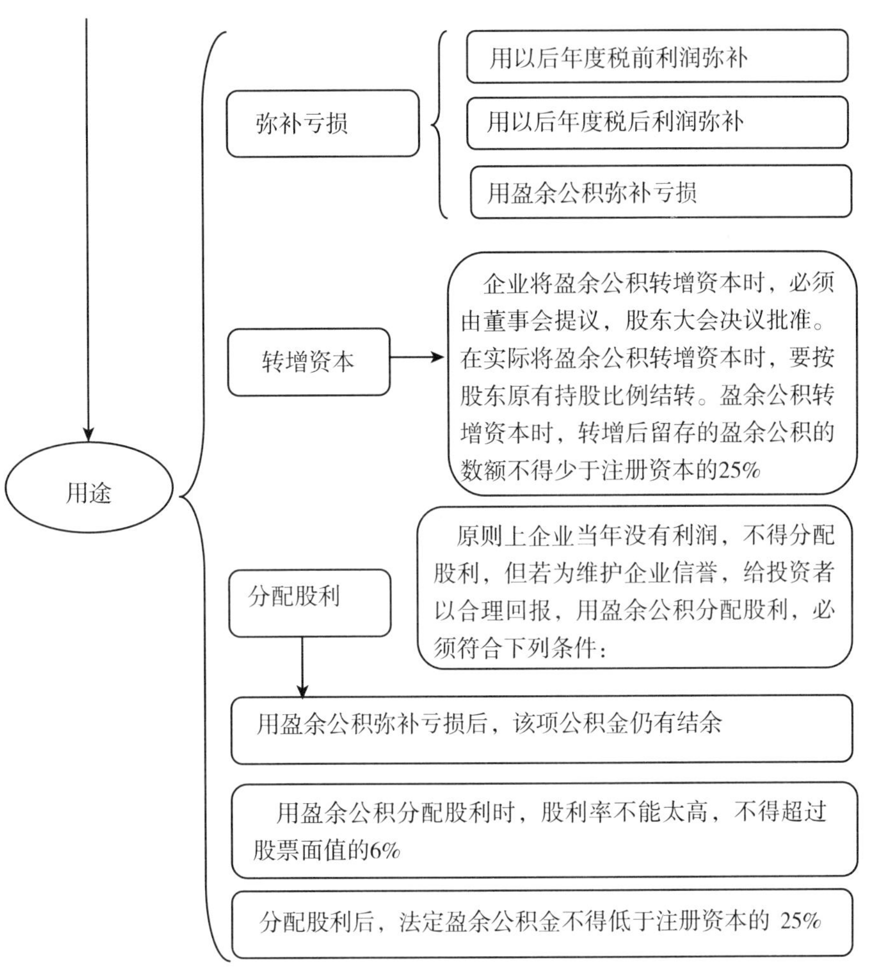

图 4-57 盈余公积的核算

补充说明

盈余公积的提取实质上是企业当期实现的净利润向投资者分配利润的一种限制。企业提取的盈余公积，不论用于何种用途，只是在企业所有者权益内部结构的转换；提取盈余公积本身就属于利润分配的一部分，提取盈余公积相对应的资金形成盈余公积后，在一般情况下不得用于向投资者分配利润或股利。企业以盈余公积转增资本时，也只是减少盈余公积结存的数额，但同时增加了企业实收资本或股本的数额，并不引起所有者权益总额的变动。至于企业盈余公积的结存数，只是表现企业所有者权益的组成部分，表明企业生产经营资金的一个来源而已，其形成的资金可能表现为一定的货币资金，也可能以一定的实物资产来表现

第五章 对账、结账与错账更正

本章导读

对账是指核对账目，即对账簿和账户所记录的有关数据加以检查和核对，从而保证会计记录真实可靠、准确无误。会计人员要按照各种账簿记录情况的不同，分别进行经常和定期的对账。对账的内容一般包括以下几个方面：①账账核对，对本单位各种账簿之间的记录进行核对，以求账账相符；②账实核对，对各种财产物资的账面余额与实有数进行核对；③账证核对，将各种账簿记录与记账凭证及其所附原始凭证进行核对，以求账证相符，这是保证账账、账实、账表相符的基础；④账表核对，账簿记录与据其编制的各种财务报表的有关数字要相符，以保障财务报表的真实性和可靠性。

结账是指把一定时期内应记入账簿的经济业务全部登记入账后，计算本期发生额及期末余额，并将余额结转下期或新的账簿。会计人员应按照规定，对现金、银行存款日记账按日结转，对其他账户按月、季、年结账。

同时，在记账过程中，可能发生各种各样的差错，如重记、漏记、数字颠倒、数字错位、数字记错、科目记错、借贷方向记反等，从而影响会计信息的准确性，应及时找出差错，并予以更正。

本章讲解的对账、结账与错账更正的方法对会计做账工作来讲是非常重要的，读者可以结合实际工作情况参考运用。

第一节 对账与结账

一、对账的内容

对账是为保证账簿记账和会计报表的数字真实可靠，每月对各账簿的账户记录进行核对，以保证账账相符、账表相符。对账的具体内容如下。

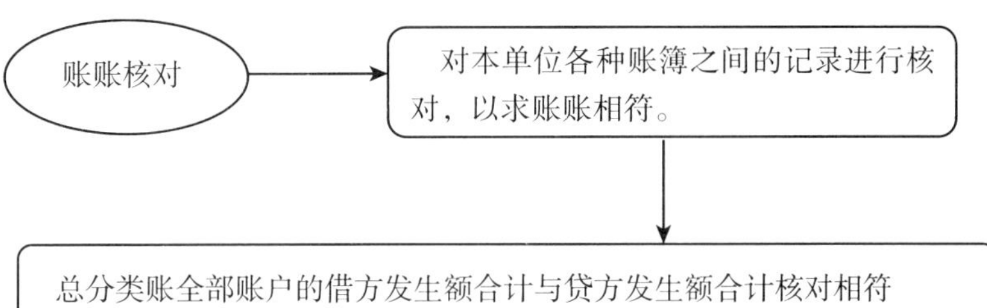

总分类账全部账户的借方发生额合计与贷方发生额合计核对相符

总账各账户的期末余额与其所属的各明细 账的期末余额合计数核对相符

现金日记账、银行存款日记账的本期发生额和期末余额应与总账中现金账户、银行存款账户的本期发生额和期末余额核对相符

会计部门的各种财产物资明细账的期末余额与财产保管部门或使用部门的财产物资明细账的期末余额核对相符

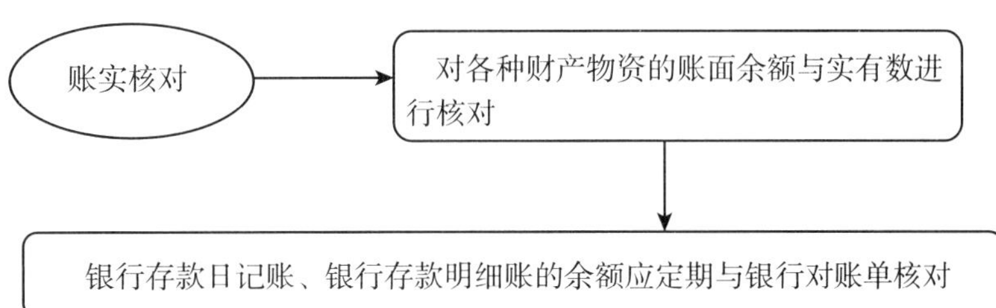

银行存款日记账、银行存款明细账的余额应定期与银行对账单核对

现金日记账的账面余额应与库存现金实有数逐日核对相符

各种应收、应付账款明细账的账面余额应与有关债权、债务人的明细账记录核对相符

各种财产物资明细账的账面结存数量应定期与财产物资实存数核对相符

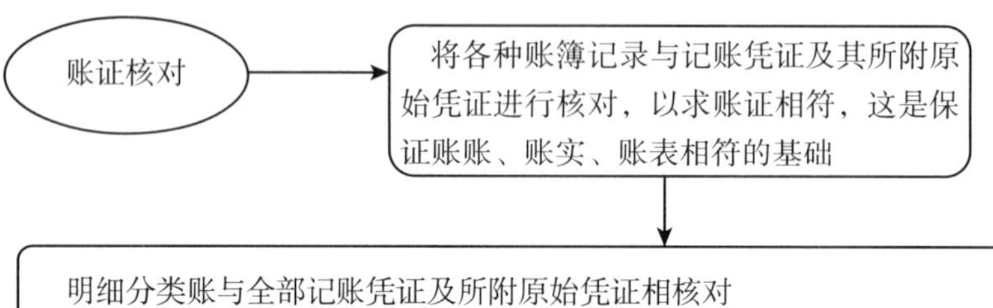

明细分类账与全部记账凭证及所附原始凭证相核对

现金日记账、银行存款日记账与现金、银行存款收付款记账凭证所付的原始凭证相核对

总分类账与据以记账的凭证相核对，可以是科目汇总表或分类汇总记账凭证，也可以是全部收款、付款、转账凭证

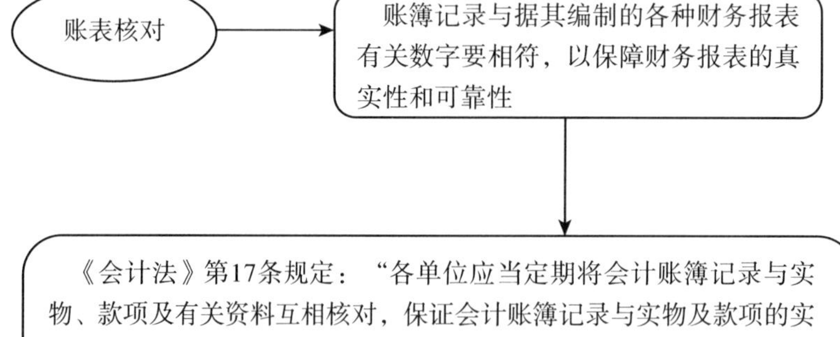

《会计法》第17条规定："各单位应当定期将会计账簿记录与实物、款项及有关资料互相核对，保证会计账簿记录与实物及款项的实有数额相符、会计账簿记录与会计凭证的有关内容相符、会计账簿之间相对应的记录相符、会计账簿记录与会计报表的有关内容相符。"

《会计基础工作规范》要求各单位的对账工作每年至少进行一次

图 5-1　对账的具体内容

二、结账前的准备工作

结账前的准备工作

- 要及时进行对账，保证账证相符、账账相符、账实相符和账表相符，妥善处理应收、应付及暂收、暂付款的清偿适宜，尽量减少发生坏账损失
- 必须将本期内发生的各项经济业务全部登记入账，应及时调整需要进行期末调整的账项，按权责发生制的要求，查对有关收入和费用是否进行了账务调整。如：待摊费用是否在本期进行了摊销，预提费用是否在本期内进行了预提
- 在确认当期发生的经济业务、调整账项及有关转账业务全部登记入账后，可办理结账手续，结计总分类账、现金日记账、银行存款日记账和明细分类各账户的当期发生额、余额，并结转下期账簿记录

图 5-2 结账前的准备工作

三、结账的方法

结账的方法

- 日记账：在分清“收入日记账”和“支出日记账”的情况下，出纳员在每日终了按规定登记入账后，结出当日收入合计数和当日支出合计数，然后将支出日记账中当日支出合计数转记入收入日记账中的当日支出合计栏内，在此基础上再结出当日账面余额
- 月结账：在每个月底，要采用划线结账的方法进行结账，即在各账户的最后一笔账的下一行结出“本期发生额”和“期末余额”。在“摘要”栏内注明“本月合计”字样。月末如无余额，应在“借或贷”一栏中注明“平”，并在“余额”栏中记“0”后，画上一条红线。对需逐月结算本年累计发生额的账户，应逐月计算自年初至本月份止的累计发生额，并登记在月结的下一行，在“摘要”栏内注明“本月止累计”字样
- 季结账：在各账户本季度最后一个月的月结下面画一通栏红线，表示本季结束。在红线下结算出本季发生额和季末余额，并在摘要栏内注明“本季合计”字样，最后，再在摘要栏下面画一通栏红线，表示完成季结工作
- 年结账：年度终了时，将全年的发生额累计登记在12月份合计数的下一行，在“摘要”栏内注明“本年合计”字样，并在下面画双红线。在下一会计年度新建有关会计账簿的第一行余额栏内填写上年结转的余额，并在摘要栏内注明“上年结转”字样

图 5-3 结账的方法

四、月末结账的步骤

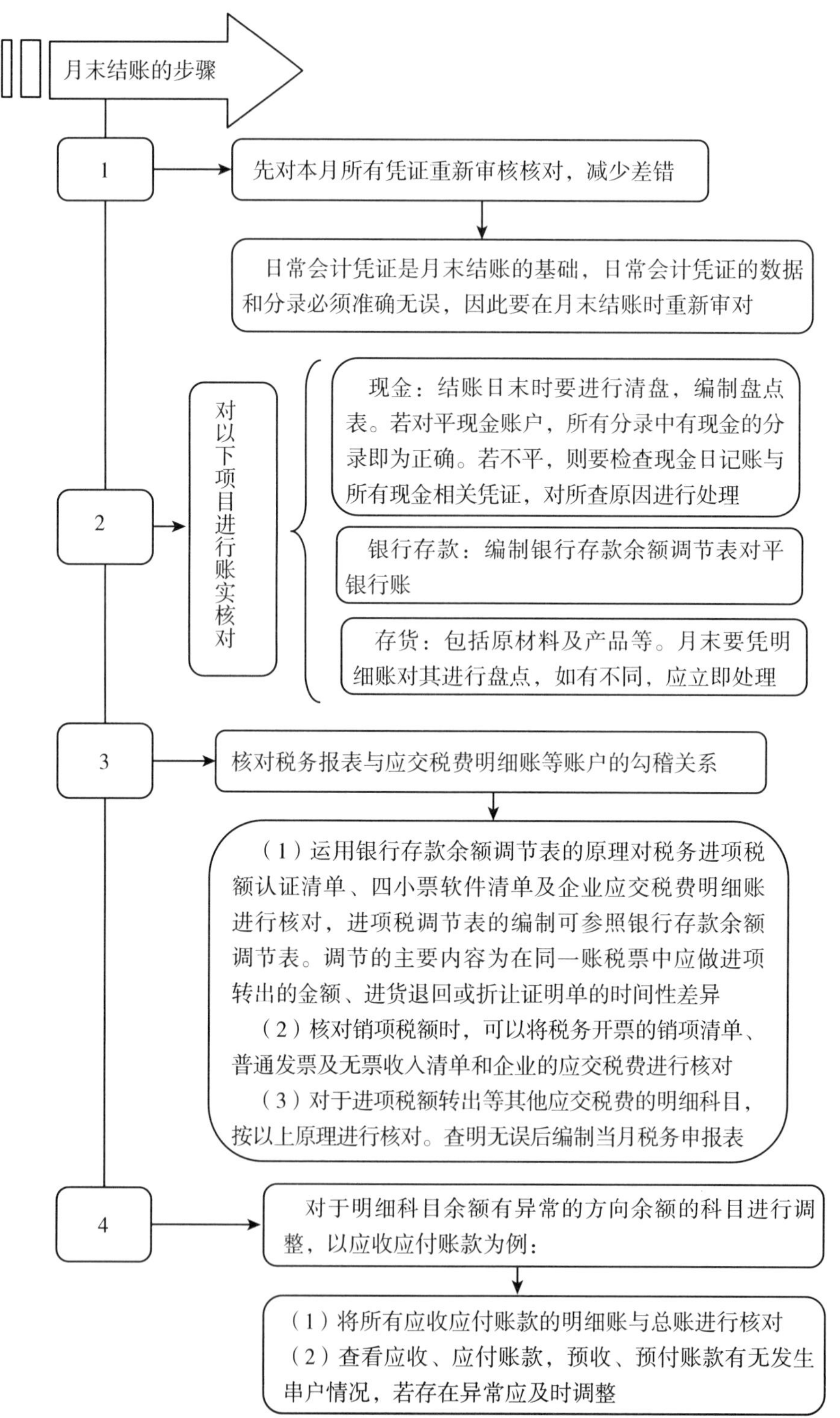
月末结账的步骤
1
先对本月所有凭证重新审核核对，减少差错
日常会计凭证是月末结账的基础，日常会计凭证的数据和分录必须准确无误，因此要在月末结账时重新审对
2
对以下项目进行账实核对
现金：结账日末时要进行清盘，编制盘点表。若对平现金账户，所有分录中有现金的分录即为正确。若不平，则要检查现金日记账与所有现金相关凭证，对所查原因进行处理
银行存款：编制银行存款余额调节表对平银行账
存货：包括原材料及产品等。月末要凭明细账对其进行盘点，如有不同，应立即处理
3
核对税务报表与应交税费明细账等账户的勾稽关系
（1）运用银行存款余额调节表的原理对税务进项税额认证清单、四小票软件清单及企业应交税费明细账进行核对，进项税调节表的编制可参照银行存款余额调节表。调节的主要内容为在同一账税票中应做进项转出的金额、进货退回或折让证明单的时间性差异
（2）核对销项税额时，可以将税务开票的销项清单、普通发票及无票收入清单和企业的应交税费进行核对
（3）对于进项税额转出等其他应交税费的明细科目，按以上原理进行核对。查明无误后编制当月税务申报表
4
对于明细科目余额有异常的方向余额的科目进行调整，以应收应付账款为例：
（1）将所有应收应付账款的明细账与总账进行核对
（2）查看应收、应付账款，预收、预付账款有无发生串户情况，若存在异常应及时调整

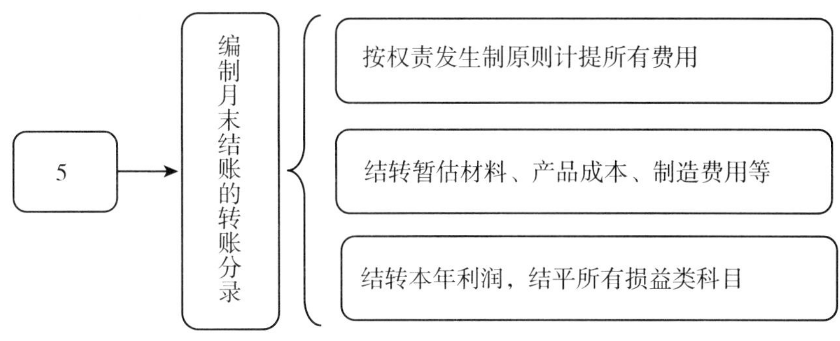

图 5-4　月末结账的步骤

五、年终结账的步骤

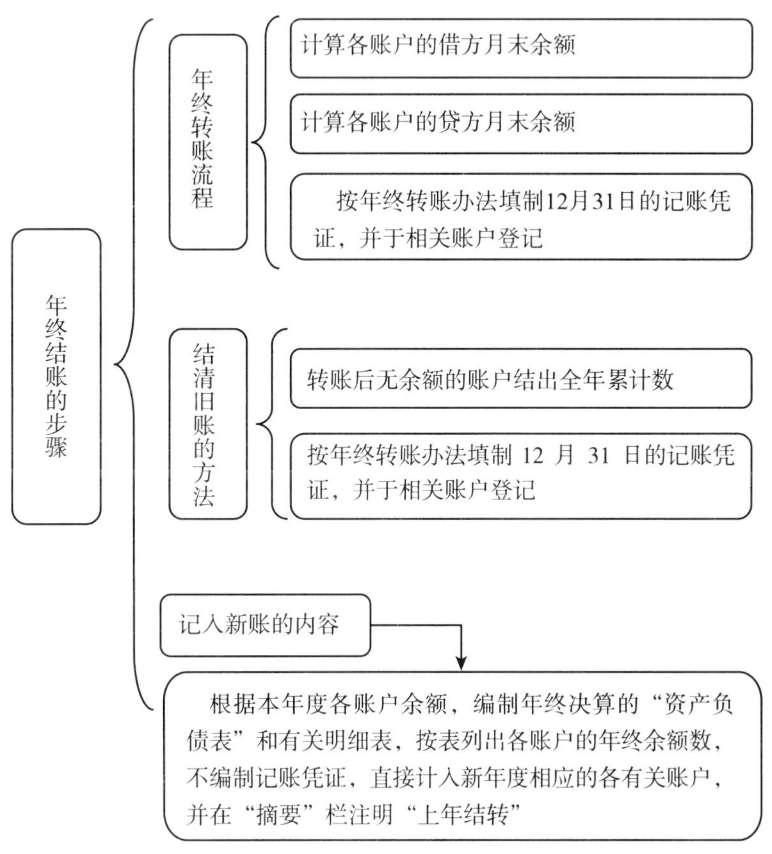

图 5-5　年终结账的步骤

第二节　错账更正

一、导致错账的原因

导致错账的原因

- 做账方向错误：做账时，账簿中借方与贷方登记颠倒，将借方记成贷方或把贷方记成借方。将应记数字的颜色标记错误，也属于做账的方向错误
- 漏记：做账时，遗漏某一凭证的数字金额，未计入账簿
- 记错科目：如将现金记入“银行存款”科目
- 邻数颠倒：在做账时，将某数字中相邻的两位颠倒登记入账
- 重记：将已登记入账的金额数字，重复记入账簿
- 数字或数移位：在做账时记错数字位数，即以大写小或以小写大。例如，将100写成10，或将10写成100等
- 结账时计算错误：结账时发现数字打错，余额记错，从而使账面出现问题

图 5-6　导致错账的原因

二、错账查找方法

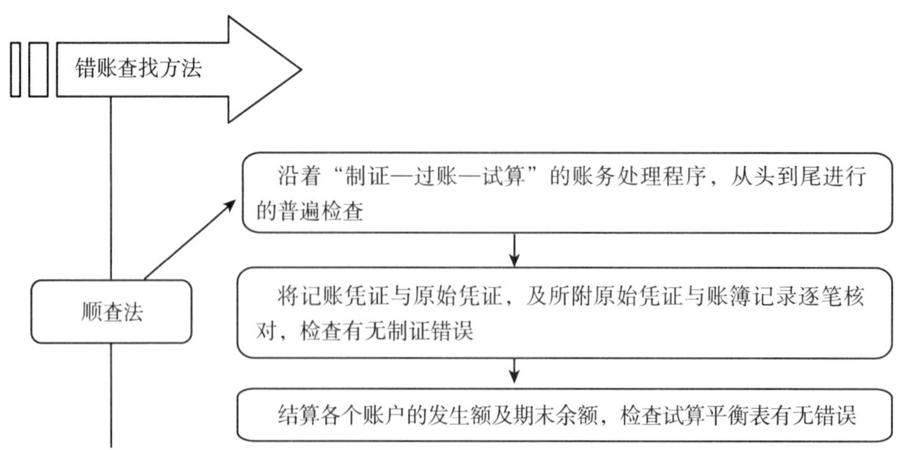

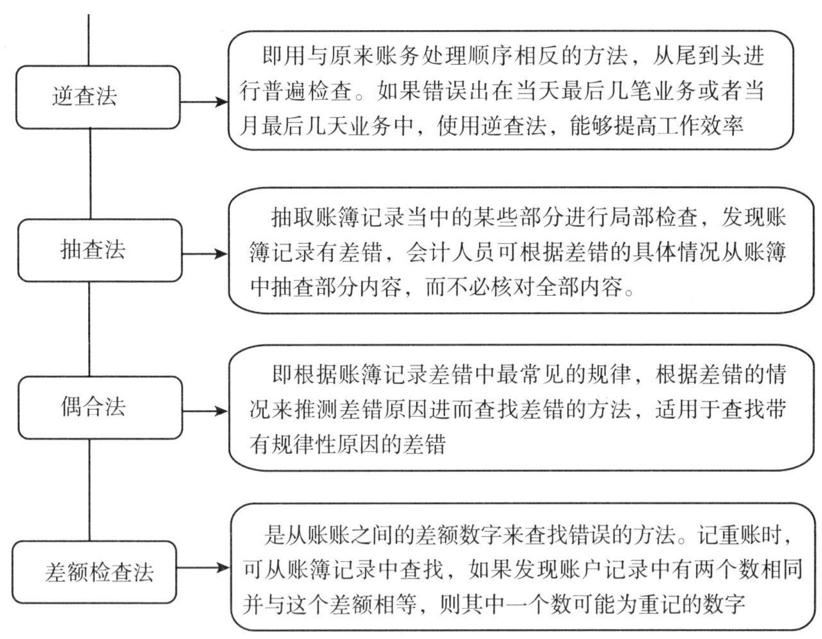

图 5-7　错账查找方法

三、错账更正方法

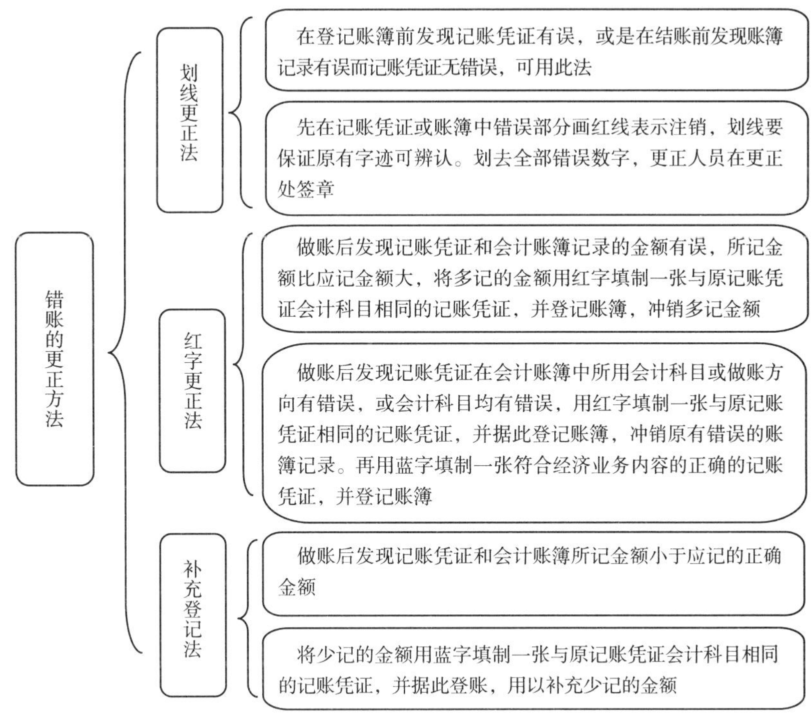

图 5-8　错账更正方法

第六章　会计报表的编制

本章导读

企业的会计报表是依据日常的会计核算资料加工整理，用以说明企业某一特定日期财务状况和某一会计期间经营成果、现金流量的总结性书面文件。它能够概括地表现企业一定时期的经济活动的状况和结果，是企业会计核算工作的重要内容。

企业日常发生的一切经济业务，都是按照一定的会计处理程序和方法，以凭证、账簿的形式表现出来，它的特点是零乱、分散。为了能够给信息使用者提供全面、连续、系统的信息资料，就必须对这些分散的会计资料进行进一步加工、整理、归集、汇总，形成能够反映企业财务状况和经营成果的综合信息，即会计报表。因此，编制会计报表有着十分重要的意义。

在会计报表的体系中，不同的会计报表表达着不同的内容，其目的不同，发挥的作用就会有所侧重。综合来看，会计报表的作用主要体现在以下几个方面。

（1）有助于所有者和债权人合理地进行投资决策；

（2）有助于明确公司管理者的经营管理责任；

（3）有助于用户评价和预测未来的现金流量；

（4）有助于公司加强和改善经营管理；

（5）有助于政府管理部门进行宏观调控和管理。

学完下面的内容，你就能够学会基本的会计报表编制方法。

第一节　财务报表概述

一、财务报表的分类

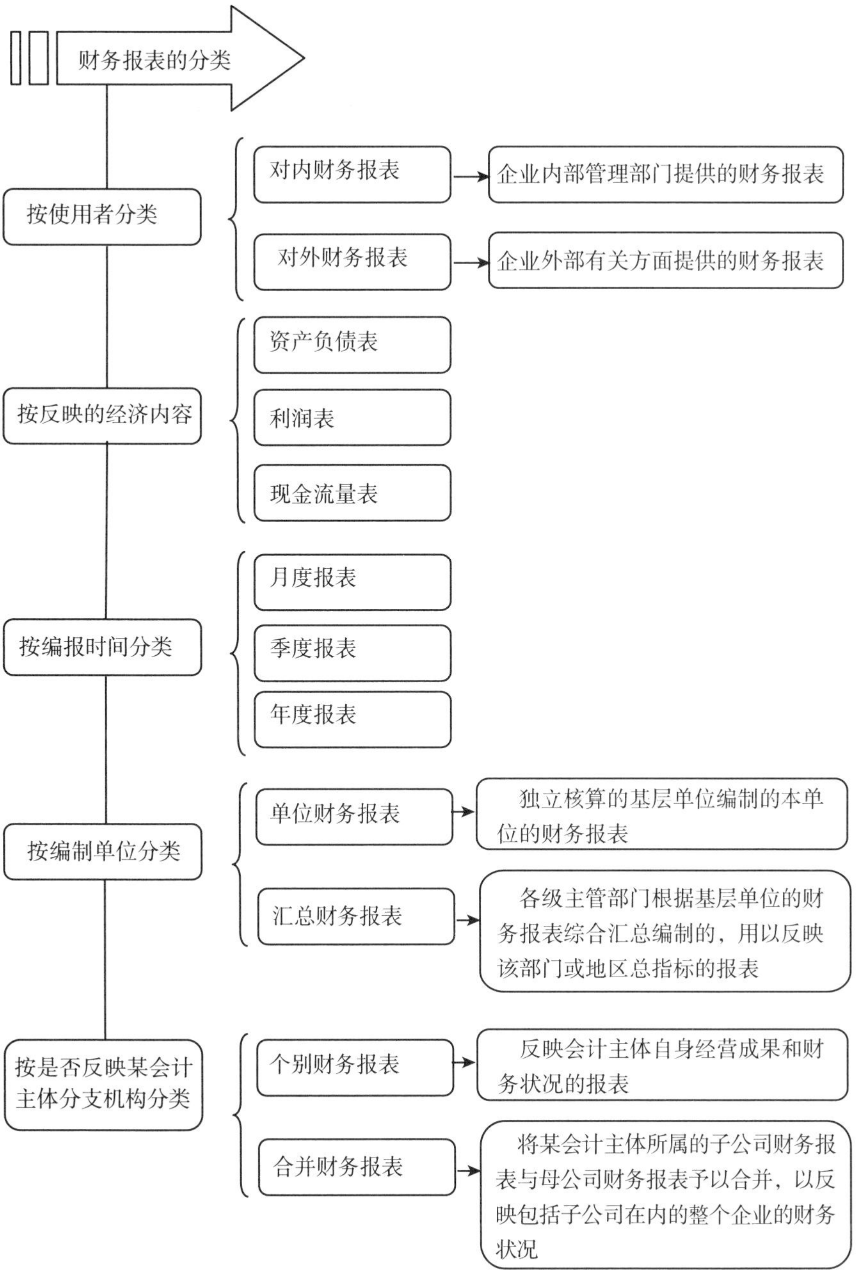

图 6-1　财务报表的分类

二、编制财务报表的要求

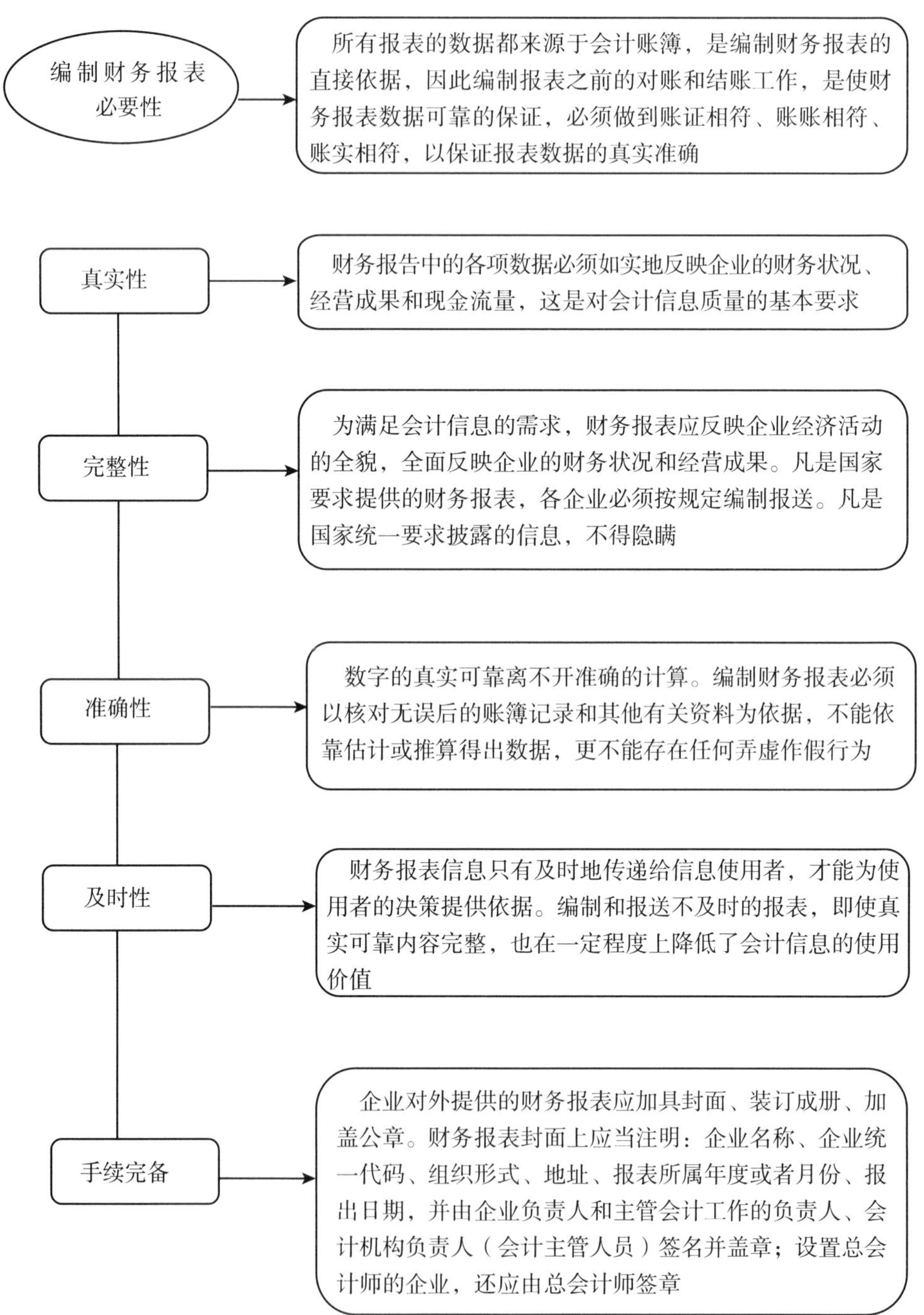

图 6-2　编制财务报表的要求

第二节　资产负债表

一、资产负债表的作用

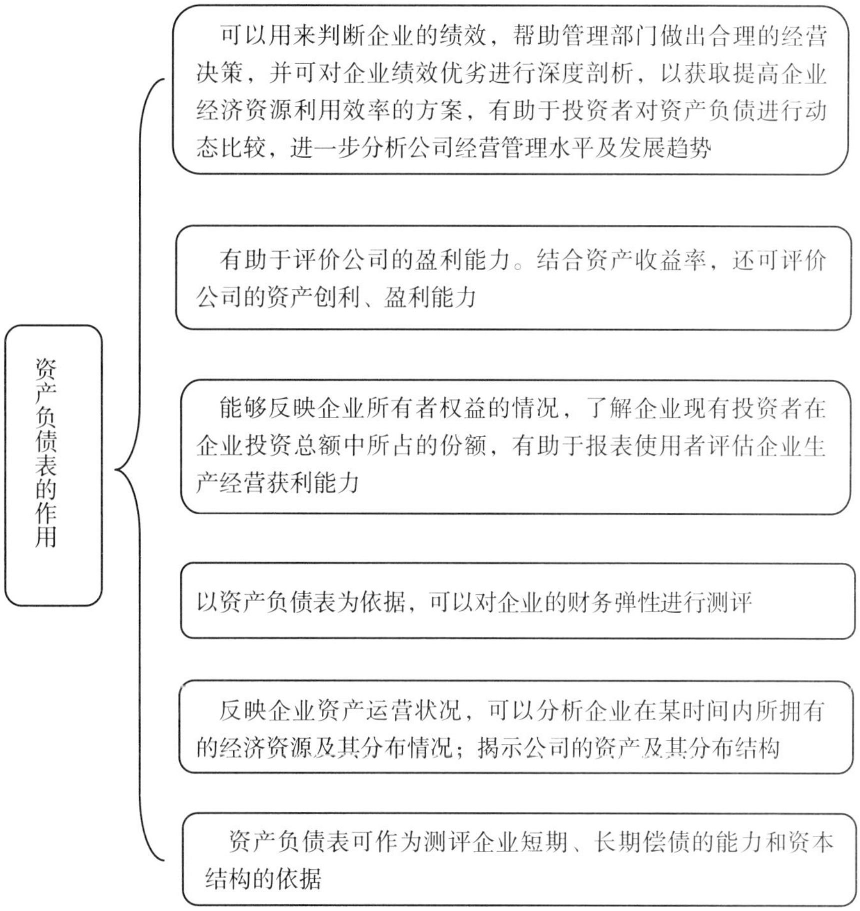

资产负债表的作用

可以用来判断企业的绩效，帮助管理部门做出合理的经营决策，并可对企业绩效优劣进行深度剖析，以获取提高企业经济资源利用效率的方案，有助于投资者对资产负债进行动态比较，进一步分析公司经营管理水平及发展趋势

有助于评价公司的盈利能力。结合资产收益率，还可评价公司的资产创利、盈利能力

能够反映企业所有者权益的情况，了解企业现有投资者在企业投资总额中所占的份额，有助于报表使用者评估企业生产经营获利能力

以资产负债表为依据，可以对企业的财务弹性进行测评

反映企业资产运营状况，可以分析企业在某时间内所拥有的经济资源及其分布情况；揭示公司的资产及其分布结构

资产负债表可作为测评企业短期、长期偿债的能力和资本结构的依据

图 6-3　资产负债表的作用

二、资产负债表的内容

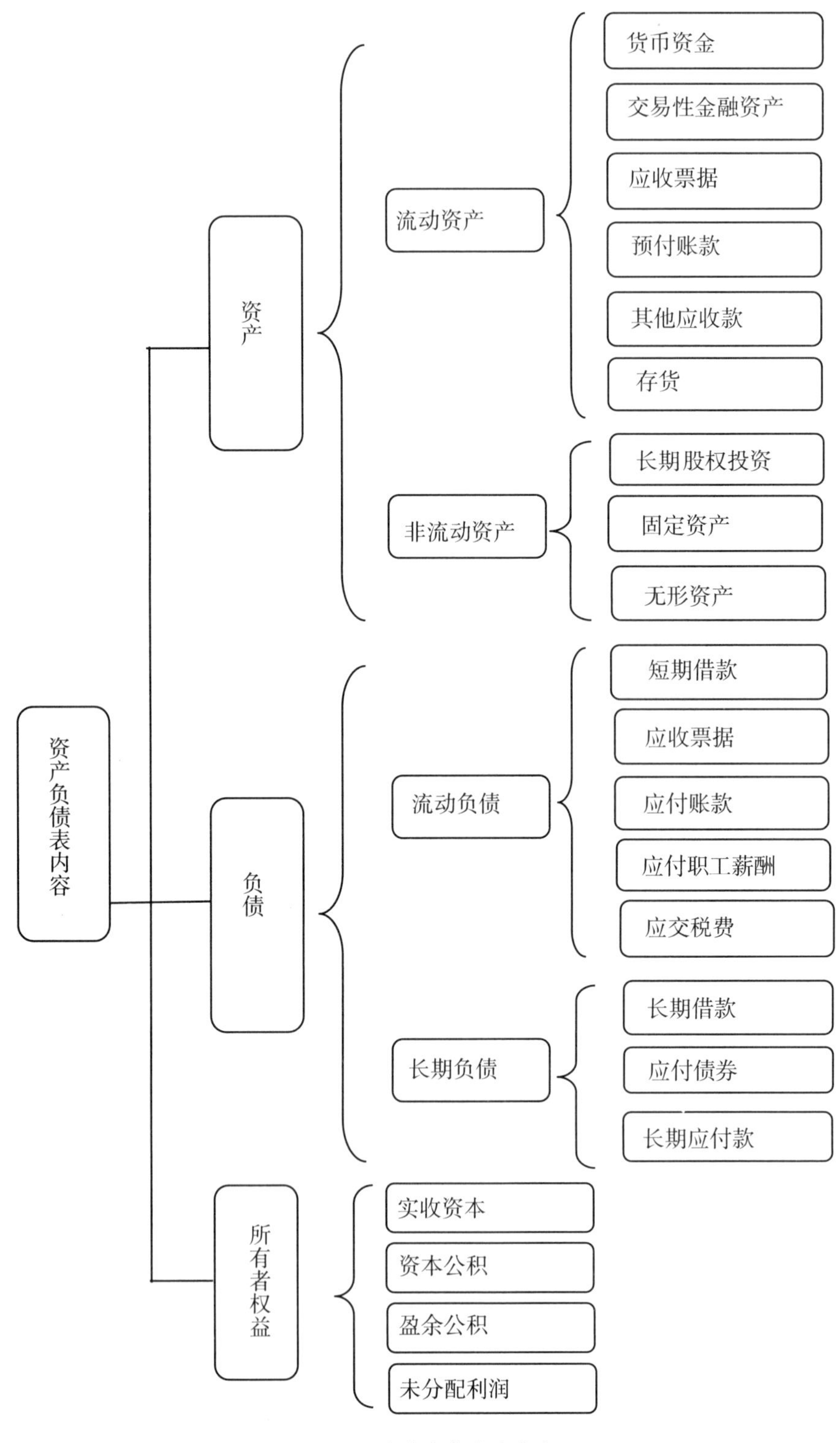

图 6-4　资产负债表的内容

三、资产负债表的基本结构

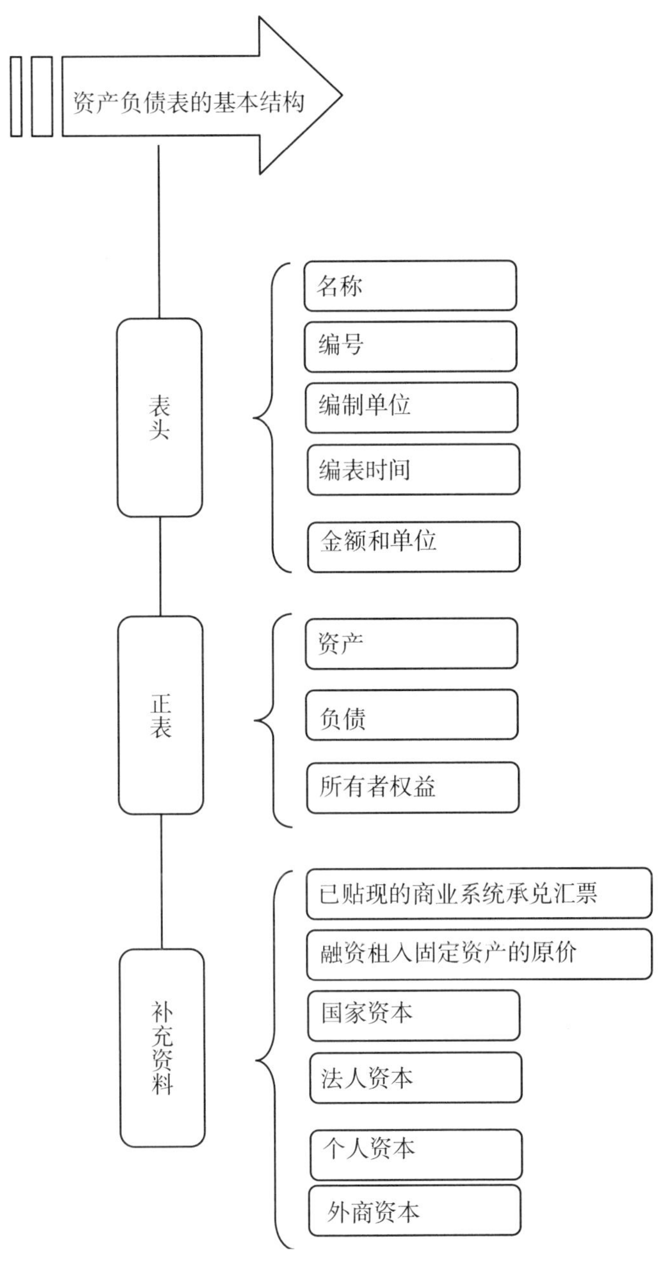

图 6-5　资产负债表的基本结构

四、资产负债表的格式

资产负债表依据各项目对信息的不同需求，形成两种排列格式。

1. 账户式资产负债表

账户式资产负债表分左右两方，左方为资产项目，右方为负债及所有者权益项目。如表 6-1 所示。

表 6-1　资产负债表

编制单位:　　　　　　　　　　年　　月　　　　　　　　　　单位：元

资产	行次	年初数	期末数	负债和所有者权益	行次	年初数	期末数
流动资产：				流动负债			
货币资金	1			短期借款	68		
短期投资	2			应付票据	69		
应收票据	3			应付账款	70		
应收股利	4			预收账款	71		
应收利息	5			应付工资	72		
应收账款	6			应付福利费	73		
其他应收款	7			应付股利	74		
预付账款	8			应交税金	75		
应收补贴款	9			其他应付款	80		
待摊费用	10			预提费用	82		
一年内到期的长期债券投资	21			预计负债	83		
其他流动资产	24			一年内到期的长期负债	86		
流动资产合计	31			其他流动负债	90		
长期投资：							
长期股权投资	32			流动负债合计	100		
长期债权投资	34			长期负债：			
长期投资合计	38			长期借款	101		
固定资产				应付债券	102		
固定资产原价	39			长期应付款	103		
减：累计折旧	40			专项应付款	106		
固定资产净值	41			其他长期负债	108		

续表

资产	行次	年初数	期末数	负债和所有者权益	行次	年初数	期末数
减：固定资产减值准备	42			长期负债合计	110		
固定资产净额	43			递延税项：			
递延税款贷项					111		
在建工程	45			负债合计	114		
固定资产清理	46						
固定资产合计	50			所有者权益			
无形资产及其他资产				实收资本	115		
无形资产	51			减：已归还投资	116		
长期待摊费用	52			实收资本（或股本）净额	117		
其他长期资产	53			资本公积	118		
无形资产及其他资产合计	60			盈余公积	119		
其中：法定公益金					120		
递延税项：				未分配利润	121		
递延税款借项	61			所有者权益合计	122		
资产总计	67			负债和所有者权益合计	135		

企业负责人：　　　　主管会计：　　　　制表：　　　　报出日期：　　　　年　月　日

2. 报告式资产负债表

报告式资产负债表垂直排列，所有资产类项目按一定顺序列示报表上部，其次列为负债，最后列示股东权益，如表 6-2 所示。

表 6-2　报告式资产负债表

资产： 流动资产 （1）长期投资 （2）固定资产 （3）无形资产 （4）其他资产	负债： （1）流动负债 （2）长期负责 所有者权益： （1）实收资本 （2）资本公积 （3）盈余公积 （4）未分配利润

五、资产负债表的填列

根据若干个总账科目的期末余额分析计算填列

（1）货币资金=库存现金+银行存款+其他货币资金

（2）存货=在途物资（材料采购）+原材料+库存商品+生产成本+制造费用+周转材料+委托加工物资+材料成本差异+发出商品－存货跌价准备

（3）未分配利润=本年利润+利润分配

根据有关总账所属的明细账的期末余额分析计算填列

填写应收账款：应收账款+预收账款，取借方合计－坏账准备
填写预收账款：预收账款+应收账款，取贷方合计
填写应付账款：应付账款+预付账款，取贷方合计
填写预付账款：预付账款+应付账款，取借方合计

根据有关总账及其明细账的期末余额分析填列

（1）长期借款=长期借款－将于1年内（含1年）到期的长期借款
（2）应付债券=应付债券－将于1年内（含1年）到期的应付债券
（3）长期应收款、长期待摊费用、长期应付款等

根据有关资产类账户与其备抵账户抵消后的净额填列

（1）应收账款=应收账款－坏账准备
（2）其他应收款=其他应收款－坏账准备
（3）应收票据=应收票据－坏账准备
（4）存货=存货－存货跌价准备
（5）固定资产=固定资产－累计折旧－固定资产减值准备
（6）无形资产=无形资产－累计摊销－无形资产减值准备
（7）长期股权投资=长期股权投资－长期股权投资减值准备
（8）持有至到期投资=持有至到期投资－持有至到期投资减值准备
（9）在建工程=在建工程－在建工程减值准备

图 6-6　资产负债表的填列

第三节　利润表

一、利润表的作用

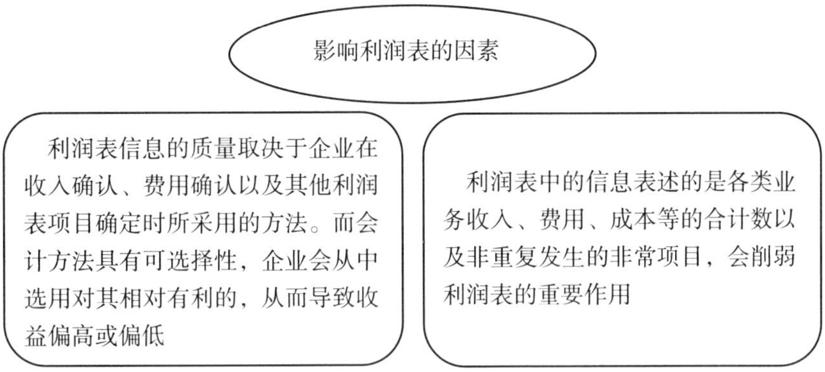

影响利润表的因素

利润表信息的质量取决于企业在收入确认、费用确认以及其他利润表项目确定时所采用的方法。而会计方法具有可选择性，企业会从中选用对其相对有利的，从而导致收益偏高或偏低

利润表中的信息表述的是各类业务收入、费用、成本等的合计数以及非重复发生的非常项目，会削弱利润表的重要作用

图 6-7　影响利润表的因素

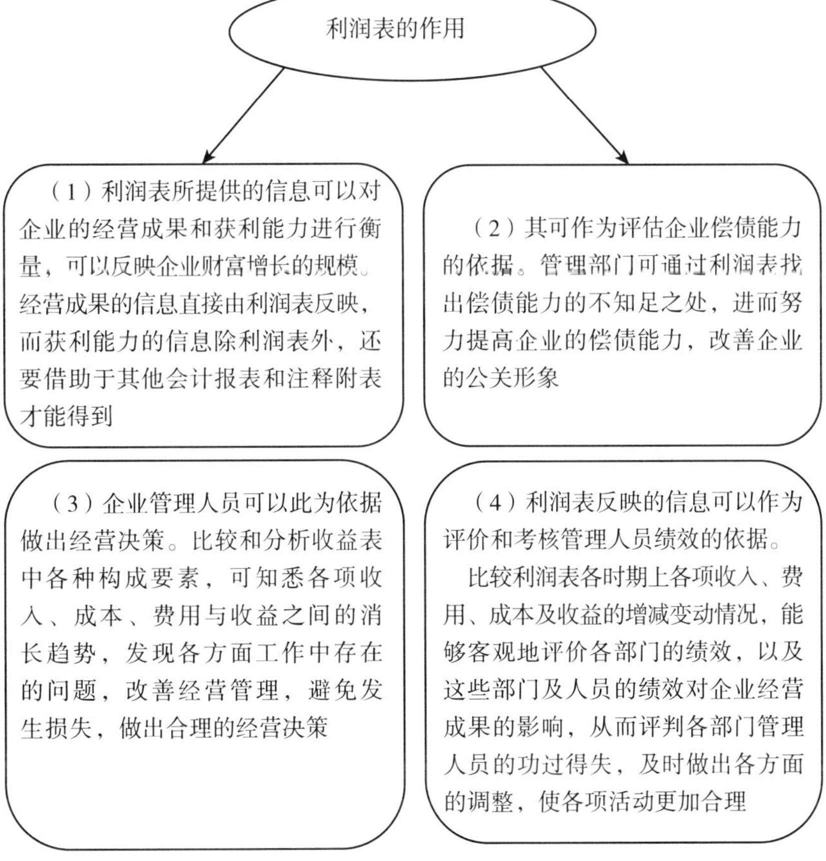

利润表的作用

（1）利润表所提供的信息可以对企业的经营成果和获利能力进行衡量，可以反映企业财富增长的规模。经营成果的信息直接由利润表反映，而获利能力的信息除利润表外，还要借助于其他会计报表和注释附表才能得到

（2）其可作为评估企业偿债能力的依据。管理部门可通过利润表找出偿债能力的不知足之处，进而努力提高企业的偿债能力，改善企业的公关形象

（3）企业管理人员可以此为依据做出经营决策。比较和分析收益表中各种构成要素，可知悉各项收入、成本、费用与收益之间的消长趋势，发现各方面工作中存在的问题，改善经营管理，避免发生损失，做出合理的经营决策

（4）利润表反映的信息可以作为评价和考核管理人员绩效的依据。

比较利润表各时期上各项收入、费用、成本及收益的增减变动情况，能够客观地评价各部门的绩效，以及这些部门及人员的绩效对企业经营成果的影响，从而评判各部门管理人员的功过得失，及时做出各方面的调整，使各项活动更加合理

图 6-8　利润表的作用

二、利润表的基本结构

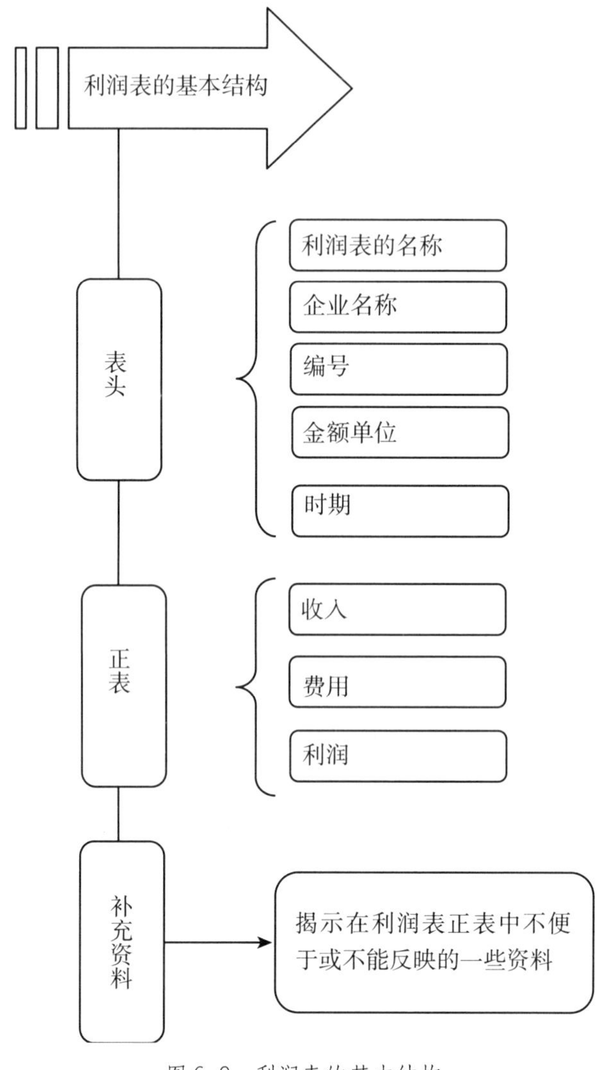

图 6-9 利润表的基本结构

三、利润表的填列

表 6-3 利润表的填列

项目名称	反映内容	填列方式
营业收入	反映企业经营的业务所确认的收入总额	根据“主营业务收入”和“其他业务收入”科目的发生额分析填列
营业成本	反映企业经营主要业务和其他业务所发生的成本总额	根据“主营业务成本”和“其他业务成本”科目的发生额分析填列

续表

项目名称	反映内容	填列方式
营业税金及附加	反映企业经营业务应负担的消费税、城市维护建设税、资源税、土地增值税和教育费附加等	根据“营业税金及附加”科目的发生额分析填列
销售费用	反映企业在销售商品过程中发生的广告费等费用和为销售本企业商品而专设的销售机构的职工薪酬等经营费用	根据“销售费用”科目的发生额分析填列
管理费用	反映企业为组织和管理生产经营发生的管理费用	根据“管理费用”科目的发生额分析填列
财务费用	反映企业因筹集生产经营所需资金等发生的筹资费用	根据“财务费用”科目的发生额分析填列
资产减值损失	反映企业各项资产发生的减值损失	根据“资产减值损失”科目发生额分析填列
公允价值变动收益	反映企业应当计入当期损益的资产或负债公允价值变动收益	根据“公允价值变动损益”科目的发生额分析填列，如为净损失，以“-”号填列
投资收益	反映企业以各种方式对外投资所取得的收益	根据“投资收益”科目的发生额分析填列。投资损失，用“-”号填列
营业利润	反映企业实现的营业利润	如为亏损，本项目以“-”号填列
营业外收入	反映企业发生的与经营业务无直接关系的各项收入	根据“营业外收入”科目的发生额分析填列
营业外支出	反映企业发生的与经营业务无直接关系的各项支出	根据“营业外支出”科目的发生额分析填列
利润总额	反映企业实现的利润。	如为亏损，本项目以“-”号填列
所得税费用	反映企业应从当期利润总额中扣除的所得税费用	根据“所得税费用”科目的发生额分析填列
净利润	反映企业实现的净利润	如为亏损，本项目以“-”号填列
每股收益	包括基本每股收益和稀释每股收益两项指标，反映普通股或潜在普通股已公开交易的企业，以及正在公开发行普通股或潜在普通股过程中的企业的每股收益信息	
“其他综合收益”项目	反映企业未在损益中确认的各项利得和损失扣除所得税影响后的净额	
综合收益总额	反映企业净利润与其他综合收益的合计金额	

第四节　现金流量表

一、现金流量表的作用

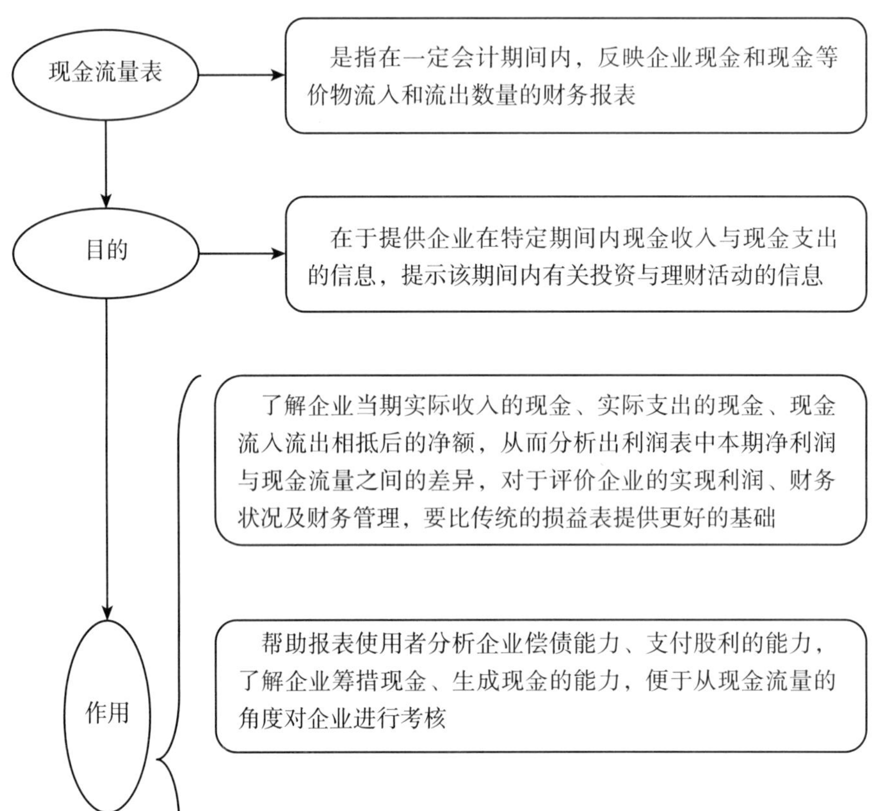

图 6-10　现金流量表的作用

二、现金流量表列报格式及说明

表 6–4　现金流量表

编制单位:　　　　　　　　　　年度　　　　　　　　　　单位：元

项目	本年金额	上年金额
一、经营活动产生的现金流量：		
销售商品、提供劳务收到的现金		
收到的税费返还		
收到其他与经营活动有关的现金		
经营活动现金流入小计		
购买商品、接受劳务支付的现金		
支付给职工以及为职工支付的现金		
支付的各项税费		
支付其他与经营活动有关的现金		
支付的各项税费		
支付其他与经营活动有关的现金		
经营活动现金流出小计		
经营活动产生的现金流量净额		
二、投资活动产生的现金流量：		
收回投资收到的现金		
取得投资收益收到的现金		
处置固定资产、无形资产和其他长期资产收回的现金净额		
处置子公司及其他营业单位收到的现金净额		
收到其他与投资活动有关的现金		
投资活动现金流入小计		
构建固定资产、无形资产和其他长期资产支付的现金		
投资支付的现金		
取得子公司及其他营业单位支付的现金净额		
支付的其他与投资活动有关的现金		
投资活动现金流出小计		
投资活动产生的现金流量净额		
三、筹资活动产生的现金流量：		
吸收投资收到的现金		
取得借款收到的现金		
收到其他与筹资活动有关的现金		
筹资活动现金流入小计		
偿还债务支付的现金		
分配股利、利润或偿付利息支付的现金		
支付的其他与筹资活动有关的现金		
筹资活动现金流出小计		
偿还债务支付的现金		

续表

项目	本年金额	上年金额
分配股利、利润或偿付利息支付的现金		
支付的其他与筹资活动有关的现金		
筹资活动现金流出小计		
筹资活动产生的现金流量净额		
四、汇率变动对现金及现金等价物的影响		
五、现金及现金等价物净增加额		
加：期初现金及现金等价物余额		
六、期末现金及现金等价物余额		

第五节　所有者权益变动表

一、所有者权益变动表的作用

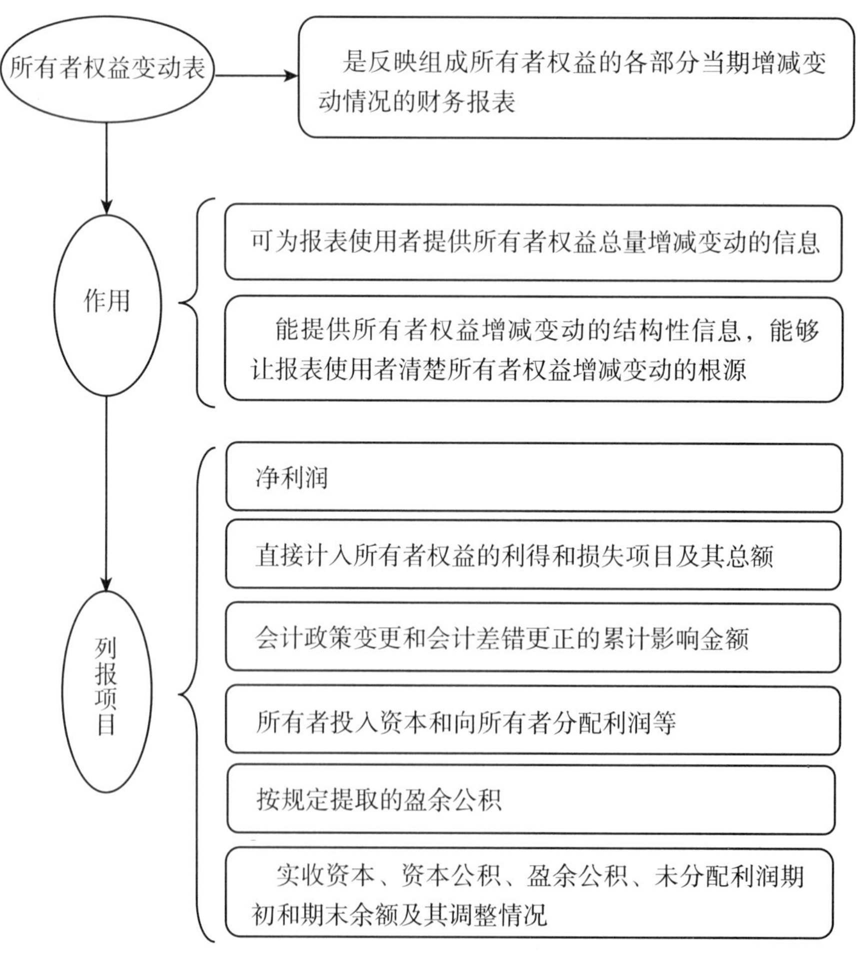

图 6-11　所有者权益变动表的作用

二、所有者权益变动表的格式及说明

表 6–5　所有者权益变动表

编制单位：　　　　　　　　　　年　　　　　　　　　　单位：元

项目	本年金额						上年金额					
	实收资本	资本公积	减：库存股	盈余公积	未分配利润	所有者权益合计	实收资本	资本公积	减：库存股	盈余公积	未分配利润	所有者权益合计
一、上年年末余额												
加：会计政策变更												
前期差错更正												
二、本年年初余额												
三、本年增减变动金额（减少以“–”号填列）												
（一）净利润												
（二）直接计入所有者权益的利得和损失												
1. 可供出售金额资产公允价值变动净额												
2. 权益法下被投资单位其他所有者权益变动的影响												
3. 与计入所有者权益项目相关的所得税影响												

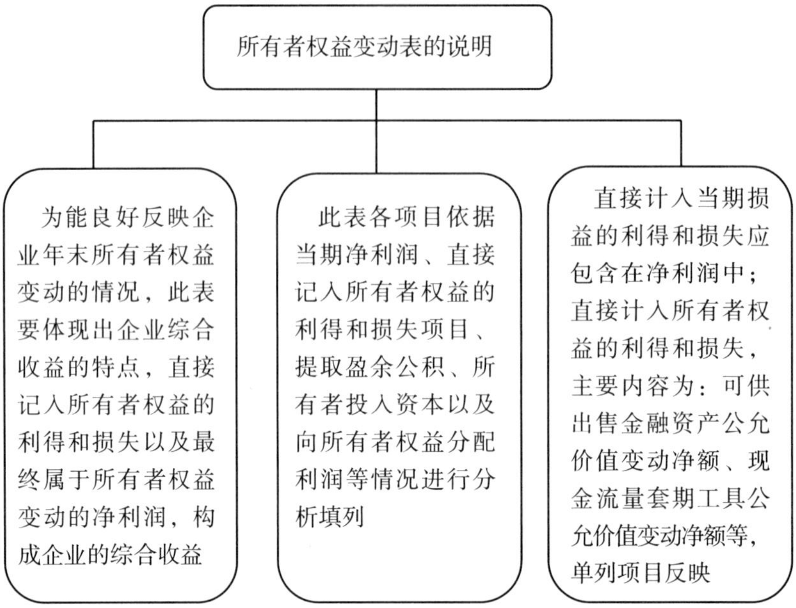

所有者权益变动表的说明

为能良好反映企业年末所有者权益变动的情况，此表要体现出企业综合收益的特点，直接记入所有者权益的利得和损失以及最终属于所有者权益变动的净利润，构成企业的综合收益

此表各项目依据当期净利润、直接记入所有者权益的利得和损失项目、提取盈余公积、所有者投入资本以及向所有者权益分配利润等情况进行分析填列

直接计入当期损益的利得和损失应包含在净利润中；直接计入所有者权益的利得和损失，主要内容为：可供出售金融资产公允价值变动净额、现金流量套期工具公允价值变动净额等，单列项目反映

图6-12 所有者权益变动表的说明

第二篇
会计做账实训篇

第七章　北京腾飞商贸有限公司概况

本章导读

本章以北京腾飞商贸有限公司为范例，以它的实际财务状况为依据，展开会计业务的详解。

第一节　基本情况

一、概述

北京腾飞商贸有限公司是一家从事生产和销售机器设备的专业公司。该公司自2008年11月成立以来，一直运行良好。

公司名称：北京腾飞商贸有限公司

公司类型：商贸公司，为增值税一般纳税人，增值税税率为17%

法人代表：王刚

地址：北京市朝阳区安苑路10号

联系电话：010-65151111

公司法人营业执照注册号：12361757（1-1）

税务登记证登记号：110605590619013

开户银行：中国工商银行和平里分理处（下文简称“工行和平里分理处”）

账号：开立一个基本存款账户，账号为0100108808108793

注册资本金：1000万元

股东成员及持股比例:北京天伦有限公司（投资比例50%）、北京乐享有限公司（投资比例30%）、北京康佳投资有限公司（投资比例20%）

生产产品：设有一个生产车间，一个辅助生产车间，主要生产M、N两种产品，同时也接收A、B两种商品的订单。

岗位设置：一个董事长兼总经理，两个副总经理，一个财务部经理，一个会计，一个出纳兼办税员。

二、生产工艺

北京腾飞商贸有限公司的生产线如图7-1所示。

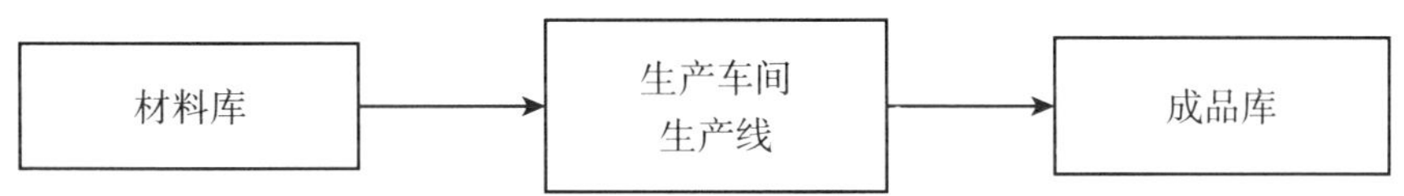

图7-1　北京腾飞商贸有限公司生产线

第二节　公司内部会计制度

一、会计工作组织形式及账务处理程序

（1）公司会计工作组织形式采用集中核算的方式。

（2）公司记账采用借贷记账法。

（3）公司账务处理采用科目汇总表账务处理程序。

（4）公司根据《企业会计准则》及其应用指南进行会计核算。

（5）公司采用复式通用格式的记账凭证，凭证按月编号。

（6）公司开设总分类账、明细分类账及日记账。总分类账及日记账一律采用“借方”“贷方”和“余额”三栏式的订本式账簿；明细分类账根据核算需要分别选用三栏式、数量金额式、多栏式、横线登记式等格式的活页式账页。

（7）公司需要编制资产负债表、利润表。

二、计提坏账准备规定

公司按应收款项在资产负债表日余额的一定比例计算减值损失，计提坏账准备。坏账准备的计提比例为5‰。

三、存货核算规定

（1）原材料核算根据公司管理需要采用实际成本核算法，逐笔结转入库材料的成本，发出材料的计价采用先进先出法，逐笔结转发出材料的成本。腾飞公司设置一套数量金额式的材料明细账，由会计部门登记。

（2）周转材料采用实际成本核算法，领用时的计价采用先进先出法，摊销采用一次摊销法。

（3）库存商品核算采用实际成本核算法，发出时的计价采用先进先出法。

四、固定资产折旧核算规定

（1）固定资产折旧采用平均年限法计提。

（2）固定资产折旧额按月分类折旧率计算，其中，房屋建筑物类月折旧率为 0.3%，机器设备类月折旧率为 0.8%。

五、成本及费用核算规定

（1）公司成本核算采用一级成本核算体制。

（2）产品成本计算根据公司生产的特点及成本管理的要求采用品种法。

（3）外购电力费用按照各受益单位用电度数比例分配；车间生产用电费用，按产品生产工时比例在各种产品间进行分配。

（4）外购水费直接按照各受益单位数量比例分配；车间生产用水费用，按产品生产工时比例在各种产品间进行分配。

（5）车间生产工人工资、社会保险费用按产品生产工时比例在各种产品间进行分配。

（6）工会经费、职工教育经费的提取比例分别为工资总额的 2% 和 1.5%。

（7）制造费用按照产品生产工时比例分配。

（8）月末 A 产品、B 产品的在产品成本采用约当产量法计算，原材料在生产开始时一次投入，月末完工程度均为 50%。

六、税金和社会保险核算规定

（1）腾飞公司为增值税一般纳税人，税率为 17%。全部原材料、库存商品的采购、销售均为不含税价格，应由公司负担的运费，可根据运输部门的发票，按 7% 作为增值税的进项税额入账。

（2）城市维护建设税按流转税额的 7% 缴纳，教育费附加按流转税额的 3% 缴纳。

（3）公司所得税核算，假设资产、负债的账面价值与其计税基础一致，未产生暂时性差异，公司所得税全年汇算清缴，税率为 25%。

（4）个人所得税按七级超额累计税率计算代扣代缴。计算个人所得税的工资固定抵扣额为3500元，职工个人承担的养老保险、医疗保险在计算个人所得税时可以抵扣。

（5）各种社会保险按月申报缴纳，由单位承担并缴纳的养老保险、医疗保险、失业保险、工伤保险、生育保险等社会保险费用分别按职工上年度缴费月平均工资的20%、6%、2%、1%、0.8%计算。由职工个人承担的养老保险、医疗保险、失业保险分别按照本人上年度月平均工资总额的8%、2%、1%计算。

（6）假设职工本月工资与上年度月平均工资相同，上年度月平均工资为2849.05元。

七、利润及利润分配核算规定

（1）年末按净利润的10%提取法定盈余公积。

（2）净利润中分配给股东的股利比例由当年的股东大会决定。分配给股东的股利在各股东间按投资比例进行分配，北京天伦有限公司投资比例为50%、北京乐享有限公司投资比例为30%、北京康佳投资有限公司投资比例为20%。

八、其他规定

（1）计算中要求精确到小数点后两位，尾差按业务需要进行调整。

（2）各会计岗位操作规范按《会计基础工作规范》执行。

第三节　期初财务数据

一、2016年11月资产负债表和利润表

2016年11月资产负债表和利润表如表7-1、表7-2所示。

表7-1　资产负债表

编制单位：北京腾飞商贸有限公司　　2016年11月　　单位：元

资产	年初余额	期末余额	负债和所有者权益（或股东权益）	年初余额	期末余额
流动资产：			流动负债		
货币资金		5 724 000.00	短期借款		100 000.00
交易性金融资产			交易性金融负债		

续表

资产	年初余额	期末余额	负债和所有者权益（或股东权益）	年初余额	期末余额
应收票据		199 000.00	应付票据		510 000.00
应收账款		298 500.00	应付账款		144 000.00
预付账款		298 500.00	预收账款		300 000.00
应收利息			应付职工薪酬		
应收股利			应交税费		432 183.00
其他应收账款		2 985.00	应付利息		1 000.00
存货		4 046 750.00	应付股利		
一年内到期的非流动资产			其他应付款		
其他流动资产			一年内到期的非流动负债		
流动资产合计		10 569 735.00	其他流动负债		
非流动资产：			流动负债合计		1 487 183.00
可供出售金融资产			非流动负债：		
持有至到期投资			长期借款		
长期应收款			应付债券		
长期股权投资		10 000 000.00	长期应付款		
投资性房地产			专项应付款		
固定资产		8 438 000.00	预计负债		
在建工程			递延所得税负债		
工程物资			其他非流动负债		
固定资产净值			非流动负债合计		
生产性生物资产			负债合计		1 487 183.00
油气资产			所有者权益（或股东权益）：		
无形资产		380 000.00	实收资本（或股本）		8 800 000.00
开发支出			资本公积		964 430.00
商誉			减：库存股		
长期待摊费用			盈余公积		1 750 745.00
递延所得税资产			未分配利润		16 385 377.00
其他非流动资产			所有者权益合计		27 900 552.00
非流动资产合计		18 818 000.00			
资产总计		29 387 735.00	负债和所有者权益（或股东权益）总计		29 387 735.00

单位责任人：孙泽满　　　　审核：郑奇　　　　制表：刘旭

表 7-2　利润表

编制单位：北京腾飞商贸有限公司　　　　2016 年 11 月　　　　单位：元

项目	行次	本月数	本年累计数
一、营业收入			58 368 400.00
减：营业成本			36 056 151.33
营业税金及附加			6 090 520.00
销售费用			553 241.00
管理费用			1 148 930.00
财务费用			12 000.00
资产减值损失			
公允价值变动损益			
加：公允价值变动收益（损失以“–”填列）			
投资收益（损失以“–”号填列			
其中：对联营公司和合营公司的投资收益			
二、营业利润（损失以“–”号填制）			14 507 557.67
加：营业外收入			347 765.00
减：营业外收入			90 420.00
其中：非流动资产处置损失			
三、利润总额（亏损总额以“–”号填列			14 764 902.67
减：所得税费用			3 691 225.67
四、净利润（净亏损以“–”号填列）			11 073 677.00
五、每股收益：			
（一）基本每股收益			
（二）稀释每股收益			

单位责任人：孙泽满　　　　审核：郑奇　　　　制表：刘旭

二、2016 年 12 月期初数据

（1）腾飞公司 2016 年 12 月相关的总分类账及明细账期初余额如表 7-3 所示。

表 7-3　腾飞公司 2016 年 12 月总分类账及明细账期初余额

单位：元

编码	账户名称	期初余额			
		总账		明细账	
		借方金额	贷方金额	借方金额	贷方金额
1001	库存现金	5 000.00		5 000.00	
1002	银行存款	5 519 000.00		5 519 000.00	
1012	其他货币资金	200 000.00			
101201	——银行汇票存款			200 000.00	

续表

编码	账户名称	期初余额			
		总账		明细账	
		借方金额	贷方金额	借方金额	贷方金额
1121	应收票据	200 000.00			
112101	——青岛亿通置业			200 000.00	
1122	应收账款	300 000.00			
112201	——达辉实业公司			232 000.00	
112202	——利华公司			68 000.00	
1123	预付账款	300 000.00			
112301	——天津畅新公司			300 000.00	
1221	其他应收款	3 000.00			
122101	——张京林			3 000.00	
1231	坏账准备		4 015.00		
123101	——应收账款坏账准备				4 015.00
1403	原材料	965 000.00			
140301	原料及主要材料			965 000.00	
14030101	——甲材料			455 000.00	
14030102	——乙材料			510 000.00	
1405	库存商品	1 606 400.00			
140501	——A 商品			810 000.00	
140502	——B 商品			796 400.00	
1524	长期股权投资	10 000 000.00			
152401	——青云电子			4 000 000.00	
152402	——创发重工			6 000 000.00	
1601	固定资产	13 240 000.00			
160101	——生产经营用固定资产			9 465 000.00	
160102	——非生产经营用固定资产			3 775 000.00	
1602	累计折旧		4 802 000.00		4 802 000.00
1801	无形资产	600 000.00			
180101	——专利权			600 000.00	
1802	累计摊销		220 000.00		220 000.00
2101	短期借款		100 000.00		
210101	——工行和平路支行				100 000.00
2201	应付票据				
220111	——盛宏公司		510 000.00		510 000.00
2202	应付账款				
220201	——鑫昌工厂		144 000.00		120 000.00

续表

编码	账户名称	期初余额			
		总账		明细账	
		借方金额	贷方金额	借方金额	贷方金额
220202	——海云物资公司				24 000.00
2203	预收账款		300 000.00		
220301	——祥裕公司				300 000.00
2221	应交税费		432 183.00		
222102	——未交增值税				213 580.00
222103	——应交所得税				194 000.00
222104	——应交城市维护建设税				14 950.60
222105	——应交个人所得税				3 245.00
222106	——应交教育费附加				6 407.40
2222	应付利息		1 000.00		1 000.00
4001	实收资本		8 800 000.00		
400101	——天伦实业				4 000 000.00
400102	——乐享公司				2 800 000.00
400103	——康佳投资				2 000 000.00
4002	资本公积		964 430.00		
400201	——资本溢价				964430.00
4101	盈余公积		1 750 745.00		
410101	——法定盈余公积				1 750 745.00
4103	本年利润		11 073 677.00		11 073 677.00
4104	利润分配		5 311 700.00		
410403	——未分配利润				5 311 700.00
5001	生产成本	1 475 350.00			
500101	基本生产成本			1 475 350.00	
50010101	——A 产品			615 600.00	
50010102	——B 产品			859 750.00	
	合计	34 413 750.00	34 413 750.00	34 413 750.00	34 413 750.00

（2）腾飞公司生产成本——基本生产成本明细账 12 月份期初余额如表 7–4 所示。

表 7–4 腾飞公司生产成本——基本生产成本明细账期初余额

产品名称	数量（件）	成本项目			合计（元）
		直接材料（元）	直接人工（元）	制造费用（元）	
A 产品	2 000	583 200.00	16 300.00	16 100.00	615 600.00
B 产品	2 500	814 500.00	22 730.00	22 520.00	859 750.00
合计		1 397 700.00	39 030.00	38 620.00	1 475 350.00

（3）腾飞公司库存商品明细账 12 月份期初余额，如表 7–5 所示。

续表

表 7–5　腾飞公司库存商品明细账期初余额

产品名称	规格型号	数量（件）	单位成本（元）	总成本（元）
A 产品	E01	2 500	324.00	810 000.00
B 产品	E02	2 200	362.00	796 400.00
合计				1 606 400.00

（4）腾飞公司原材料明细账 12 月份期初余额如表 7–6 所示。

表 7–6　腾飞公司原材料明细账期初余额

材料名称	规格型号	计量单位	数量（件）	单价（元）	金额（元）
A 产品	G01	千克	3 500	130.00	455 000.00
B 产品	G02	千克	3 000	170.00	510 000.00
合计					965 000.00

（5）腾飞公司固定资产 12 月份期初余额如表 7–7 所示。

表 7–7　腾飞公司原材料明细账期初余额

单位：元

使用部门	固定资产月初原值				合计
	房屋及构筑物	通用设备	电子设备及其他通讯设备	交通运输设备	
生产车间	5 100 000.00	4 200 000.00	25 000.00	140 000.00	9 465 000.00
企划部	260 000.00		100 000.00		360 000.00
财务部	180 000.00		30 000.00		210 000.00
销售部	180 000.00		25 000.00		205 000.00
供应部	160 000.00		20 000.00		180 000.00
仓储部	1 130 000.00		20 000.00		1 150 000.00
设备部	160 000.00		20 000.00	560 000.00	740 000.00
研发部	430 000.00		500 000.00		930 000.00
合计	7 600 000.00	4 200 000.00	740 000.00	700 000.00	13 240 000.00

（6）腾飞公司产品实际生产工时资料如表 7–8 所示。

表 7–8　腾飞公司产品实际生产工时

产品名称	A 产品	B 产品	合计
生产工时（小时）	6 000	7 200	13 200

（7）腾飞公司产品销售价格如表 7–9 所示。

表 7–9　腾飞公司产品销售价格

产品类别	销售单价（元）
A 产品	450.00
B 产品	520.00

第八章　2016 年 12 月经济业务的账务处理

本章导读

本章继续以北京腾飞商贸有限公司为范例，展现了某年某月该公司实际发生的真实的会计业务，作为一个完整的会计周期全貌展示。

第一节　会计凭证的填制

一、企业日常基本业务的账务处理

（1）12 月 2 日，腾飞商贸有限公司从天津畅新有限责任公司购买转子铜 7 000 千克，单价 70 元，增值税 83 300 元，货款总计 573 300 元，根据协议签发一张期限 3 个月的银行承兑汇票支付货款。相关凭证如图 8-1至图 8-4 所示。

入库单

供应单位：天津畅新有限责任公司　　　　收料仓库：1 号仓库

发票号码：　　　　2016 年 12 月 2 日　　　　第 001 号

材料编号	材料名称	规格	单位	数量		金额			
				应收	实收	单价	金额	运费	合计
	转子铜			7 000	7 000	70	490 000		490000
合计									490 000

仓库负责人：　　　　经办人：程峰　　　　收料人：钱红

图 8-1　腾飞公司入库单 001 号

No 87659600

天津增值税专用发票

12000803

发票联　　　　开票日期：2016 年 12 月 2 日

购货单位	名　　称：北京腾飞商贸有限公司 纳税人识别号：110605590619013 地址、电话：北京市朝阳区安苑路 10 号　010-65151111 开户行及账号：工行和平里分理处 0100108808108793					密码区	
货物或应税劳务名称： 转子铜 合计	规格型号	单位 千克	数量 7 000	单价 70.00	金额 490 000.00 ¥490 00.00	税率 17%	税额 83 300.00 ¥83 300.00
价税合计（大写）	⊗ 伍拾柒万叁仟叁佰元整　　（小写）¥573 300.00						
销货单位	名　　称：天津畅新有限责任公司 纳税人识别号：120010235468866 地址、电话：天津市和平区丁香路 16 号　022-65896217 开户行及账号：工行 1120159443785471					备注	

第二联　发票联　购货方

收款人：　　　　复核：郑奇　　　　开票人：　　　　销货单位：（章）

图 8-2　腾飞公司 87659600 号采购发票

银行承兑汇票（存根）

汇票号码：00006540

出票日期（大写） 贰零壹陆年拾贰月贰日

<table>
<tr><td>出票人全称</td><td>北京腾飞商贸有限公司</td><td rowspan="3">收款人</td><td>全称</td><td colspan="10">天津畅新有限责任公司</td><td rowspan="7">此联出票人存查</td></tr>
<tr><td>出票人账号</td><td>0100108808108793</td><td>账号</td><td colspan="10">120010235468866</td></tr>
<tr><td>付款行全称</td><td>中国工商银行和平里分理处</td><td>开户银行</td><td colspan="10">中国工商银行天津市友谊路支行</td></tr>
<tr><td rowspan="2">汇票金额</td><td colspan="3" rowspan="2">人民币（大写） 伍拾柒万叁仟叁佰元整</td><td>千</td><td>百</td><td>十</td><td>万</td><td>千</td><td>百</td><td>十</td><td>元</td><td>角</td><td>分</td></tr>
<tr><td></td><td>¥</td><td>5</td><td>7</td><td>3</td><td>3</td><td>0</td><td>0</td><td>0</td><td>0</td></tr>
<tr><td>汇票到期日（大写）</td><td>贰零壹柒年零叁月贰日</td><td rowspan="2">付款行</td><td>行号</td><td colspan="10">498362</td></tr>
<tr><td>承兑协议编号</td><td>45967</td><td>地址</td><td colspan="10">北京市和平路 263 号</td></tr>
<tr><td colspan="2"></td><td colspan="8">备注：</td><td colspan="5"></td></tr>
</table>

图 8-3　腾飞公司 00006540 号银行承兑汇票

此业务发生后，企业根据对方开来的增值税专用发票开出银行承兑汇票支付贷款，应借记“原材料”和“应交税费——应交增值税”账户，银行承兑汇票属于商业汇票，所以贷记“应付票据”账户，将以上会计分录在记账凭证中逐项填写，最后将原始单据附于记账凭证后即可。

记账凭证

2016 年 12 月 2 日　　记字第 01 号

摘要	总账科目	明细科目	借方									√	贷方									√
			百	十	万	千	百	十	元	角	分		百	十	万	千	百	十	元	角	分	
购买材料款未付	原材料	转子铜		4	9	0	0	0	0	0	0											
	应交税费	应交增值税			8	3	3	0	0	0	0											
	应付账款	天津畅新公司												5	7	3	3	0	0	0	0	
合计			¥	5	7	3	3	0	0	0	0		¥	5	7	3	3	0	0	0	0	

附单据 2 张

会计主管：郑奇　　记账：刘旭　　复核：郑奇　　制单：刘旭

图 8-4　腾飞公司记字第 01 号凭证

（2）12 月 2 日，市场部秘书吕晨出差预借差旅费 3000 元。12 月 9 日，吕晨出差回来，报销差旅费 2 800 元，借款余额交汇财务部。如图 8-5 至图 8-8 所示。

银行电汇凭证（回单）

□普通　　□加急　　　　委托日期：2015 年 12 月 2 日

<table>
<tr><td rowspan="3">收款人</td><td>全称</td><td>天津畅新有限责任公司</td><td rowspan="3">付款人</td><td>全称</td><td colspan="11">北京腾飞商贸有限公司</td></tr>
<tr><td>账号</td><td>120010235468866</td><td>账号</td><td colspan="11">0100108808108793</td></tr>
<tr><td>汇出地点</td><td>省　天津市 / 县</td><td>汇入地点</td><td colspan="11">省　北京市 / 县</td></tr>
<tr><td colspan="2">汇出行名称</td><td>工行和平里分理处</td><td colspan="2">汇入行名称</td><td colspan="11">工行天津市友谊路支行</td></tr>
<tr><td rowspan="2">金额</td><td colspan="4" rowspan="2">人民币
（大写）伍拾柒万叁仟叁佰元整</td><td>亿</td><td>千</td><td>百</td><td>十</td><td>万</td><td>千</td><td>百</td><td>十</td><td>元</td><td>角</td><td>分</td></tr>
<tr><td></td><td></td><td>¥</td><td>5</td><td>7</td><td>3</td><td>3</td><td>0</td><td>0</td><td>0</td><td>0</td></tr>
<tr><td colspan="3"></td><td colspan="2">支付密码</td><td colspan="11"></td></tr>
<tr><td colspan="3">汇出行签章</td><td colspan="13">附加信息用途：货款
复核　　　　记账</td></tr>
</table>

此联为汇出行给汇款人的回单

图 8-5　腾飞公司电汇回单

借款单

制表日期：2016 年 12 月 2 日

部门	市场部	借款人	吕晨	借款事由	差旅费
借款金额	3 000 元		金额大写	叁千元	
部门领导批示	宋佳		上级领导批示	孙泽满	

申请人：吕晨

图 8-6　市场部吕晨借款单

差旅费报销单

部门：市场部　　　　　　　　　　　　　　　　　　填报日期：2016 年 12 月 9 日

姓名		吕晨		出差事由			客户回访		出差日期		自 2016 年 12 月 3 日 至 2016 年 12 月 8 日						共 6 天	
起讫时间及地点						车船费		夜间乘车补助费			出差补助费			住宿费			其他	
月	日	起	月	日	讫	类别	金额	时间	标准	金额	日数	标准	金额	日数	标注	金额	摘要	金额
						火车	590	小时			6	50.00	300.00	6		780.00	会议费	800.00
						公交	0	小时									餐饮费	330.00
								小时										
								小时										
								小时										
小计							590						300.00			780.00		1130.00
合计金额 （大写）贰仟捌佰元整											预支 3 000 元　　核销 2 800 元　　退补 200 元							

附单据共　张

主管部门：市场部　　　　　　　审核：　　　　　　　填报人：吕晨

图 8-7　腾飞公司差旅费报销单

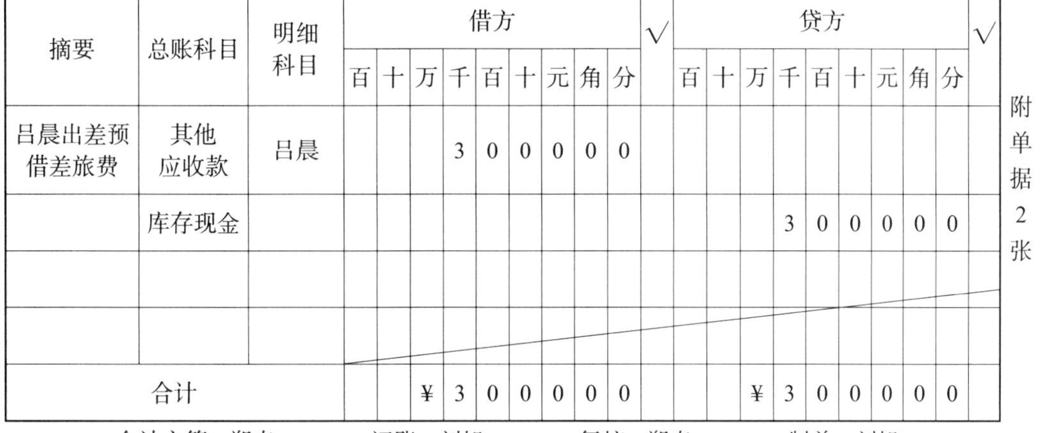

记账凭证

2016 年 12 月 2 日　　　　记字第 02 号

摘要	总账科目	明细科目	借方									√	贷方									√
			百	十	万	千	百	十	元	角	分		百	十	万	千	百	十	元	角	分	
吕晨出差预借差旅费	其他应收款	吕晨				3	0	0	0	0	0											
	库存现金															3	0	0	0	0	0	
合计					¥	3	0	0	0	0	0				¥	3	0	0	0	0	0	

附单据 2 张

会计主管：郑奇　　记账：刘旭　　复核：郑奇　　制单：刘旭

图 8-8　腾飞公司记字第 02 号凭证

记账凭证

2016 年 12 月 2 日　　　　记字第 03 号

摘要	总账科目	明细科目	借方									√	贷方									√
			百	十	万	千	百	十	元	角	分		百	十	万	千	百	十	元	角	分	
报销差旅费	管理费用	差旅费				2	8	0	0	0	0											
	库存现金						2	0	0	0	0											
	其他应收款	吕晨														3	0	0	0	0	0	
合计					¥	3	0	0	0	0	0				¥	3	0	0	0	0	0	

附单据　张

会计主管：郑奇　　记账：刘旭　　复核：郑奇　　制单：刘旭

图 8-9　腾飞公司记字第 03 号凭证

（3）12 月 3 日，公司生产车间为生产 A 产品领用甲材料 1 000 千克、乙材料 1 500 千克，为生产 B 产品领用甲材料 1 500 千克、乙材料 1 500 千克。生产车间为市场部门领用甲材料 50 千克。如图 8-10至图 8-12 所示。

领料单

领料单位：生产车间　　　　　　　　　　　　　　凭证编号：1401

用途：生产A产品　　　　2016年12月3日　　　　发料仓库：材料仓库

材料编号	材料名称	规格	计量单位	数量		单位成本（元）	金额（元）	备注
				请领	实发			
	甲材料	G01	千克	1 000	1 000	130.00	130 000.00	
	乙材料	G02	千克	1 500	1 500	170.00	255 000.00	

发料人：唐敏　　　　领料单位负责人：钱红　　　　领料人：常威

图8-10　腾飞公司领料单1401

领料单

领料单位：生产车间　　　　　　　　　　　　　　凭证编号：1402

用途：生产B产品　　　　2015年12月3日　　　　发料仓库：材料仓库

材料编号	材料名称	规格	计量单位	数量		单位成本（元）	金额（元）	备注
				请领	实发			
	甲材料	G01	千克	1 500	1 500	130.00	195 000.00	
	乙材料	G02	千克	1 500	1 500	170.00	255 000.00	

发料人：唐敏　　　　领料单位负责人：钱红　　　　领料人：常威

图8-11　腾飞公司领料单1402

领料单

领料单位：生产车间　　　　　　　　　　　　　　凭证编号：1403

用途：市场部　　　　2015年12月3日　　　　发料仓库：材料仓库

材料编号	材料名称	规格	计量单位	数量		单位成本（元）	金额（元）	备注
				请领	实发			
	甲材料	G01	千克	50	50	130.00	6 500.00	

发料人：唐敏　　　　领料单位负责人：钱红　　　　领料人：吕晨

图8-12　腾飞公司领料单1403

（4）12 月 4 日，腾飞公司向天津泰慧有限责任公司售出 B 产品 1 500 件，单价 550 元，增值税 140 250 元，价税总计 965 250 元，货已发，但泰慧公司尚未付款；同时领用包装箱 1 500 只，包装箱单独计价，每只 4 元，增值税 1 020 元。如图 8-13、图 8-14 所示。

No87659601

北京增值税专用发票

11000948763

记账联　　开票日期：2016 年 12 月 4 日

购货单位	名　　称：天津泰慧有限责任公司 纳税人识别号：120148622368466 地址、电话：天津蓟县惠民路 47 号　022-39864517 开户行及账号：工行 6222578945632158					密码区	
货物或应税劳务名称：	规格型号	单位	数量	单价	金额	税率	税额
B 产品		件	1 500	550.00	825 000.00	17%	140 250.00
包装箱		只	1 500	4.00	6 000.00		1 020.00
合计					¥831 000.00		¥141 270.00
价税合计（大写）	⊗ 玖拾柒万贰仟贰佰柒拾元整　（小写）　¥972 270.00						
销货单位	名　　称：北京腾飞商贸有限公司 纳税人识别号：110605590619013 地址、电话：北京市朝阳区安苑路 10 号　010-65151111 开户行及账号：工行 0100108808108793					备注	

第三联　记账联　销货方记账凭证

收款人：　　复核：　　开票人：　　销货单位：（章）

图 8-13　腾飞公司 87659601 号销售发票

出库单

单位：销售部　　2016 年 12 月 4 日　　凭证编号 01

品名	单位	单价（元）	数量	金额（元）	
包装箱	只	3.00	1 500	4 500.00	

负责人：　　领用人：

图 8-14　腾飞公司出库单 001 号

（5）12 月 6 日，腾飞公司缴纳上月增值税、个人所得税、城建税、教育费附加分别为 213 580 元、3 245 元、14 950.60 元、6 407.40 元，税款由开户银行划转。如图 8-15 至图 8-18 所示。

中华人民共和国税收通用缴款书

隶属关系　　　　　　　　　　　　　　　　　　　　　　国缴字
注册类型:　　　　　填发日期: 2016 年 12 月 6 日　　　　　征收机关: 北京市国税局

<table>
<tr><td rowspan="4">缴款单位</td><td>代码</td><td>110605590619013</td><td rowspan="3">预算科目</td><td>编码</td><td colspan="2">101010101</td></tr>
<tr><td>全称</td><td>北京腾飞商贸有限公司</td><td>名称</td><td colspan="2"></td></tr>
<tr><td>开户银行</td><td>工行和平里分理处</td><td>级次</td><td colspan="2">中央 75%，省级 12.5%，市级 7.5%，区级 5%</td></tr>
<tr><td>账号</td><td>0100108808108793</td><td colspan="2">收款国库</td><td colspan="2"></td></tr>
<tr><td colspan="3">税款所属时间 2016 年 11 月 1 日至 11 月 30 日</td><td colspan="4">税款限缴日期 2016 年 12 月 6 日</td></tr>
</table>

品目名称	课税数量	计税金额或销售收入	税率或单位税额	已缴或扣除额	实缴税费
增值税			17%		213 580.00
合计金额（大写）　贰拾壹万叁仟伍佰捌拾元整					

缴款单位（盖章） 经办人（章）	税务机关（盖章） 填票人（章）	上列款项已经收妥并划转收款单位	备注

图 8-15　腾飞公司 101010101 号税收缴款书

中华人民共和国税收通用缴款书

隶属关系　　　　　　　　　　　　　　　　　　　　京地缴字
注册类型:　　　填发日期: 2016 年 12 月 6 日　　　征收机关: 北京市地方税务局

<table>
<tr><td rowspan="4">缴款单位</td><td>代码</td><td colspan="2">110605590619013</td><td rowspan="3">预算科目</td><td>编码</td><td colspan="2">101060109</td></tr>
<tr><td>全称</td><td colspan="2">北京腾飞商贸有限公司</td><td>名称</td><td colspan="2"></td></tr>
<tr><td>开户银行</td><td colspan="2">工行和平里分理处</td><td>级次</td><td colspan="2"></td></tr>
<tr><td>账号</td><td colspan="2">0100108808108793</td><td colspan="2">收款国库</td><td colspan="2"></td></tr>
<tr><td colspan="4">税款所属时间　2016 年 11 月 1 日至 11 月 30 日</td><td colspan="4">税款限缴日期　2016 年 12 月 6 日</td></tr>
<tr><td>品目名称</td><td>课税数量</td><td colspan="2">计税金额或销售收入</td><td colspan="2">税率或单位税额</td><td>已缴或扣除额</td><td>实缴税费</td></tr>
<tr><td>个人所得税</td><td></td><td colspan="2"></td><td colspan="2"></td><td></td><td>3 245.00</td></tr>
<tr><td colspan="6">合计金额（大写）叁仟贰佰肆拾伍元整</td><td colspan="2"></td></tr>
<tr><td colspan="2">缴款单位
（盖章）

经办人（章）</td><td colspan="2">税务机关
（盖章）

填票人（章）</td><td colspan="3">上列款项已经收妥并划转收款单位</td><td>备注</td></tr>
</table>

图 8-16　腾飞公司 101060109 号税收缴款书

中华人民共和国税收通用缴款书

隶属关系　　　　　　　　　　　　　　　　　　　　　　　　京地缴字
注册类型:　　　　　填发日期: 2016 年 12 月 6 日　　　　征收机关: 北京市地方税务局

<table>
<tr><td rowspan="4">缴款单位</td><td>代码</td><td>110605590619013</td><td rowspan="3">预算科目</td><td>编码</td><td colspan="2">100301567</td></tr>
<tr><td>全称</td><td>北京腾飞商贸有限公司</td><td>名称</td><td colspan="2"></td></tr>
<tr><td>开户银行</td><td>工行和平里分理处</td><td>级次</td><td colspan="2">市级 100%</td></tr>
<tr><td>账号</td><td>0100108808108793</td><td colspan="2">收款国库</td><td colspan="2"></td></tr>
<tr><td colspan="3">税款所属时间 2016 年 11 月 1 日至 11 月 30 日</td><td colspan="4">税款限缴日期 2016 年 12 月 6 日</td></tr>
</table>

品目名称	课税数量	计税金额或销售收入	税率或单位税额	已缴或扣除额	实缴税费
城建税			7%		14 950.60
合计金额（大写）壹万肆仟玖佰伍拾元陆角					

缴款单位（盖章） 经办人（章）	税务机关（盖章） 填票人（章）	上列款项已经收妥并划转收款单位	备注

图 8-17　腾飞公司 100301567 号税收缴款书

中华人民共和国税收通用缴款书

隶属关系　　　　　　　　　　　　　　　　　　　　　　京地缴字

注册类型:　　　　　填发日期: 2016 年 12 月 6 日　　　　　征收机关: 北京市地方税务局

<table>
<tr><td rowspan="4">缴款单位</td><td>代码</td><td>110605590619013</td><td rowspan="3">预算科目</td><td>编码</td><td colspan="2">101010131</td></tr>
<tr><td>全称</td><td>北京腾飞商贸有限公司</td><td>名称</td><td colspan="2"></td></tr>
<tr><td>开户银行</td><td>工行和平里分理处</td><td>级次</td><td colspan="2">市级 100%</td></tr>
<tr><td>账号</td><td>0100108808108793</td><td>收款国库</td><td colspan="3"></td></tr>
<tr><td colspan="3">税款所属时间 2016 年 11 月 1 日至 11 月 30 日</td><td colspan="4">税款限缴日期 2016 年 12 月 6 日</td></tr>
<tr><td>品目名称</td><td>课税数量</td><td>计税金额或销售收入</td><td>税率或单位税额</td><td>已缴或扣除额</td><td>实缴税费</td></tr>
<tr><td>教育费附加</td><td></td><td></td><td>3%</td><td></td><td>6 407.40</td></tr>
<tr><td colspan="4">合计金额（大写）陆仟肆佰零柒元肆角整</td><td colspan="2"></td></tr>
<tr><td>缴款单位（盖章）
经办人（章）</td><td>税务机关（盖章）
填票人（章）</td><td colspan="2">上列款项已经收妥并划转收款单位</td><td colspan="2">备注</td></tr>
</table>

图 8-18　腾飞公司 101010131 号税收缴款书

（6）12 月 8 日，腾飞公司从北京市科研所购入一项专有技术，价值 240 000 元，开出转账支票予以支付，预计使用年限 10 年，采用直线法按月摊销。如图 8-19至图 8-21 所示。

<table>
<tr><td colspan="12" align="center">专用收款收据</td></tr>
<tr><td colspan="12" align="center">收款日期：2016 年 12 月 8 日</td></tr>
<tr><td>付款单位</td><td>北京腾飞商贸有限公司</td><td colspan="2">收款单位</td><td colspan="3">北京市科研所</td><td colspan="2">收款项目</td><td colspan="3">购专有技术</td></tr>
<tr><td rowspan="2">人民币（大写）</td><td rowspan="2">贰拾肆万元整</td><td>千</td><td>百</td><td>十</td><td>万</td><td>千</td><td>百</td><td>十</td><td>元</td><td>角</td><td>分</td></tr>
<tr><td></td><td>¥</td><td>2</td><td>4</td><td>0</td><td>0</td><td>0</td><td>0</td><td>0</td><td>0</td></tr>
<tr><td rowspan="2">收款事由</td><td rowspan="2">购专有技术</td><td colspan="3" rowspan="2">经办</td><td colspan="2">部门</td><td colspan="5"></td></tr>
<tr><td colspan="2">人员</td><td colspan="5"></td></tr>
<tr><td colspan="2" rowspan="2">上述款项照数收讫无误。
收款单位财务专用章
收款人（签章）</td><td colspan="2">使用年限</td><td colspan="2">会计主管</td><td colspan="2">稽核</td><td colspan="2">出纳</td><td colspan="2">交款人</td></tr>
<tr><td colspan="2">10 年</td><td colspan="2"></td><td colspan="2"></td><td colspan="2"></td><td colspan="2"></td></tr>
</table>

图 8-19 腾飞公司购买专用技术付款收据

中国工商银行转账支票存根

支票号码：XIV00005401

附加信息

____

____

____

签发日期：2016 年 12 月 8 日

收款人：北京科研所
金　额：¥240 000.00
用　途：购专有技术
备　注：

单位主管：　　　　　　会计：

图 8-20 腾飞公司 00005401 号转账支票存根

记账凭证

2016 年 12 月 8 日　　　　记字第 04 号

摘要	总账科目	明细科目	借方									√	贷方									√
			百	十	万	千	百	十	元	角	分		百	十	万	千	百	十	元	角	分	
购入专有技术	无形资产	非专利技术		2	4	0	0	0	0	0	0											
	银行存款													2	4	0	0	0	0	0	0	
合计			¥	2	4	0	0	0	0	0	0		¥	2	4	0	0	0	0	0	0	

附单据 2 张

会计主管：郑奇　　记账：刘旭　　复核：郑奇　　制单：

图 8-21　腾飞公司记字第 04 号凭证

（7）12 月 9 日，腾飞公司收到转账支票一张，是达辉实业有限公司偿还所欠货款 232 000 元，已办理进账手续。如图 8-22 所示。

中国工商银行进账单（回单）

2016 年 12 月 9 日

收款人	全称	北京腾飞商贸有限公司	付款人	全称	达辉实业有限公司
	账号	0100108808108793		账号	3208126845368952
	开户银行	工行北京市和平里分理处		开户银行	农行民主分理处

金额	人民币（大写）　贰拾叁万贰仟元整	亿	千	百	十	万	千	百	十	元	角	分
				¥	2	3	2	0	0	0	0	0

票据种类	转账支票	开户银行盖章
票据张数	1	
复核　　记账		

此联是开户银行交给持票人的回单

图 8-22　腾飞公司进账单回单

（8）12 月 10 日，财务部进行坏账核销，确认了一笔 68 000 元的坏账。如图 8-23 所示。

坏账损失确认及核销单

应收利华公司的货款 68 000 元，已逾期三年无法收回，经批准列为坏账损失。

副总经理：宋佳　　　　财务经理：郑奇

2016 年 12 月 10 日

图 8-23　腾飞公司坏账核销单

（9）12 月 10 日，腾飞商贸有限公司从天津畅新有限责任公司购买定子铜 14 000 千克，轴料 5 000 千克，材料已验收入库，根据协议签发一张期限 3 个月的银行承兑汇票支付货款。如图 8-24至图 8-26 所示。

No 876514067

天津增值税专用发票

1200084321

发票联　　开票日期：2016 年 12 月 10 日

购货单位	名　　称：北京腾飞商贸有限公司 纳税人识别号：110605590619013 地址、电话：北京市朝阳区安苑路 10 号　010-65151111 开户行及账号：工行 0100108808108793					密码区	
货物或应税劳务名称： 定子铜 轴料 合计	规格型号	单位 千克 千克	数量 14 000 5 000	单价 80.50 80.00	金额 1 127 000 400 000 ¥1 527 000	税率 17% 17%	税额 1915% 68 000 ¥259590
价税合计（大写）	⊗ 壹佰柒拾捌万陆仟伍佰玖拾元整　（小写）¥1 786 590.00						
销货单位	名　　称：天津畅新有限责任公司 纳税人识别号：120010235468866 地址、电话：天津市和平区丁香路 16 号　022-65896217 开户行及账号：工行 1120159443785471					备注	

第二联　发票联　购货方记账凭证

收款人：　　复核：郑奇　　开票人：　　销货单位：（章）

图 8-24　腾飞公司 87659601 号采购发票

汇票号码：87659601

银行承兑汇票（存根）

出票日期（大写）　贰零壹陆年拾贰月拾日

出票人全称	北京腾飞商贸有限公司	收款人	全称	天津畅新有限责任公司									
出票人账号	0100108808108793		账号	1120159443785471									
付款行全称	中国工商银行和平里分理处		开户银行	中国工商银行天津市友谊路支行									
汇票金额	人民币（大写）　壹佰柒拾捌万陆仟伍佰玖拾元整			千	百	十	万	千	百	十	元	角	分
				¥	1	7	8	6	5	9	0	0	0
汇票到期日（大写）	贰零壹柒年贰月拾日	付款行	行号	498362									
承兑协议编号	45967		地址	北京市和平路 263 号									
	备注：												

此联出票人存查

图 8-25　腾飞公司 87659601 号银行承兑汇票

记账凭证

2016 年 12 月 10 日　　记字第 05 号

摘要	总账科目	明细科目	借方百	十	万	千	百	十	元	角	分	√	贷方百	十	万	千	百	十	元	角	分	√
购买材料款未付	原材料	定子铜	1	1	2	7	0	0	0	0	0											
		轴料		4	0	0	0	0	0	0	0											
		进行税额		2	5	9	5	9	0	0	0											
	应付票据												1	7	8	6	5	9	0	0	0	
合计			1	7	8	6	5	9	0	0	0		1	7	8	6	5	9	0	0	0	

附单据 2 张

会计主管：郑奇　　记账：刘旭　　复核：郑奇　　制单：刘旭

图 8-26　腾飞公司记字第 05 号凭证

（10）12 月 10 日，从湖北华夏设备有限公司购进标准件及零配件 5 000 件，材料已验收入库，货款尚未支付。如图 8-27、图 8-28 所示。

No 87659602

湖北省增值税专用发票

12000845

发票联　　开票日期：2016 年 12 月 10 日

购货单位	名　　称：北京腾飞商贸有限公司 纳税人识别号：110605590619013 地址、电话：北京市朝阳区安苑路 10 号　010-65151111 开户行及账号：工行 0100108808108793					密码区		
货物或应税劳务名称： 标准件及零配件 合计	规格型号	单位 件	数量 5 000 5 000	单价 40.5	金额 202 500 ¥202 500	税率 17%	税额 34 425.00 ¥34 425.00	
价税合计（大写）	⊗ 贰拾叁万陆仟玖佰贰拾伍元整　（小写）¥236 925.00							
销货单位	名　　称：湖北华夏设备有限责任公司 纳税人识别号：120010235468866 地址、电话：湖北省十堰市茅箭区五四路 39 号　0719-68895214 开户行及账号：工行 6212263602015645302					备注		

第二联　发票联　购货方记账凭证

收款人：　　复核：郑奇　　开票人：　　销货单位：（章）

图 8-27　腾飞公司 87659602 号采购发票

记账凭证

2016 年 12 月 10 日　　记字第 06 号

摘要	总账科目	明细科目	借方 百	十	万	千	百	十	元	角	分	√	贷方 百	十	万	千	百	十	元	角	分	√
购进标准件	原材料	标准件及零配件		2	0	2	5	0	0	0	0											
	应交税费	进项税			3	4	4	2	5	0	0											
	应付账款	华夏公司												2	3	6	9	2	5	0	0	
合计			¥	2	3	6	9	2	5	0	0		¥	2	3	6	9	2	5	0	0	

附单据 2 张

会计主管：郑奇　　记账：刘旭　　复核：郑奇　　制单：刘旭

图 8-28　腾飞公司记字第 06 号凭证

（11）12 月 10 日，北京腾飞商贸从河南中坤绝缘材料股份有限公司购入绝缘材料 10 000 米，单价 6 元，价款 60 000 元，增值税 10 200 元，材料如数验收入库，通过采购专户支付，多余款项转回本地银行。如图 8-29至图 8-31 所示。

No 87659603

河南省增值税专用发票

120008721

发票联　　开票日期：2016 年 12 月 10 日

<table>
<tr><td>购货单位</td><td colspan="6">名　　称：北京腾飞商贸有限公司
纳税人识别号：110605590619013
地址、电话：北京市朝阳区安苑路 10 号　010-65151111
开户行及账号：工行 0100108808108793</td><td>密码区</td><td></td></tr>
<tr><td colspan="2">货物或应税劳务名称：
绝缘材料

合计</td><td>规格型号</td><td>单位
米</td><td>数量
10 000

10 000</td><td>单价
6</td><td>金额
60 000

¥60 000</td><td>税率
17%</td><td>税额
10 200

¥10 200</td></tr>
<tr><td colspan="2">价税合计（大写）</td><td colspan="7">⊗ 柒万零贰佰元整　　（小写）¥70 200.00</td></tr>
<tr><td>销货单位</td><td colspan="6">名　　称：河南中坤绝缘材料股份有限公司
纳税人识别号：234568978561894
地址、电话：河南省郑州市登封区文武路 76 号　0371-67512269
开户行及账号：工行 6222047235964123579</td><td>备注</td><td></td></tr>
</table>

收款人：　　复核：郑奇　　开票人：　　销货单位：（章）

第二联　发票联　购货方记账凭证

图 8-29　腾飞公司号 87659603 号采购发票

中国工商银行进账单（回单）

2016 年 12 月 10 日

<table>
<tr><td rowspan="3">收款人</td><td>全称</td><td colspan="2">北京腾飞商贸有限公司</td><td rowspan="3">付款人</td><td>全称</td><td colspan="11">河南中坤绝缘材料股份有限公司</td></tr>
<tr><td>账号</td><td colspan="2">0100108808108793</td><td>账号</td><td colspan="11">6222047235964123579</td></tr>
<tr><td>开户银行</td><td colspan="2">工行北京市和平里分理处</td><td>开户银行</td><td colspan="11">工行郑州市二七支行</td></tr>
<tr><td rowspan="2">金额</td><td colspan="5" rowspan="2">人民币（大写）　玖仟捌佰元整</td><td>亿</td><td>千</td><td>百</td><td>十</td><td>万</td><td>千</td><td>百</td><td>十</td><td>元</td><td>角</td><td>分</td></tr>
<tr><td></td><td></td><td></td><td></td><td>¥</td><td>9</td><td>8</td><td>0</td><td>0</td><td>0</td><td>0</td></tr>
<tr><td colspan="2">票据种类</td><td>转账支票</td><td colspan="14" rowspan="3">开户银行盖章</td></tr>
<tr><td colspan="2">票据张数</td><td>1</td></tr>
<tr><td colspan="3">复核　　记账</td></tr>
</table>

此联是开户银行交给持票人的回单

图 8-30　腾飞公司银行进账回单

记账凭证

2016 年 12 月 10 日　　　　　　　　　　　　　　　　　　　　　记字第 07 号

摘要	总账科目	明细科目	借方									√	贷方									√
			百	十	万	千	百	十	元	角	分		百	十	万	千	百	十	元	角	分	
购进材料	原材料	绝缘材料			6	0	0	0	0	0	0											
	应交税费	进行税额			1	0	2	0	0	0	0											
	银行存款	工行存款				9	8	0	0	0	0											
	其他货币资金	外阜存款													8	0	0	0	0	0	0	
合计				¥	8	0	0	0	0	0	0			¥	8	0	0	0	0	0	0	

附单据 2 张

会计主管：郑奇　　　　记账：刘旭　　　　复核：郑奇　　　　制单：刘旭

图 8-31　腾飞公司记字第 07 号凭证

（12）12 月 11 日，腾飞公司将 50 天到期的青岛亿通置业有限公司票据到银行申请贴现，贴利息 2 500 元，收到贴现所得 197 500 元。如图 8-32、图 8-33 所示。

贴现凭证（收账通知）

填写日期：2016 年 12 月 11 日

收款人	全称	北京腾飞商贸有限公司	贴现汇票	种类	银行承兑汇票	号码	
	账号	0100108808108793		发票日	2016 年 11 月 9 日		
	开户银行	工行北京市和平里分理处		到期日	2017 年 1 月 21 日		
承兑人	青岛亿通置业有限公司		账号	1020801510604498	开户银行	工行青岛市明珠路支行	

汇票金额		千	百	十	万	千	百	十	元	角	分
	（大写）贰拾万元整		¥	2	0	0	0	0	0	0	0

贴现率	贴现息	千	百	十	万	千	百	十	元	角	分
9%					¥	2	5	0	0	0	0

实付金额	千	百	十	万	千	百	十	元	角	分
		¥	1	9	7	5	0	0	0	0

上述款项已划入您单位账户
此致

银行盖章
2015 年 12 月 11 日

图 8-32　腾飞公司贴现收账通知

记账凭证

2016 年 12 月 11 日　　　　记字第 08 号

摘要	总账科目	明细科目	借方									√	贷方									√
			百	十	万	千	百	十	元	角	分		百	十	万	千	百	十	元	角	分	
票据贴现	银行存款			1	9	7	5	0	0	0	0											
	财务费用					2	5	0	0	0	0											
	应收票据	青岛亿通公司												2	0	0	0	0	0	0	0	
合计			¥	2	0	0	0	0	0	0	0		¥	2	0	0	0	0	0	0	0	

附单据　张

会计主管：郑奇　　记账：刘旭　　出纳：崔磊　　制单：刘旭

图 8-33　腾飞公司记字第 08 号凭证

（13）12 月 12 日，腾飞公司支付污染罚款 2 000 元。如图 8-34 所示。

行政事业性收费专用收款收据

填发日期：2016 年 12 月 12 日　　　　（环）费字第 00316 号

交款单位（或交款人）	北京腾飞商贸有限公司		收费许可证	
收费项目	污染费			
计费标准				
收费金额	人民币（大写）贰仟元整			
	¥2 000.00			
收款单位	（公章）北京环保局	收款人		交款人	

图 8-34　腾飞公司缴纳污染费收据

（14）12 月 13 日，公司进行财产清查，发现企划部少了两台笔记本电脑，原价 10 000 元，已计提折旧 7 000 元。如图 8-35 所示。

固定资产清理单

2016 年 12 月 13 日

类别	名称规格	单位	账面数量	实物数量	盘盈	盘亏		备注	原因
					数量	数量	原值		
	电脑	台	20	18		2	10 000.00	已提折旧 7 000.00	

使用部门：企划部　　会计：刘旭　　主管：郑奇

图 8-35　腾飞公司固定资产清理单

（15）12 月 14 日，生产车间生产 YRN 系列产品直接领用主要材料如下：Na 投产 100 件，直接领用矽钢片 27 539 千克，定子铜 1 717 千克，转子铜 1 577 千克，铸件 21 325 千克；Nb 投产 100 件，直接领用矽钢片 39 296 千克，定子铜 1 633 千克，转子铜 2 813 千克，铸件 30 429 千克。如图 8-36至图 8-38 所示。

领料单位：生产车间　　**领 料 单**　　凭证编号：1404

用　　途：制造 YRNa　　2016 年 12 月 14 日　　发料仓库：1 号仓库

材料类别	材料编号	材料名称及规格	计量单位	数量		单价	金额（元）
				请领	实发		
矽钢片			千克	27 539	27 539		
定子铜			千克	1 717	1 717		
转子铜			千克	1 577	1 577		
铸件			千克	21 325	21 325		
备注						合计	

仓库负责人：　　经办人：　　领料人：

图 8-36　腾飞公司领料单 1404

领料单位：生产车间　　**领 料 单**　　凭证编号：1405

用　　途：制造 YRNb　　2016 年 12 月 14 日　　发料仓库：1 号仓库

材料类别	材料编号	材料名称及规格	计量单位	数量		单价	金额（元）
				请领	实发		
矽钢片			千克	39 296	39 296		
定子铜			千克	1 633	1 633		
转子铜			千克	2 813	2 813		
铸件			千克	30 429	30 429		
备注						合计	

仓库负责人：　　经办人：　　领料人：

图 8-37　腾飞公司领料单 1405

记账凭证

2016 年 12 月 14 日　　　　　　　　　　　　　　　　记字第 09 号

摘要	总账科目	明细科目	借方									√	贷方									√
			百	十	万	千	百	十	元	角	分		百	十	万	千	百	十	元	角	分	
分配材料费用	原材料	转子铜												3	0	7	3	0	0	0	0	
		定子铜												1	3	8	2	1	8	5	0	
合计													¥	4	4	5	5	4	8	5	0	

附单据　张

会计主管：郑奇　　　记账：刘旭　　　复核：郑奇　　　制单：刘旭

图 8-38　腾飞公司记字第 09 号凭证

（16）12 月 14 日，YRN 系列产品共同领用外购零件以及辅助材料，其中领用轴料 1 395 千克，轴承 893 套，标准件及零配件 5568 件，绝缘材料 20 790 米，各类线材 10 242 米。如图 8-39、图 8-40 所示。

领料单

领料单位：生产车间　　　　　　　　　　　　凭证编号：1406

用　　途：制造 YRN 系列　　　2016 年 12 月 14 日　　　发料仓库：1 号仓库

材料类别	材料编号	材料名称及规格	计量单位	数量		单价	金额（元）
				请领	实发		
轴料			千克	1 395	1 395		
轴承			套	893	893		
标准件及零配件			件	5 568	5 568		
绝缘材料			米	20 790	20 790		
各类线材			米	10 242	10 242		
备注						合计	

仓库负责人：　　　　经办人：　　　　领料人：

图 8-39　腾飞公司领料单 1406

记账凭证

2016 年 12 月 14 日　　　　　　　　　　　　　　　　　　　　　　记字第 10 号

摘要	总账科目	明细科目	借方									√	贷方									√
			百	十	万	千	百	十	元	角	分		百	十	万	千	百	十	元	角	分	
分配材料费用	原材料	标准件及零配件												2	2	4	7	8	0	1	6	
		绝缘材料												1	2	4	7	4	0	0	0	
合计													¥	3	4	9	5	2	0	1	6	

附单据　张

会计主管：郑奇　　记账：刘旭　　复核：郑奇　　制单：刘旭

图 8-40　腾飞公司记字第 10 号凭证

（17）12 月 15 日，腾飞公司以银行存款购买北京信文股份有限公司的股票 100 000 股作为长期投资，每股买入价为 10 元，每股价格中包括有 0.2 元已宣告分派的现金股利，另支付相关税费 7 000 元。如图 8-41至图 8-43 所示。

【提示】计算初始投资成本：股票成交金额（100 000 × 10）　　1 000 000

加：相关税费　　7 000

减：已宣告分派的现金股利（100 000 × 0.2）　　20 000

证券买入委托书

委托人姓名：北京腾飞商贸有限公司　　委托日期：2016 年 12 月 15 日

债券账户编号	183232322				
资金专户号码	15—027183913	证券名称	股票	买入数量	100 000 股
买入价格	10.00	购入日期	2016 年 12 月 15 日		
申报	1 000 000.00	已宣告股利	20000.00		
成交	1 000 000.00	手续费率	7‰		

复核：　　　　经办人：

图 8-41　腾飞公司证券买入委托书

中国工商银行转账支票存根

支票号码: XIV00005402

附加信息

____

____

____

签发日期: 2016年12月15日

收款人：北京信文股份有限公司
金　额：¥1 007 000.00
用　途：购买股票、支付手续费
备　注：

单位主管:　　　　会计:

图 8-42　腾飞公司 00005402 号转账支票

记账凭证

2016年12月15日　　　　记字第11号

摘要	总账科目	明细科目	借方									√	贷方									√
			百	十	万	千	百	十	元	角	分		百	十	万	千	百	十	元	角	分	
购入股票	长期股权投资			9	8	7	0	0	0	0	0											
	应收股利				2	0	0	0	0	0	0											
	银行存款												1	0	0	7	0	0	0	0	0	
合计			1	0	0	7	0	0	0	0	0		1	0	0	7	0	0	0	0	0	

附单据　张

会计主管：郑奇　　记账：刘旭　　复核：郑奇　　制单：刘旭

图 8-43　腾飞公司记字第 11 号凭证

（18）12月16日，腾飞公司缴纳印花税200元。如图8-44、图8-45所示。

北京市地方税务局

印花税票报销专用凭证

购买单位：北京腾飞商贸有限公司　　2016 年 12 月 16 日

税目	计税依据	税率	应纳税额	税款所属期
账簿	6 本	5 元 / 本	30.00	全年
产权许可证照	5 本	5 元 / 本	25	全年
加工承揽合同	290 000.00	5‰	145.00	全年
合计			200.00	

单位负责人：孙泽满　财务负责人：郑奇　办税员：×××　税务机关受理日期：

图 8-44　腾飞公司缴纳印花税凭证

中国工商银行转账支票存根

支票号码：XIV00005403

附加信息

签发日期：2016 年 12 月 15 日

收款人：北京市地方税务局
金　额：¥200.00
用　途：缴纳印花税
备　注：

单位主管：　　会计：

图 8-45　腾飞公司 00005403 号转账支票存根

（19）12 月 16 日，研发部门的一台设备由于已使用较长时间，提前报废，设备原值 100 000 元，已计提折旧 90 000 元，设备残值收入 7 500 元。如图 8-46、图 8-47 所示。

固定资产清理单

固定资产名称	编号		型号规格		开始使用时间		
机床	0038				2003 年 7 月		
报废申请单编号及批准时间							
固定资产原值	100 000.00		已提折旧		90 000.00		
开始清理时间			完成清理时间				
清理费用与收入							
清理费用				清理收入			
时间	凭证	项目	金额	时间	凭证	项目	金额
12 月				12 月			7 500.00

图 8-46　腾飞公司固定资产清理单

中国工商银行进账单（收账通知）

2016 年 12 月 16 日

收款人	全称	北京腾飞商贸有限公司	付款人	全称	北京 ×× 废品公司										
	账号	0100108808108793		账号	6222075836582563										
	开户银行	工行北京市和平里分理处		开户银行	工行永顺路分理处										
金额	人民币（大写）柒仟伍佰元整				亿	千	百	十	万	千	百	十	元	角	分
									¥	7	5	0	0	0	0
票据种类			开户银行盖章												
票据张数															
复核　　记账															

此联是开户银行交给收款人的回单

图 8-47　腾飞公司进账单

（20）12 月 17 日，腾飞公司支付北京恒联律师事务所法律咨询费 3 000 元。如图 8-48、图 8-49 所示。

服务业发票

发票联

客户名称：北京腾飞商贸有限公司　　2016年12月17日　　服务三联

服务项目	单位	数量	单价	金额							备注
				万	千	百	十	元	角	分	
法律咨询					3	0	0	0	0	0	
合计金额	叁仟元整			¥	3	0	0	0	0	0	
开票单位	北京恒联律师事务所（盖章有效）	开户银行	交通银行北京市南京路分理处								
		账号	6355896419602697								

开票人：（章）　　收款人：（章）

图 8-48　腾飞公司支付北京恒联律师事务所法律咨询费发票

中国工商银行转账支票存根

支票号码：XIV00005404

附加信息

____

____

____

签发日期：2016年12月15日

收款人：北京市恒联律师事务所
金　额：¥3 000.00
用　途：法律咨询税
备　注：

单位主管：　　会计：

图 8-49　腾飞公司 00005404 号转账支票存根

（21）12月18日，腾飞公司将一项购买的专利权转让给北京智云科技有限公司，该专利的成本为600 000元，已摊销220 000元，营业税税率为5‰，实际取得的转让价款为500 000元，款项已存入银行。如图8-50～图8-52所示。

北京市技术贸易专用发票

发票联

付款单位：北京智云科技有限公司　　　　2016 年 12 月 18 日

合同项目名称	转让专利权的所有权											
合同类别	合同登记号	支付方式	技术交易额	合同成交额								
	009321	转账支票		百	十	万	千	百	十	元	角	分
				¥	5	0	0	0	0	0	0	0
合计金额（大写）	伍拾万元整											

收款单位：（盖章有效）　　收款人：　　复核人：　　制票人：

图 8-50　腾飞公司技术贸易发票

中国工商银行进账单（收账通知）

2016 年 12 月 18 日

收款人	全称	北京腾飞商贸有限公司	付款人	全称	北京智云科技有限公司										
	账号	0100108808108793		账号	32587964879641										
	开户银行	工行北京市和平里分理处		开户银行	工行金成分理处										
金额	人民币（大写）伍拾万元整				亿	千	百	十	万	千	百	十	元	角	分
							¥	5	0	0	0	0	0	0	0
票据种类															
			开户银行盖章												

此联是开户银行交给收款人的回单

图 8-51　腾飞公司进账单

记账凭证

2016 年 12 月 18 日　　　　　　　　　　　　　　　　　　　　记字第 12 号

摘要	总账科目	明细科目	借方									√	贷方									√
			百	十	万	千	百	十	元	角	分		百	十	万	千	百	十	元	角	分	
转让无形资产	银行存款			5	0	0	0	0	0	0	0											
	累计摊销			2	2	0	0	0	0	0	0											
	无形资产													6	0	0	0	0	0	0	0	
	应交税费	应交营业税													2	5	0	0	0	0	0	
	营业外收入	非流动资产处置利得													9	5	0	0	0	0	0	
合计			¥	7	2	0	0	0	0	0	0		¥	7	2	0	0	0	0	0	0	

附单据　张

会计主管：郑奇　　记账：刘旭　　复核：郑奇　　制单：刘旭

图 8-52　腾飞公司记字第 12 号凭证

（22）12 月 19 日，腾飞公司取得长期借款 500 000 元，期限 3 年，利率 3%。如图 8-53 所示。

借款凭证第四联（回单）

2016 年 12 月 19 日

<table>
<tr><td rowspan="2">借款单位名称</td><td colspan="2" rowspan="2">北京腾飞商贸有限公司</td><td>贷款户账号</td><td colspan="11">545789—236</td></tr>
<tr><td>存款户账号</td><td colspan="11">1354291—238</td></tr>
<tr><td rowspan="2">借款金额</td><td colspan="3" rowspan="2">人民币
（大写）　伍拾万元整</td><td>亿</td><td>千</td><td>百</td><td>十</td><td>万</td><td>千</td><td>百</td><td>十</td><td>元</td><td>角</td><td>分</td></tr>
<tr><td></td><td></td><td></td><td>5</td><td>0</td><td>0</td><td>0</td><td>0</td><td>0</td><td>0</td><td>0</td></tr>
<tr><td>借款用途</td><td>设备更新改造</td><td colspan="2">约定偿还日期</td><td colspan="11">2019 年 12 月 19 日</td></tr>
<tr><td colspan="2">上列借款已核准发放并已转入你单位账户
（银行盖章）</td><td colspan="2">备注：</td><td colspan="11"></td></tr>
</table>

图 8-53　腾飞公司借款凭证

（23）12 月 20 日，腾飞公司财务部进行现金盘点，得到现金溢余 120 元。如图 8-54 所示。

现金盘点报告单

单位名称：北京腾飞商贸有限公司　　　　　　　　　　2016 年 12 月 20 日

实存金额	账存金额	实存、账存对比		备注
		盘盈	盘号	
		120.00		
分析原因：		审批意见：		

盘点人签章：刘旭　　　　　　出纳签章：崔磊

图 8-54　腾飞公司现金盘点报告单

（24）12 月 21 日，腾飞公司财务部进行现金长款转销 120 元。如图 8-55 所示。

现金盘点报告单

单位名称：北京腾飞商贸有限公司　　　　　　　　　　2016 年 12 月 20 日

实存金额	账存金额	实存、账存对比		备注
		盘盈	盘号	
		120.00		
分析原因：无法查明原因		审批意见：		

盘点人签章：刘旭　　　　　　出纳签章：崔磊

图 8-55　腾飞公司现金盘点报告单

（25）12 月 22 日，腾飞公司根据实存账存报告单，发现乙材料发生非常损失 25 千克，公司领导层研究决定：乙材料非常损失，应由保管员唐敏负担 2 000 元，其他作为营业外支出处理。如图 8-56至图 8-58 所示。

材料盘盈盘亏报告单

单位名称：北京腾飞商贸有限公司　　　　　　　　　　2016 年 12 月 22 日

名称	规格型号	计量单位	单价（元）	账存		实存		账实对比				备注
								盘盈		盘亏		
				数量	金额	数量	金额（元）	数量	金额	数量	金额	
乙材料		千克								25	4500.00	
分析原因						审批意见						

盘点人签章：　　　　　　　　　会计签章：

图 8-56　腾飞公司材料盘点报告单

材料盘盈盘亏核销报告单

单位名称：北京腾飞商贸有限公司　　　　　　　　　　　　　　2016 年 12 月 22 日

编号	名称规格	单位	账面数量	实存数量	盘盈		盘亏		原因
					数量	金额	数量	金额	
	乙材料	千克					25	4 500.00	保管不善
处理意见		使用部门			清查小组			审批部门	
		2 000 元由保管员赔偿，其余记入营业外支出			2 000 元由保管员赔偿，其余记入营业外支出			同意清查小组意见	

部门负责人：姜来　　　　　　保管员：唐敏　　　　　　清点人：周文

图 8-57　腾飞公司材料盘点报告单

记账凭证

2016 年 12 月 22 日　　　　　　　　　　　　　　　　　　记字第 13 号

摘要	总账科目	明细科目	借方									√	贷方									√
			百	十	万	千	百	十	元	角	分		百	十	万	千	百	十	元	角	分	
材料盘亏处理	其他应收款	唐敏				2	0	0	0	0	0											
	营业外支出					3	2	6	5	0	0											
	待处理财产损溢	待处理流动资产损溢														4	5	0	0	0	0	
	应交税费	应交增值税（进项税额转出）															7	6	5	0	0	
合计					¥	5	2	6	5	0	0				¥	5	2	6	5	0	0	

附单据　张

会计主管：郑奇　　　　记账：刘旭　　　　复核：郑奇　　　　制单：刘旭

图 8-58　腾飞公司记字第 13 号凭证

（26）12 月 23 日，公司收回北京利华有限责任公司的坏账。如图 8-59 所示。

中国工商银行进账单（收账通知）

2016 年 12 月 18 日

<table>
<tr><td rowspan="3">收款人</td><td>全称</td><td>北京腾飞商贸有限公司</td><td rowspan="3">付款人</td><td>全称</td><td colspan="11">北京利华有限责任公司</td></tr>
<tr><td>账号</td><td>0100108808108793</td><td>账号</td><td colspan="11">325878568795483</td></tr>
<tr><td>开户银行</td><td>工行北京市和平里分理处</td><td>开户银行</td><td colspan="11">工行北京市大地路分理处</td></tr>
<tr><td rowspan="2">金额</td><td colspan="4" rowspan="2">人民币
（大写）陆万捌仟元整</td><td>亿</td><td>千</td><td>百</td><td>十</td><td>万</td><td>千</td><td>百</td><td>十</td><td>元</td><td>角</td><td>分</td></tr>
<tr><td></td><td></td><td></td><td>¥</td><td>6</td><td>8</td><td>0</td><td>0</td><td>0</td><td>0</td><td>0</td></tr>
<tr><td>票据种类</td><td colspan="2"></td><td colspan="13" rowspan="2">开户银行盖章</td></tr>
<tr><td colspan="3"></td></tr>
</table>

此联是开户银行交给收款人的回单

图 8-59　腾飞公司进账单

（27）12 月 24 日，由于腾飞公司业绩良好，北京康佳投资有限公司决定增加投资 800 000 元。如图 8-60、图 8-61 所示。

验资报告

<table>
<tr><td rowspan="2">投资者</td><td colspan="3">实际投入资本额</td><td rowspan="2">投资方式</td><td colspan="2">实际投资比例</td></tr>
<tr><td>人民币</td><td>汇率</td><td>元</td><td>占应投资比例</td><td>占注册资本比例</td></tr>
<tr><td>北京康佳投资有限公司</td><td>800000.00</td><td></td><td></td><td>货币资产</td><td></td><td></td></tr>
</table>

验证结果：

经检查验证北京康佳投资有限公司所投资本 800 000 元到位

中国注册会计师：李振
助理人员：魏萌
北京诚信会计师事务所
2016 年 12 月 24 日

图 8-60　腾飞公司验资报告

记账凭证

2016 年 12 月 14 日　　　　　　　　　　　　　　　　　　　　　记字第 14 号

摘要	总账科目	明细科目	借方									√	贷方									√	
			百	十	万	千	百	十	元	角	分		百	十	万	千	百	十	元	角	分		
收到追加投资	银行存款			8	0	0	0	0	0	0	0												附单据
	实收资本													8	0	0	0	0	0	0	0		
																							张
合计			¥	8	0	0	0	0	0	0	0		¥	8	0	0	0	0	0	0	0		

会计主管：郑奇　　记账：刘旭　　出纳：崔磊　　审核：郑奇　　制单：刘旭

图 8-61　腾飞公司记字第 14 号凭证

（28）12 月 25 日，腾飞公司计提本月短期借款利息 500 元。如表 8-1、图 8-62 所示。

表 8-1　借款利息计算单

2015 年 12 月 25 日

借款种类	借款金额	期限	利率	本月利息
短期借款	100 000.00	2016 年 10.25—2016 年 12.25	6%	500.00

记账凭证

2016 年 12 月 24 日　　　　　　　　　　　　　　　　　　　　　记字第 15 号

摘要	总账科目	明细科目	借方									√	贷方									√	
			百	十	万	千	百	十	元	角	分		百	十	万	千	百	十	元	角	分		
计提短期借款利息	财务费用						5	0	0	0	0												附单据
	应付利息																5	0	0	0	0		
																							张
合计						¥	5	0	0	0	0					¥	5	0	0	0	0		

会计主管：郑奇　　记账：刘旭　　出纳：崔磊　　审核：郑奇　　制单：刘旭

图 8-62　腾飞公司记字第 15 号凭证

（29）12 月 25 日，腾飞公司偿还银行短期借款 100 000 元，支付借款利息 1 500 元。如图 8-63、图 8-64 所示。

偿还贷款凭证（第一联）

2016年12月25日

借款单位名称	北京腾飞商贸有限公司	贷款账户	622869415876	结算账户										
归还本金	100 000.00	利息	1 500.00	亿	千	百	十	万	千	百	十	元	角	分
						¥	1	0	1	5	0	0	0	0
贷款种类	短期借款	借出日期	2016年10月25日	约定还款日期	2016年12月25日									
上列款项已由本单位账户内偿还到期贷款。 此致 借款单位盖章				会计分录： 收： 记账号										

图8-63　腾飞公司偿还贷款凭证

记账凭证

2016年12月25日　　　　记字第17号

摘要	总账科目	明细科目	借方									√	贷方									√
			百	十	万	千	百	十	元	角	分		百	十	万	千	百	十	元	角	分	
归还借款本息	短期借款			1	0	0	0	0	0	0	0											
	应付利息					1	0	0	0	0	0											
	财务费用						5	0	0	0	0											
	银行存款													1	0	1	5	0	0	0	0	
合计			¥	1	0	1	5	0	0	0	0		¥	1	0	1	5	0	0	0	0	

附单据　张

会计主管：郑奇　记账：刘旭　出纳：崔磊　审核：郑奇　制单：刘旭

图8-64　腾飞公司记字第17号凭证

（30）12月26日，北京腾飞公司向广州思源设备有限公司销售YRNa型电机20台，每台售价18 360元，增值税率17%，价税合计429 624元，货已发出，货款尚未收到。如图8-65、图8-66所示。

No 89551001

北京增值税专用发票

12000851

发票联　　开票日期：2016 年 12 月 26 日

<table>
<tr><td>购货单位</td><td colspan="6">名　　称：广州思源设备有限公司
纳税人识别号：390305489678521
地址、电话：广州市天河区升平路 10 号　020-64385167
开户行及账号：工行 49568726632568236</td><td>密码区</td><td></td></tr>
<tr><td colspan="2">货物或应税劳务名称：
电机

合计</td><td>规格型号
YRNa</td><td>单位
台</td><td>数量
20</td><td>单价
18 360.00</td><td>金额
367 200.00

¥367 200.00</td><td>税率
17%</td><td>税额
62 424.00

¥62 424.00</td></tr>
<tr><td colspan="2">价税合计
（大写）</td><td colspan="7">⊗ 肆拾贰万玖仟陆佰贰拾肆元整　（小写）¥429 624.00</td></tr>
<tr><td>销货单位</td><td colspan="5">名　　称：北京腾飞商贸有限公司
纳税人识别号：110605590619013
地址、电话：北京市朝阳区安苑路 10 号　010-65151111
开户行及账号：工行 1120159443785471</td><td>备注</td><td colspan="2"></td></tr>
</table>

第二联　发票联　购货方记账凭证

收款人：　　复核：郑奇　　开票人：　　销货单位：（章）

图 8-65　腾飞公司 89551001 号销售发票

记账凭证

2016 年 12 月 26 日　　　　记字第 16 号

摘要	总账科目	明细科目	借方									√	贷方									√
			百	十	万	千	百	十	元	角	分		百	十	万	千	百	十	元	角	分	
销售商品	应收账款	华夏公司		4	2	9	6	2	4	0	0											
	主营业务收入	Na												3	6	7	2	0	0	0	0	
	应交税费	销项税额													6	2	4	2	4	0	0	
合计			¥	4	2	9	6	2	4	0	0		¥	4	2	9	6	2	4	0	0	

附单据　张

会计主管：郑奇　　记账：刘旭　　出纳：崔磊　　审核：郑奇　　制单：刘旭

图 8-66　腾飞公司记字第 16 号凭证

（31）12 月 26 日，腾飞公司收到北京信文股份有限公司股利 20 000 元。如图 8-67、

图 8-68 所示。

中国工商银行进账单（收账通知）

2016 年 12 月 16 日

收款人	全称	北京腾飞商贸有限公司	付款人	全称	北京信文股份有限公司										
	账号	0100108808108793		账号	5718946815477962										
	开户银行	工行北京市和平里分理处		开户银行	工行北海分理处										
金额	人民币 （大写）贰万元整				亿	千	百	十	万	千	百	十	元	角	分
								¥	2	0	0	0	0	0	0
票据种类	转账支票														
票据张数	1														
复核　　记账					开户银行盖章										

此联是开户银行交给收款人的回单

图 8-67　腾飞公司进账单回单

记账凭证

2015 年 12 月 26 日　　　　记字第 18 号

摘要	总账科目	明细科目	借方									√	贷方									√
			百	十	万	千	百	十	元	角	分		百	十	万	千	百	十	元	角	分	
收到信文公司股利	银行存款				2	0	0	0	0	0	0											
	应收股利														2	0	0	0	0	0	0	
合计				¥	2	0	0	0	0	0	0			¥	2	0	0	0	0	0	0	

附单据　张

会计主管：郑奇　　记账：刘旭　　出纳：崔磊　　审核：郑奇　　制单：刘旭

图 8-68　腾飞公司记字第 18 号凭证

（32）12 月 27 日，腾飞公司计提长期息借款利息 1250 元。如表 8-2、图 8-69 所示。

表 8-2　借款利息计算单

2016 年 12 月 27 日

借款种类	借款金额	期限	利率	本月利息
长期借款	500 000.00	2016 年 12.19—2019 年 12.19	3%	1 250.00

记账凭证

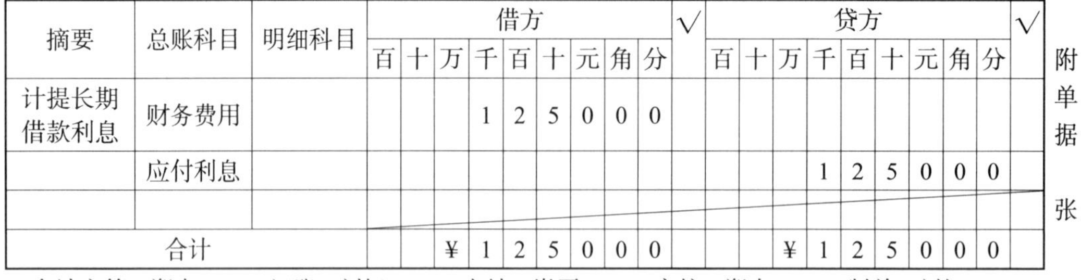

2016 年 12 月 27 日　　　　记字第 19 号

摘要	总账科目	明细科目	借方									√	贷方									√
			百	十	万	千	百	十	元	角	分		百	十	万	千	百	十	元	角	分	
计提长期借款利息	财务费用					1	2	5	0	0	0											
	应付利息															1	2	5	0	0	0	
合计					¥	1	2	5	0	0	0				¥	1	2	5	0	0	0	

附单据　张

会计主管：郑奇　　记账：刘旭　　出纳：崔磊　　审核：郑奇　　制单：刘旭

图 8-69　腾飞公司记字第 19 号凭证

（33）12 月 28 日，从银行转账支付前欠湖北华夏设备有限公司货款 1 240 000 元，如图 8-70 所示。

记账凭证

2016 年 12 月 27 日　　　　记字第 20 号

摘要	总账科目	明细科目	借方									√	贷方									√
			百	十	万	千	百	十	元	角	分		百	十	万	千	百	十	元	角	分	
支付欠款	应付账款	华夏公司	1	2	4	0	0	0	0	0	0											
	银行存款	工行											1	2	4	0	0	0	0	0	0	
合计			1	2	4	0	0	0	0	0	0		1	2	4	0	0	0	0	0	0	

附单据　张

会计主管：郑奇　　记账：刘旭　　出纳：崔磊　　审核：郑奇　　制单：刘旭

图 8-70　腾飞公司记字第 20 号凭证

（34）12 月 30 日，腾飞公司收到委托收款付款通知，水费总计 15 000 元（用水总量 5 000m³，车间一般耗用 500m³，A 产品耗用 1 800m³，B 产品耗用 2 200m³），并以银行存款支付。如图 8-71、图 8-72 所示。

北京自来水公司水费专用发票

客户名称：北京腾飞商贸有限公司2016 年 12 月 30 日　　　　水字第 216 号

服务项目	用水性质	水量	计量单位	单价	金额								
					百	十	万	千	百	十	元	角	分
供水	工业用水	5 000	m³	3.00		¥	1	5	0	0	0	0	0

合计（大写）　　壹万伍仟元整

图 8-71　腾飞公司缴纳水费发票

委托收款凭证（付款通知）

委托日期：2016 年 12 月 30 日

<table>
<tr><td rowspan="3">付款人</td><td>全称</td><td>北京腾飞商贸有限公司</td><td rowspan="3">收款人</td><td>全称</td><td colspan="3">北京市自来水公司</td></tr>
<tr><td>账号或地址</td><td>北京市朝阳区安苑路 10 号</td><td>账号或地址</td><td colspan="3">东城区彩云路 62 号</td></tr>
<tr><td>开户银行</td><td>工行北京市和平里分理处</td><td>开户银行</td><td>工行前门支行</td><td>行号</td><td></td></tr>
<tr><td colspan="2">委收金额</td><td colspan="6">人民币（大写）：壹万伍仟元整　　¥15 000.00</td></tr>
<tr><td colspan="2">款项内容</td><td colspan="3">水费</td><td colspan="3" rowspan="3">付款单位注意事项：</td></tr>
<tr><td colspan="2">委托收款凭据名称</td><td colspan="3">水费专用发票</td></tr>
<tr><td colspan="5">备注</td></tr>
</table>

此联是付款人开户行付给付款人按期付款的通知

单位主管：　　会计：　　复核：　　记账：刘旭：

图 8-72　腾飞公司水费委托支付凭证

（35）12 月 30 日，腾飞公司收到委托收款付款通知，电费 75 870 元，以银行存款支付（总耗电量为 94 837.50KW・h，其中，管理部门用电 12 500 KW・h，按照生产工时比例分配 A 产品耗用 31 818KW・h，生产 B 产品耗用 50519.5KW・h。如图 8-73、图 8-74 所示。

国网北京市电力公司专用发票

客户名称：北京腾飞商贸有限公司2016 年 12 月 30 日　　电字第 275 号

<table>
<tr><td rowspan="2">服务项目</td><td rowspan="2">用点性质</td><td rowspan="2">电量</td><td rowspan="2">计量单位</td><td rowspan="2">单价</td><td colspan="9">金额</td></tr>
<tr><td>百</td><td>十</td><td>万</td><td>千</td><td>百</td><td>十</td><td>元</td><td>角</td><td>分</td></tr>
<tr><td>供电</td><td>工业用电</td><td>94 837.50</td><td>KW・h</td><td>0.8</td><td></td><td>¥</td><td>7</td><td>5</td><td>8</td><td>7</td><td>0</td><td>0</td><td>0</td></tr>
</table>

合计（大写）　柒万伍仟捌百柒拾元整

图 8-73　腾飞公司缴纳电费发票

委托收款凭证（付款通知）

委托日期：2016 年 12 月 30 日

付款人	全称	北京腾飞商贸有限公司	收款人	全称	国网北京市电力公司		
	账号或地址	北京海淀区上海路 59 号		账号或地址	西城区星辰路 47 号		
	开户银行	工行北京市和平里分理处		开户银行	工行前门支行	行号	
委收金额	人民币（大写）：柒万伍仟捌百柒拾元整　　¥75 870.00						
款项内容	电费				付款单位注意事项：		
委托收款凭据名称	电费专用发票						
备注							

此联是付款人开户行付给付款人按期付款的通知

单位主管：　　会计：　　复核：　　记账：刘旭：

图 8-74　腾飞公司电费委托支付凭证

（36）12 月 31 日，腾飞公司计提无形资产摊销。如表 8-3、图 8-75 所示。

表 8-3　腾飞公司无形资产摊销单

2016 年 12 月 31 日

年末无形资产余额	使用年限	年摊销额	月摊销额
240 000.00	10	24 000.00	2 000.00

记账凭证

2016 年 12 月 27 日　　记字第 21 号

摘要	总账科目	明细科目	借方									√	贷方									√
			百	十	万	千	百	十	元	角	分		百	十	万	千	百	十	元	角	分	
无形资产摊销	管理费用					2	0	0	0	0	0											
	累计摊销															2	0	0	0	0	0	
合计					¥	2	0	0	0	0	0				¥	2	0	0	0	0	0	

附单据　张

会计主管：郑奇　　记账：刘旭　　出纳：崔磊　　审核：郑奇　　制单：刘旭

图 8-75　腾飞公司记字第 21 号凭证

（37）12月31日，腾飞公司完成新订单，销售给长春国润有限责任公司B产品2 000件，单价560元，价款1 120 000元，增值税190 400元，共计1 310 400元，收到买方开出的为期三个月的无息商业承兑汇票一张。如图8-76至图8-78所示。

No 89551002

北京增值税专用发票

1100094929

记账联　　开票日期：2016年12月31日

购货单位	名　　称：长春国润有限责任公司 纳税人识别号：120148622369564 地址、电话：长春市前进路66号 开户行及账号：工行622201589856325					密码区	
货物或应税劳务名称： B产品 合计	规格型号	单位 件	数量 2 000	单价 560.00	金额 1 120 000.00 ¥1 120 000.00	税率 17%	税额 190 400.00 ¥190 400.00
价税合计（大写）	⊗壹佰叁拾壹万零肆佰元整　　（小写）¥1 310 400.00						
销货单位	名　　称：北京腾飞商贸有限公司 纳税人识别号：110605590619013 地址、电话：北京市朝阳区安苑路10号　010-65151111 开户行及账号：工行0100108808108793					备注	

第三联　记账联　销货方记账凭证

收款人：　　复核：　　开票人：　　销货单位：（章）

图8-76　腾飞公司89551002号销售发票

商业承兑汇票

出票日期（大写）：贰零壹陆年拾贰月叁拾壹日　　汇票号码00006541

收款人	全称	北京腾飞商贸有限公司			付款人	全称	长春国润有限责任公司		
	账号	0100108808108793				账号	622201589856325		
	开户银行	工行北京市和平里分理处	行号	498362		开户银行	工行长春市合作路分理处	行号	123436
出票金额		人民币 （大写）壹佰叁拾壹万零肆佰元整					亿 千 百 十 万 千 百 十 元 角 分 ¥ 1 3 1 0 4 0 0 0 0		
汇票到期日（大写）		贰零壹柒年零叁月叁拾壹日			付款人开户行	行号	123436		
交易合同号码						地址	工行前进路分理处		
出票人签章					备注：				

此联为承兑人记账凭证

图8-77　腾飞公司00006541号商业承兑汇票

记账凭证

2016 年 12 月 31 日　　　　　　　　　　　　　　　　　　　　记字第 22 号

摘要	总账科目	明细科目	借方									√	贷方									√
			百	十	万	千	百	十	元	角	分		百	十	万	千	百	十	元	角	分	
销售 B 产品	应收票据	长春国润公司	1	3	1	0	4	0	0	0	0											
	主营业务收入												1	1	2	0	0	0	0	0	0	
	应交税费	应交增值税（销项税额）												1	9	0	4	0	0	0	0	
合计			1	3	1	0	4	0	0	0	0		1	3	1	0	4	0	0	0	0	

附单据　张

会计主管：郑奇　　记账：刘旭　　出纳：崔磊　　审核：郑奇　　制单：刘旭

图 8-78　腾飞公司记字第 22 号凭证

（38）12 月 31 日，收到广州思源设备有限公司前欠货款 2 140 000 元，均通过银行转账收取。

中国工商银行进账单（回单）

2016 年 12 月 31 日

收款人	全称	北京腾飞商贸有限公司	付款人	全称	广州思源设备有限公司
	账号	0100108808108793		账号	49568726632568236
	开户银行	工行北京市和平里分理处		开户银行	工行工业园支行

金额	人民币（大写）贰佰壹拾肆万元整	亿	千	百	十	万	千	百	十	元	角	分
			¥	2	1	4	0	0	0	0	0	0

票据种类	转账支票	
票据张数	1	
复核　　记账		开户银行盖章

此联是开户银行交给持票人的回单

图 8-79　腾飞公司进账单回单

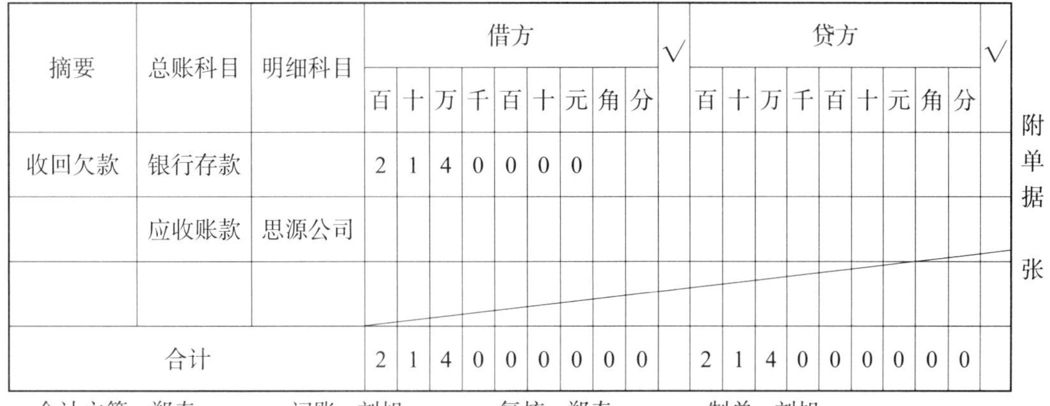

记账凭证

2016 年 12 月 31 日　　　　记字第 23 号

摘要	总账科目	明细科目	借方									√	贷方									√
			百	十	万	千	百	十	元	角	分		百	十	万	千	百	十	元	角	分	
收回欠款	银行存款		2	1	4	0	0	0	0													
	应收账款	思源公司																				
合计			2	1	4	0	0	0	0	0	0		2	1	4	0	0	0	0	0	0	

附单据　张

会计主管：郑奇　　记账：刘旭　　复核：郑奇　　制单：刘旭

图 8-80　腾飞公司记字第 23 号凭证

二、企业产品成本核算的账务处理

北京腾飞商贸有限公司本月生产 M 系列和 N 系列的电机产品，其中 Ma 产品 11 月投产 180 件，Mb 于 1 月投资 160 件，11 月没有完工，全部在产，在产品的完工率为 70%，12 月末全部完工。Na 于 12 月投产 100 件，Nb 计划 12 月投产 100 件，12 月末两种产品均完工 50 件，在产 50 件，在产品完工率 40%。

生产费用的归集与分配

产品生产成本的核算是以产品成本明细账户为基础的，明细账户要依照成本项目开设专栏，一般设置材料费用、工资费用以及制造费用等专栏。生产过程中所产生的费用，若为某种产品的直接计入费用，则直接记入明细账户的对应专栏，若是多种产品共同负担的间接费用，就要采取适当的分配方法，分配后计入对应的栏目。例如生产车间为组织管理生产活动所发生的折旧、机修等费用，先通过“制造费用”核算后，再转入相关产品成本明细账户。

（1）腾飞公司材料费用的分配如下列图表所示。

表 8–4 原料及主要材料发料数量汇总表

2016 年 12 月 31 日

领料单位	材料名称	用途	单位	数量
生产车间	矽钢片	Ma	千克	12 589
	矽钢片	Mb	千克	21 269
	矽钢片	Na	千克	27 539
	矽钢片	Nb	千克	39 296
生产车间	定子铜	Ma	千克	785
	定子铜	Mb	千克	1 326
	定子铜	Na	千克	1 717
	定子铜	Nb	千克	1 633
生产车间	铸件	Ma	千克	9 748
	铸件	Mb	千克	16 470
	铸件	Na	千克	21 325
	铸件	Nb	千克	30 429
生产车间	转子铜	Na	千克	1 577
	转子铜	Nb	千克	2 813

表 8–5 外购零配件发料数量汇总表

2016 年 12 月 31 日

领料单位	材料名称	用途	单位	数量
生产车间	轴料	Ma	千克	158
	轴料	Mb	千克	266
	轴料	N 系列共同领用	千克	1 395
生产车间	轴承	Ma	套	63
	轴承	Mb	套	107
	轴承	N 系列共同领用	套	893
生产车间	标准件及零配件	Ma	件	393
	标准件及零配件	Mb	件	665
	标准件及零配件	N 系列共同领用	件	5 568

表 8–6 辅助材料发料数量汇总表

2016 年 12 月 31 日

领料单位	材料名称	用途	单位	数量
生产车间	绝缘材料	Ma	米	1 577
	绝缘材料	Mb	米	2 664
	绝缘材料	N 系列共同领用	米	20 790
生产车间	铝板材	Ma	千克	731
	铝板材	Mb	千克	1 236
生产车间	各类线材	Ma	米	631
	各类线材	Mb	米	1 066
	各类线材	N 系列共同领用	米	10 242

月末发出材料的计价方法

根据《企业会计准则》的规定，发出材料的计价方法大致为：个别计价法，先进先出法和加权平均法。因为材料的来源及取得的地点、时间、方法等不同，所以会导致同一品种、规格的材料会出现价格不同的情况。因此企业应根据材料收发的频繁程度和数量，选择适合自己的计价方法对发出材料的成本进行核算。通常我们采用的是月末一次加权平均法。

$$加权平均单位成本 = \frac{月初结存材料实际成本 + 本月购入材料实际成本}{月初材料结存数量 + 本月购入材料数量}$$

表 8–7　加权平均单位成本计算表

金额单位：元

材料名称	期初结存		本月购入		本月合计		
	数量	金额	数量	金额	数量	金额	月末加权平均单价
矽钢片	45 235	457 970.20	100 0000	1 000 000	145 235	1 457 970.20	10.04
定子铜	15 063	1 210 308.20	0	0	15 063	1 210 308.20	80.35
转子铜	0	0	7 000	490 000	7 000	490 000	70.00
铸件	94 032	608 187.04	0	0	94 032	608 187.04	6.47
轴料	4 005	320 400	0	0	4 005	320 400	80.00
轴承	1 405	140 500	0	0	1 405	140 500	100.00
标准件及零配件	4 276	172 624.62	12 500	500 000	16 776	672 624.62	40.09
绝缘材料	35 104	210 624	20 000	120 000	55 104	330 624	6.00
铝板材	8044	138 759	0	0	8044	138 759	17.25
各类线材	11 044	110 440	20 000	200 000	31 044	310 440	10.00

表 8-8　原料及主要材料费用分配表

金额单位：元

应借科目 / 应贷科目		基本生产成本												合计
		Ma			Mb			Na			Nb			
		数量	单价	金额	数量	单价	金额	数量	单价	金额	数量	单价	金额	
原材料	矽钢片	12 589	10.04	126 393.56	21 269	10.04	213 540.76	27 539	10.04	276491.56	39 296	10.04	394 531.84	1010957.72
	转子铜	0		0	0		0	1 577	70.00	110 390	2 813	70.00	196 910	307 300.00
	定子铜	785	80.35	63 074.75	1 326	80.35	106 544.10	1 717	80.35	137 960.95	1 633	80.35	131 211.55	438 791.35
	铸件	9 748	6.47	63 069.56	16 470	6.47	106 560.90	21 325	6.47	137 972.75	30 429	6.47	196 875.63	504 478.84
合计				252 537.87			426 645.76			662 815.26			919 529.02	2261527.91

记账凭证

2016 年 12 月 31 日　　　　记字第 24 号

摘要	总账科目	明细科目	借方									√	贷方									√
			百	十	万	千	百	十	元	角	分		百	十	万	千	百	十	元	角	分	
分配材料费用	基本生产成本	Ma		2	5	2	5	3	7	8	7											
		Mb		4	2	6	6	4	5	7	6											
		Na		6	6	2	8	1	5	2	6											
		Nb		9	1	9	5	2	9	0	2											
	原材料	原料及主要材料（矽钢片）											1	0	1	0	9	5	7	7	2	
		原料及主要材料（转子铜）												3	0	7	3	0	0	0	0	
		原料及主要材料（定子铜）												4	3	8	7	9	1	3	5	
		原料及主要材料（铸件）												5	0	4	4	7	8	8	4	
合计			2	2	6	1	5	2	7	9	1		2	2	6	1	5	2	7	9	1	

附单据 2 张

会计主管：郑奇　　记账：刘旭　　复核：郑奇　　制单：刘旭

图 8-81　腾飞公司记字第 24 号凭证

表 8–9　外购零配件发料凭证汇总表

金额单位：元

项目		Ma			Mb			N 共同领用			合计
		数量	单价	金额	数量	单价	金额	数量	单价	金额	
原材料	轴料	158	80.00	12 640.00	266	80.00	21 280.00	1 395	80.00	111 600.00	145 520.00
	轴承	63	100.00	6 300.00	107	100.00	10 700.00	893	100.00	89 300.00	106 300.00
	标准件及零配件	393	40.09	15 755.37	665	40.09	26 659.85	5 568	40.09	223 221.12	265 636.34
合计				34 695.37			58 639.85			424 121.12	517 456.34

表 8–10　外购零配件费用分配表

2016 年 12 月 31 日　　金额单位：元

应借科目		直接记入	间接计入				材料费用合计
			耗用材料	轴料分配金额（分配率 **0.07**）	轴承分配金额（分配率 **0.06**）	标准件分配金额（分配率 **0.14**）	
基本生产成本	Ma	34 695.37					34 695.37
	Mb	58 639.85					58 639.85
	Na		662 815.26	46 358.51	37 406.66	92 794.14	176 559.31
	Nb		919 529.02	65 241.49	51 893.34	130 426.98	247 561.81
	小计	93 335.22	1 582 344.25	111600.00	89 300.00	223 221.12	517 456.34

记账凭证

2016 年 12 月 31 日　　　　记字第 25 号

摘要	总账科目	明细科目	借方									√	贷方									√
			百	十	万	千	百	十	元	角	分		百	十	万	千	百	十	元	角	分	
分配外购零配件费用	基本生产成本	Ma			3	4	6	9	5	3	7											
		Mb			5	8	6	3	9	8	5											
		Na		1	7	6	5	5	9	3	1											
		Nb		2	4	7	5	6	1	8	1											
	原材料	外购零配件（轴料）												1	4	5	5	2	0	0	0	
		外购零配件（轴承）												1	0	6	3	0	0	0	0	
		外购零配件（标准件及零配件）												2	6	5	6	3	6	3	4	
合计			¥	5	1	7	4	5	6	3	4		¥	5	1	7	4	5	6	3	4	

附单据 2 张

会计主管：郑奇　　记账：刘旭　　复核：郑奇　　制单：刘旭

图 8-82　腾飞公司记字第 25 号凭证

表 8-11　辅助材料发料汇总表

2016 年 12 月 31 日　　　　金额单位：元

项目		Ma			Mb			N 共同领用			合计
		数量	单价	金额	数量	单价	金额	数量	单价	金额	
原材料	绝缘材料	1 577	6.00	9 462.00	2 664	6.00	15 984	20 790	6.00	124 740	150 186.00
	铝板材	731	17.25	12 609.75	1 236	17.25	21 321	0		0	33 930.75
	各类线材	631	10.00	6 310.00	1 066	10.00	10 660	10 242	10.00	102 420	119 390.00
合计				28 381.75			47 965			227 160	303 506.75

表 8-12　辅助材料费用分配表

2016 年 12 月 31 日　　　　单位：元

应借科目		直接记入	间接计入			材料费用合计
			耗用材料	绝缘材料分配金额（分配率 0.008）	各类线材分配金额（分配率 0.14）	
基本生产成本	Ma	28 381.75				28 381.75
	Mb	47 965.00				47 965.00
	Na		662 815.26	53 025.22	39 768.92	755609.4
	Nb		919 529.02	71 714.78	62 651.08	1053894.88
小计	小计		1 582 344.28	124 740.00	102 420.00	1885851.03

记账凭证

2016 年 12 月 31 日　　　　记字第 26 号

摘要	总账科目	明细科目	借方									√	贷方									√
			百	十	万	千	百	十	元	角	分		百	十	万	千	百	十	元	角	分	
分配辅助材料费用	基本生产成本	Ma			2	8	3	8	1	7	5											
		Mb			4	7	9	6	5	0	0											
		Na			9	2	7	9	4	1	4											
		Nb		1	3	4	3	6	5	8	6											
	原材料	辅助材料（绝缘材料）												1	5	0	1	8	6	0	0	
		辅助材料（铝板材）													3	3	9	3	0	7	5	
		辅助材料（各类线材）												1	1	9	3	9	0	0	0	
合计			¥	3	0	3	5	0	6	7	5		¥	3	0	3	5	0	6	7	5	

附单据 2 张

会计主管：郑奇　　记账：刘旭　　复核：郑奇　　制单：刘旭

图 8-83　腾飞公司记字第 26 号凭证

（2）腾飞公司职工薪酬费用的分配如下列图表所示。

表 8–13　应付职工薪酬结算汇总表

2016 年 12 月 31 日　　单位：元

部门	应付职工薪酬				各种扣款				实发数
	基本工资	奖金	津贴	合计	社会保险	住房公积金	个人所得税	合计	
基本生产车间	120 000	12 000	21 040	153 040	16 834.40	7 652	420	24 906.40	128 133.60
车间管理人员	5 000	300	300	5 600	616.00	280	18	914.00	4 686.00
辅助生产车间	6 600	450	450	7 500	825.00	375	15	1 215.00	6 285.00
销售部门	24 000	2 000	2 000	28 000	3080.00	1 400	180	4 660.00	23 340.00
管理部门	27 000	1 500	1 500	30 000	3 300.00	1 500	669	5 469.00	24 531.00
合计	182 600	16 250	25 290	224 140	24655.40	11 207	1 302	37 164.40	186 975.60

表 8–14　各项计提汇总表

2016 年 12 月 31 日　　单位：元

部门	职工薪酬	计提职工福利费（2%）	计提费用		
			计提工会经费（2%）	计提职工教育经费（1.5%）	合计
基本生产车间	153 040	3 060.80	3060.80	2 295.60	8417.20
车间管理人员	5 600	112.00	112.00	84.00	308.00
辅助生产车间	7 500	150.00	150.00	112.50	412.50
销售部门	28 000	560.00	560.00	420.00	1540
管理部门	30 000	600.00	600.00	450.00	1650
合计	224 140	4 482.80	4 482.80	3 362.10	12327.70

表 8–15　五险一金计提表

2016 年 12 月 31 日　　单位：元

部门	职工薪酬	单位负担							个人负担				
		医疗保险（8%）	养老保险（20%）	失业保险（2%）	工伤保险（1%）	生育保险（1%）	公积金（5%）	合计	医疗保险（2%）	养老保险（8%）	失业保险（1%）	公积金（5%）	合计
基本生产车间	153 040	12 243.20	30 608	3 060.80	1 530.40	1 530.40	7 652	56 624.80	3 060.80	12 243.20	1 530.40	7 652	24 486.40
车间管理人员	5 600	448.00	1 120	112.00	56.00	56.00	280	2 072.00	112.00	448.00	56.00	280	896.00
辅助生产车间	7 500	600.00	1 500	150.00	75.00	75.00	375	2 775.00	150.00	600.00	75.00	375	1 200.00
销售部门	28 000	2 240.00	5 600	560.00	280.00	280.00	1 400	10 360.00	560.00	2 240.00	280.00	1400	4 480.00
管理部门	30 000	2 400.00	6 000	600.00	300.00	300.00	1 500	11 100.00	600.00	2 400.00	300.00	1500	4 800.00
合计	224 140	17 931.20	44 828	4482.80	2 241.40	2 241.40	11 207	82 931.80	4 482.80	17 931.20	2 241.4	11 207	35 862.40

表 8–16　五险一金计提表

2016 年 12 月 31 日　　单位：元

部门	职工薪酬	计提职工福利费	计提工会经费	计提职工教育经费	计提五险一金	合计
基本生产车间	153 040	3 060.80	3 060.80	2 295.60	56 624.80	218 082.00
车间管理人员	5 600	112.00	112.00	84.00	2 072.00	7 980.00
辅助生产车间	7 500	150.00	150.00	112.50	2 775.00	10 687.50
销售部门	28 000	560.00	560.00	420.00	10 360.00	39 900.00
管理部门	30 000	600.00	600.00	450.00	11 100.00	42 7500.00
合计	224 140	4 482.80	4482.80	3 362.10	82 931.80	319 399.50

表 8-17　职工薪酬费用分配表

2016 年 12 月 31 日　　　　单位：元

应借科目		成本项目或费用项目	直接计入	间接计入			合计
				耗用原材料	分配率	分配金额	
基本生产成本	Ma	直接人工		315 614.99		22 093.05	22 093.05
	Mb	直接人工		533 250.61		37 327.54	37 327.54
	Na	直接人工		932 168.71		65 251.81	65 251.81
	Nb	直接人工		1 301 456.70		93 409.60	93 409.60
	小计			3 082 491.01	0.07	218 082.00	218 082.00
辅助生产成本		工资	10 687.50				10 687.50
制造费用		工资	7 980.00				7 980.00
管理费用		工资	42 750.00				42 750.00
销售费用		工资	39 900.00				39 900.00
合计			101 317.50			218 082.00	319 399.50

记账凭证

2016 年 12 月 31 日　　　　记字第 27 $\frac{1}{2}$ 号

摘要	总账科目	明细科目	借方									√	贷方									√
			百	十	万	千	百	十	元	角	分		百	十	万	千	百	十	元	角	分	
分配职工薪酬	基本生产成本	Ma			2	2	0	9	3	0	5											
		Mb			3	7	3	2	7	5	4											
		Na			6	5	2	5	1	8	1											
		Nb			9	3	4	0	9	6	0											
	辅助生产成本				1	0	6	8	7	5	0											
	制造费用					7	9	8	0	0	0											
	销售费用				3	9	9	0	0	0	0											
	管理费用				4	2	7	5	0	0	0											
合计			¥	3	1	9	3	9	9	5	0											

附单据 1 张

会计主管：郑奇　　记账：刘旭　　复核：郑奇　　制单：刘旭

图 8-84　腾飞公司记字第 27 $\frac{1}{2}$ 号凭证

记账凭证

2016 年 12 月 31 日　　　　　　　　　　　　　　　　　　记字第 27 $\frac{2}{2}$ 号

摘要	总账科目	明细科目	借方									√	贷方									√
			百	十	万	千	百	十	元	角	分		百	十	万	千	百	十	元	角	分	
	应付职工薪酬	工资												2	2	4	1	4	0	0	0	
		职工福利														4	4	8	2	8	0	
		工会经费														4	4	8	2	8	0	
		教育经费														3	3	6	2	1	0	
		五险一金													8	2	9	3	1	8	0	
合计													¥	3	1	9	3	9	9	5	0	

附单据 1 张

会计主管：郑奇　　　记账：刘旭　　　复核：郑奇　　　制单：刘旭

图 8-85　腾飞公司记字第 27 $\frac{2}{2}$ 号凭证

职工福利费的提取与使用

企业为职工提供的福利即职工福利，其计提比例可按历史经验数据以及实际情况合理预计，实际发生额大于预计金额时，应当补提；若实际发生额小于预计金额，则应冲回多提的应付职工薪酬。

（3）其他费用的支出。腾飞公司于 12 月末使用库存现金支付各部门办公费用 2 157.5 元，其中车间管理部门 829.25 元，机修车间 300 元，管理部门 628.25 元，销售部门 400 元。如图 8-86、图 8-87 所示。

北京腾飞有限责任公司费用报销单

2016 年 12 月 31 日

事由	部门办公费支出	
金额	人民币（大写）：贰仟壹佰伍拾柒元伍角整	
审核意见	同意付款　　　领导人签章：	
单位	管理部门	经办人：肖肖
备注		

图 8-86　腾飞公司办公费用报销单

记账凭证

2016 年 12 月 31 日　　　　　　　　　　　　　　　　　　　　记字第 28 号

摘要	总账科目	明细科目	借方									√	贷方									√
			百	十	万	千	百	十	元	角	分		百	十	万	千	百	十	元	角	分	
支付办公费用	制造费用						8	2	9	2	5											
	辅助生产成本						3	0	0	0	0											
	管理费用						6	2	8	2	5											
	销售费用						4	0	0	0	0											
	库存现金															2	1	5	7	5	0	
合计					¥	2	1	5	7	5	0				¥	2	1	5	7	5	0	

附单据 2 张

会计主管：郑奇　　　记账：刘旭　　　复核：郑奇　　　制单：刘旭

图 8-87　腾飞公司记字第 28 号凭证

（4）辅助生产费用的分配。辅助生产费用是指为基本生产车间、企业行政管理部门等单位服务而进行的产品生产和劳务供应。辅助生产费用的归集和分配一般通过"辅助生产成本"。辅助生产费用的分配是通过编制辅助生产费用分配表进行的。如表 8-18至表8-20、图 8-88 所示。

表 8-18　辅助生产成本明细账

车间：机修车间　　　　　　　　　　　　　　　　　　　　单位：元

2016 年		摘要	材料费	水电费	薪酬费	折旧费	办公费	合计	转出
月	日								
12	23	分配材料费用	2 100						
12	28	分配水电费		5 930					
12	28	分配职工薪酬			10 687.50				
12	28	分配折旧费				10 000			
12	28	支付办公费					300		29 017.50
12	28	结转机修费用							
		合计	2 100	5 930	10 687.50	10 000	300	29 017.50	29 017.50

表 8-19　辅助生产提供劳务情况表

车间：机修车间　　　　　　2016 年 12 月 31 日

供应对象	机修工时（小时）
基本生产车间	450
销售部门	20
管理部门	30
合计	500

表 8-20　辅助生产费用分配表

2016 年 12 月 31 日　　　　　　　　　　　　　　　　　　　　金额单位：元

辅助生产车间名称			机修车间	合计
待分配费用			29 017.50	29 017.50
耗费分配率			58.035	
基本生产车间	借“制造费用”科目	数量	450	
		金额	26 115.75	26 115.75
销售部门	借“销售费用”科目	数量	20	
		金额	1 160.70	1 160.70
管理部门	借“管理费用”科目	数量	30	
		金额	1 741.05	1 741.05
合计			29 017.50	29 017.50

记账凭证

2016 年 12 月 31 日　　　　　　　　　　　　　　　　　　　　记字第 29 号

摘要	总账科目	明细科目	借方									√	贷方									√
			百	十	万	千	百	十	元	角	分		百	十	万	千	百	十	元	角	分	
分配辅助生产费用	制造费用				2	6	1	1	5	7	5											
	管理费用					1	7	4	1	0	5											
	销售费用					1	1	6	0	7	0											
	辅助生产成本														2	9	0	1	7	5	0	
合计				¥	2	9	0	1	7	5	0			¥	2	9	0	1	7	5	0	

附单据 2 张

会计主管：郑奇　　　　记账：刘旭　　　　复核：郑奇　　　　制单：刘旭

图 8-88　腾飞公司记字第 29 号凭证

（5）制造费用的分配。生产车间所发生的制造费用是产品成本的组成部门，在生产单一产品的车间，制造费用直接计入该产品的生产成本；在生产多种产品的车间，制造费用则要采用既合理又简便的方法进行分配。一般常用的方法有生产工时比例法、生产工人工资比例法等。方法确定后不可随意更改。制造费用的分配是通过编制制造费用分配表进行的。如表 8-21、表 8-22、图 8-89 所示。

表 8-21 制造费用明细账

车间：基本生产车间　　　　单位：元

2016年 月	日	摘要	材料费	水电费	薪酬费	折旧费	办公费	机修费	合计	转出
12	23	分配材料费用	3 000						3 000	
12	31	分配水电费		56 130					56 130	
12	31	分配职工薪酬			7 980				7980	
12	31	分配折旧费				156 000			156 000	
12	31	支付办公费					829.25		829.25	
12	31	分配机修费用						26 115.75	26 115.75	
12	31	结转制造费用								250 055
		合计	3 000	56 130	7 980	156 000	829.25	26 115.75	250 055	250 055

表 8-22 制造费用分配表

车间：基本生产车间　　　　2016年12月31日　　　　单位：元

应借科目	明细科目	耗用原材料	分配表	分配金额
基本生产成本	Ma	315 614.99	0.08	25 249.20
	Mb	533 250.61	0.08	42 659.49
	Na	932 168.71	0.08	74 573.50
	Nb	1 301 456.70	0.08	107 572.81
合计		3 082 491.01	0.08	250 055.00

记账凭证

2016年12月31日　　　　记字第30号

摘要	总账科目	明细科目	借方 百	十	万	千	百	十	元	角	分	√	贷方 百	十	万	千	百	十	元	角	分	√
分配制造费用	基本生产成本	Ma			2	5	2	4	9	2	0											
		Mb			4	2	6	5	9	4	9											
		Na			7	4	5	7	3	5	0											
		Nb		1	0	7	5	7	2	8	1											
	制造费用													2	5	0	0	5	5	0	0	
			¥	2	5	5	0	5	5	0	0		¥	2	5	0	0	5	5	0	0	

附单据2张

会计主管：郑奇　　记账：刘旭　　复核：郑奇　　制单：刘旭

图 8-89 腾飞公司记字第30号凭证

（6）生产费用在完工产品和在产品之间的分配。企业生产产品的过程中所发生的费用，在各种产品间已进行分配，在此基础上还需要在完工产品和在产品之间进行分

配，计算出各种完工产品的成本，从“基本生产成本”所属明细账户的贷方转出，记入有关账户的借方。相关图表如下。

表 8–23　产品成本明细账

产品名称：YRMa　　完工 180 件，在产 0 件　　单位：元

2016 年		摘要	直接材料	直接人工	制造费用	合计
月	日					
12	1	期初余额	747 860.50	55 710.05	83 213.77	886 784.32
12	31	分配材料费用	315 614.99			315 614.99
12	31	分配人工费用		22 093.05		22 093.05
12	31	分配制造费用			25 249.20	25 249.20
		合计	1 063 475.49	77 803.10	108 462.97	1 249 741.56

表 8–24　产品成本明细账

产品名称：YRMb　　完工 160 件，在产 0 件　　单位：元

2016 年		摘要	直接材料	直接人工	制造费用	合计
月	日					
12	1	期初余额	1 263 826.44	94 128.70	140 599.48	1 498 554.62
12	31	分配材料费用	533 250.61			533 250.61
12	31	分配人工费用		37 327.54		37 327.54
12	31	分配制造费用			42 659.49	42 659.49
		合计	1 797 077.05	131 456.24	183 258.97	2 111 792.26

表 8–25　产品成本明细账 1

产品名称：YRNa　　完工 50 件，在产 50 件　　单位：元

2016 年		摘要	直接材料	直接人工	制造费用	合计
月	日					
12	1	期初余额	0	0	0	0
12	31	分配材料费用	932 168.71			932 168.71
12	31	分配人工费用		65 251.81		65 251.81
12	31	分配制造费用			74 573.50	74 573.50
		合计	932 168.71	65 251.81	74 573.50	1 071 994.02

表 8–26　产品成本明细账 2

产品名称：YRNb　　完工 50 件，在产 50 件　　单位：元

2016 年		摘要	直接材料	直接人工	制造费用	合计
月	日					
12	1	期初余额	0	0	0	0
12	31	分配材料费用	1 301 456.69			1 301 456.69
12	31	分配人工费用		93 409.60		93 409.60
12	31	分配制造费用			107 572.81	107 572.81
		合计	1 301 456.69	93 409.60	107 572.81	1 502 439.10

本企业产品原材料和加工费随加工进度陆续投入，在产品完工程度为 40%。

M 系列全部完工，不需要计算在产品成本

N 系列在产品成本计算:

在产品约当产量 = 在产品数量 × 完工百分比

某项费用分配率 = 该项费用总额 /（完工产品产量 + 在产品约当产量）

a. 计算月末在产品约当产量。

Na 约当产量 =50 × 40%=20（件）

Nb 约当产量 =50 × 40%=20（件）

b. 分配原材料费用。

Na：原材料费用分配率 =932 168.71/（50+20）=13 316.70

完工产品原材料费用 =13 316.70 × 50=665 835（元）

在产品原材料费用 =932 168.71–665 835=266 333.71（元）

Nb：原材料费用分配率 =1 301 456.69/（50+20）=18 592.24

完工产品原材料费用 =18 592.24 × 50=929 612（元）

在产品原材料费用 =1 301 456.69–929 612=371 844.69（元）

c. 分配工资费用。

Na：工资费用分配率 =65 251.81/（50+20）=932.17

完工产品工资费用 =932.17 × 50=46 608.50（元）

在产品工资费用 =65 251.81–46 608.50=18 643.31（元）

Nb：工资费用分配率 =93 409.60/（50+20）=1 334.42

完工产品工资费用 =1 334.42 × 50=66 721（元）

在产品工资费用 =93 409.60–66 721=26688.60（元）

d. 分配制造费用

Na：制造费用分配率 =74 573.50/（50+20）=1 065.34

完工产品制造费用 =1 065.34 × 50=53 267（元）

在产品制造费用 =74 573.50–53 267=21 306.50（元）

Nb：制造费用分配率 =107 572.81/（50+20）=1 536.75

完工产品制造费用 =1 536.75 × 50=76 837.50（元）

在产品原材料费用 =107 572.81–76 837.50=30 735.31（元）

表 8-27　完工产品成本计算单 1

产品名称: Ma　　　　完工 180 件　　　　单位：元

项目	期初余额	本期发生额	累计生产费用	单位成本	完工产品成本
直接材料	747 860.50	315 614.99	1 063 475.49	5 908.20	1 063 475.49
直接人工	55 710.05	22 093.05	77 803.10	432.23	77 803.10
制造费用	83 213.77	25 249.20	108 462.97	602.57	108 462.97
合计	886 784.32	362 957.24	1 249 741.56	6 943.00	1 249 741.56

表 8-28　完工产品成本计算单 2

产品名称: YRMb　　　　完工 160 件　　　　单位：元

项目	期初余额	本期发生额	累计生产费用	单位成本	完工产品成本
直接材料	1 263 826.44	533 250.61	1 797 077.05	11 231.73	1 797 077.05
直接人工	94 128.7	37 327.51	131 456.24	821.00	131 456.24
制造费用	140 599.48	42 659.49	183 258.97	1 145.37	183 258.97
合计	1 498 554.62	613 237.61	2 111 792.26	13 198.70	2 111 792.26

表 8-29　完工产品成本计算单 3

产品名称: YRNa　　　　完工 50 件，在产 50 件　　　　单位：元

项目	本期发生额	累计生产费用	单位成本	完工产品成本	月末在产品成本
直接材料	932 168.71	932 168.71	13 316.70	665 835.00	266 333.71
直接人工	65 251.81	65 251.81	932.17	46 608.50	18 643.31
制造费用	74 573.50	74573.50	1065.34	53 267.00	21 306.50
合计	1 071 994.02	1 071 994.02	15 314.21	765 710.50	306 283.52

表 8-30　完工产品成本计算单 4

产品名称: YRNb　　　　完工 50 件，在产 50 件　　　　单位：元

项目	本期发生额	累计生产费用	单位成本	完工产品成本	月末在产品成本
直接材料	1 301 456.69	1 301 456.69	18 592.24	929 612.00	371 844.69
直接人工	93 409.60	93 409.60	1 334.42	66 721.00	26 688.60
制造费用	107 572.81	107 572.81	1 536.75	76 837.50	30 735.31
合计	1 502 439.10	1 502 439.10	21 463.41	1 073 170.50	429 268.60

记账凭证

2016 年 12 月 31 日　　　　　　　　　　　　　　　　　　记字第 31 号

摘要	总账科目	明细科目	借方									√	贷方									√
			百	十	万	千	百	十	元	角	分		百	十	万	千	百	十	元	角	分	
结转完工产品成本	库存商品	YRMa	1	2	4	9	7	4	1	5	6											
		YRMb	2	1	1	1	7	9	2	2	6											
		YRNa		7	6	5	7	1	0	5	0											
		YRNb	1	0	7	3	1	7	0	5	0											
	基本生产成本	YRMa											1	2	4	9	7	4	1	5	6	
		YRMb											2	1	1	1	7	9	2	2	6	
		YRNa												7	6	5	7	1	0	5	0	
		YRNb											1	0	7	3	1	7	0	5	0	
合计			5	2	0	0	4	1	4	8	2		5	2	0	0	4	1	4	8	2	

附单据 4 张

会计主管：郑奇　　记账：刘旭　　复核：郑奇　　制单：刘旭

图 8-90　腾飞公司记字第 31 号凭证

（7）商品销售成本的核算。生产过程结束后，计算出完工产品成本结转入库，便可以开始销售，商品销售成本一般不必进行专门的计算，但由于每批产品的产量以及费用存在不同，即使为同种产品，完工成本也会各不相同，一般情况下，销售成本的核算以存货发出方法为依据进行。相关凭证如表 8-31、图 8-91 所示。

表 8-31　商品销售成本汇总表

项目	YRMa		YRMb		YRNa		YRNb	
	数量（台）	金额（元）	数量（台）	金额（元）	数量（台）	金额（元）	数量（台）	金额（元）
月初结存	0	0	0	0	0	0	0	0
本月入库	180	1 249 741.56	160	2 111 792.26	50	765 710.50	50	1 073 170.50
单位成本		6 943.00		13 198.70		15 314.21		21 463.41
商品销售成本	100	694 300.00	80	1 055 896.00	20	306 284.20	10	214 634.10

记账凭证

2016 年 12 月 31 日　　　　　　　　　　　　　　　　　　　　记字第 32 号

摘要	总账科目	明细科目	借方									√	贷方									√
			百	十	万	千	百	十	元	角	分		百	十	万	千	百	十	元	角	分	
结转商品销售成本	主营业务成本	YRMa		6	9	4	3	0	0	0	0											
		YRMb	1	0	5	5	8	9	6	0	0											
		YRNa		3	0	6	2	8	4	2	0											
		YRNb		2	1	4	6	3	4	1	0											
	库存商品	YRMa												6	9	3	4	0	0	0	0	
		YRMb											1	0	5	5	8	9	6	0	0	
		YRNa												3	0	6	2	8	4	2	0	
		YRNb												2	1	4	6	3	4	1	0	
合计			2	2	2	7	1	1	1	4	3		2	2	2	7	1	1	1	4	3	

附单据 1 张

会计主管：郑奇　　　记账：刘旭　　　复核：郑奇　　　制单：刘旭

图 8-91　腾飞公司记字第 32 号凭证

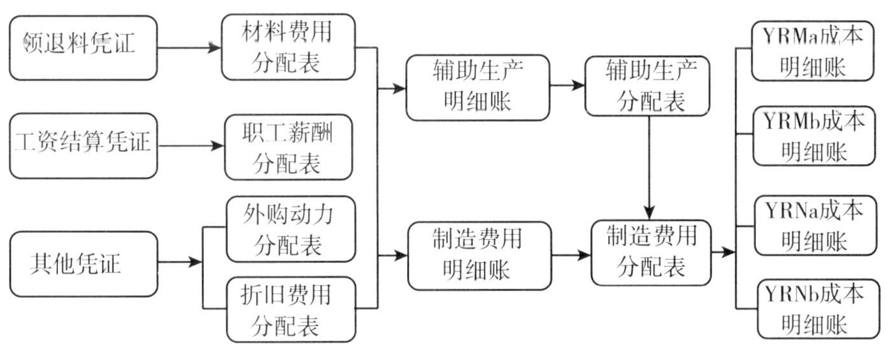

图 8-92　腾飞公司费用分配明细

三、企业月末流转税的核算及纳税申报

（1）腾飞公司根据账簿记录计算并结转应纳的增值税。相关凭证如表 8-32、图 8-93 所示。

表 8-32 应交增值税计算表

2016 年 12 月 31 日 单位：元

项目				销售额	税额	备注
销项税额	应税货物	货物名称	适用税率			
		YRMa	17%	824 000	140 080	
		YRMb	17%	1 224 000	208 080	
		YRNa	17%	367 200	62 424	
		YRNb	17%	257 500	43 775	
		小计		2 672 700	454 359	
	应税劳务					
	1					
	2					
进项税额	本期进项税额发生额			392 700		
	进行税额转出					
	1					
	2					
应交税额				61 659		

记账凭证

2016 年 12 月 31 日 记字第 32 号

摘要	总账科目	明细科目	借方									√	贷方									√
			百	十	万	千	百	十	元	角	分		百	十	万	千	百	十	元	角	分	
结转本月末交增值税	应交税费	转出未交增值税			6	1	6	5	9	0	0											
	应交税费	未交增值税													6	1	6	5	9	0	0	
合计				¥	6	1	6	5	9	0	0			¥	6	1	6	5	9	0	0	

附单据 1 张

会计主管：郑奇 记账：刘旭 复核：郑奇 制单：刘旭

图 8-93 腾飞公司记字第 33 号凭证

（2）腾飞公司根据计算结果填制增值税纳税申报表。如表 8-33 所示。

表 8-33　增值税纳税申报表

（适用于增值税一般纳税人）

税款所属时间　　自 2016 年 12 月 1 日至 2016 年 12 月 31 日　　　　填表日期 12 月 31 日

纳税人识别号	1 1 0 6 0 5 5 9 0 6 1 9 0 1 3					所属行业：工业 金额单位：元至角分
纳税人名称	北京腾飞商贸有限公司	法定代表人姓名	王刚	注册地址	北京市朝阳区安苑路 10 号	营业地址
						北京市大同路 48 号
开户银行及账号	中国工商银行北京市和平里分理处 0100108808108793	企业登记注册类型	有限责任	电话号码	010-65151111	

	项目	栏次	一般货物及劳务		即征即退货物及劳务	
			本月数	本年累计	本月数	本年累计
销售额	（一）按使用税率征税货物及劳务销售额	1				
	其中：应税货物销售额	2	2 672 700			
	应税劳务销售额	3				
	纳税检查调整的销售额	4				
	（二）按简易征收办法征税货物销售额	5				
	其中：免税检查调整的销售额	6				
	（三）免、抵、退办法出口货物销售额	7				
	（四）免税货物及劳务销售额	8				
	其中：免税货物销售额	9				
	免税劳务销售额	10				
税款计算	销项税额	11	454 359			
	进项税额	12	392 700			
	上期留抵税额	13				
	进项税额转出	14				
	免抵退货物应退税额	15				
	按适用税率计算的纳税检查应补缴税额	16				
	应抵扣税额合计	17=12+13-14-15+16	392 700			
	实际抵扣税率	18（如 17 ＜ 11，则为 17，否则为 11	392 700			
	应纳税额	19=11-18	61 659			
	期末留抵税额	20=17-18				
	简易征收办法计算的应纳税额	21				
	按简易征收办法计算的纳税检查应补缴税额	22				
	应纳税额减征额	23				
	应纳税额合计	24=19+21-23	61659			

续表

纳税人识别号	1	1	0	6	0	5	5	9	0	6	1	9	0	1	3						所属行业：工业 金额单位：元至角分

纳税人名称	北京腾飞商贸有限公司	法定代表人姓名	王刚	注册地址	北京市朝阳区安苑路10号	营业地址	北京市大同路48号
开户银行及账号	中国工商银行北京市和平里分理处0100108808108793	企业登记注册类型		有限责任	电话号码	010–65151111	

	项目	栏次				
税款缴纳	期末未缴税额（多缴为负数）	25				
	实收出口开具专用缴款书退税额	26				
	本期已缴税额	27=28+29+30+31				
	①分次预缴税额	28				
	②出口开具专用缴款书退税额	29				
	③本期缴纳上期应纳税我	30				
	④本期缴纳欠缴税额	31				
	期末未缴税额（多缴为负数）	32=24+25+26–27	61659			
	其中：欠缴税额（≥0）	33=25+26–27				
	本期应补（退）税额	34=24–28–29				
	即征即退实际退税额	35				
	期初未缴查补税额	36				
	本期入库查补税额	37				
	期末未缴查补税额	38=16+22+36–37				
授权声明	如果你已委托代理人申报，请填写下列资料： 为代理一切税务事宜，现授权（地址）__________ 为本纳税人的代理申报人，任何与本申报表有关的往来文件，都可寄于此人。 授权人签字：		申报人声明	此纳税申报表是根据《中华人民共和国增值税暂行条例》的规定填报的，我相信它是真实的、可靠的、完整的。 声明人签字：		

增值税实行的是购进抵扣法，因企业当期购进的货物很多，所以在计算应纳税额时常会出现当期销项税额小于当期进项税额不足抵扣的情况。依据相关税法，当期进项税额不足抵扣的部门可以结转下期继续抵扣。

（3）腾飞公司月末计提本月应缴纳的城市建设维护税和教育费附加费，如表 8-34 所示。

表 8-34　综合纳税申报表

填表日期: 2016 年 12 月 31 日　　　　单位: 元

纳税人顺序号	23148329	纳税人名称（公章）		北京腾飞商贸有限公司				联系电话		010-65151111	
税种	税目（品目）	纳税项目	税款所属时间	计税依据（金额或数量）	税率	当期应纳税额	应减免税	应纳税额	已纳税额	延期缴纳税额	累计欠税余额
1	2	3	4	5	6	7=5×6	8	9=7−8	10	11	12
城建税			2016.12	61659	7%	4316.13		4316.13			
教育费附加			2016.12	61659	3%	1849.77		1849.77			
合计			—								

纳税人声明	授权人声明	代理人声明
本纳税申报表是按照国家税法和税收规定填报的，我确信是真实的、合法的。如有虚假，愿负法律责任。以上税款请从____________账号划拨。 法定代表人签章： 财务主管签章： 经办人签章： 年　月　日	我单位（公司）现授权______为本纳税人的代理申报人，其法定代表人________，电话________，任何与申报有关的往来文件都可寄与此代理机构。 委托代理合同号码： 授权人（法定代表人）签章： 年　月　日	本纳税申报表是按照国家税法和税收规定填报的，我确信是真实的、合法的。如有不实，愿承担法律责任。 法定代表人签章： 代理人盖章： 年　月　日

以下由税务机关填写

收到日期		接收人		审核日期		主管税务机关盖章
审核记录						

(4)计算并结转代扣代缴个人所得税

企业在月末申报附加税种时，还要将代扣代缴的个人所得税一并计算申报。

个人所得税

个人所得税是指对我国居民的境内、境外所得以及非居民的境内所得征收的一种税款。个人所得税的征收可以调节个人收入，贯彻公平税负，实施合理负担。

个人所得税分为自行申报和代扣代缴两种方法。代扣代缴是指负有扣缴税款以外的单位或个人，在向个人支付应纳税所得时，应计算应纳税额，从其所得中扣除并缴入国库，同时向税务机关报送扣缴个人所得税报告表。

记账凭证

2016 年 12 月 31 日　　　　记字第 34 号

摘要	总账科目	明细科目	借方									√	贷方									√
			百	十	万	千	百	十	元	角	分		百	十	万	千	百	十	元	角	分	
计算并结转代扣代缴个人所得税	应付职工薪酬					1	3	0	2	0	0											
	应交税费	代扣代缴个人所得税														1	3	0	2	0	0	
合计					¥	1	3	0	2	0	0				¥	1	3	0	2	0	0	

附单据 1 张

会计主管：郑奇　　记账：刘旭　　复核：郑奇　　制单：刘旭

图 8-94　腾飞公司记字第 34 号凭证

（5）腾飞公司根据计算结果填制综合纳税申报表。如表 8-35 所示。

表 8-35　地方税（费）综合申报表

F—0010　　　　填报日期：2016 年 12 月 31 日　　　　金额单位：人民币元

<table>
<tr><td>纳税人编码</td><td colspan="3">125386948756258</td><td>纳税人名称</td><td colspan="4">北京腾飞商贸有限责任公司</td></tr>
<tr><td>地址</td><td colspan="2">北京市朝阳区安苑路 10 号</td><td>邮政编码</td><td>030000</td><td>业别</td><td>工业</td><td>经营性质</td><td>有限责任</td></tr>
<tr><td>开户银行</td><td colspan="2">中国工商银行北京市和平里分理处</td><td>银行账号</td><td colspan="3">0100108808108793</td><td>电话</td><td>010-65151111</td></tr>
<tr><td>管理分局</td><td colspan="2"></td><td>管理科</td><td colspan="3"></td><td>专管员</td><td></td></tr>
<tr><td>税种登记情况</td><td colspan="8">1. 营业税□ 2. 企业所得税□ 3. 个人所得税□ 4. 资源税□ 5. 土地增值税□ 6. 房产税□ 7. 城镇土地使用税□ 8. 车船税□ 9. 城市维护建设税□ 10. 印花税□ 11. 屠宰税□ 12. 煤炭水资源补偿费□ 13. 文化事业建设费□ 14. 河道工程维护管理费□ 15. 林业建设基金□ 16. 价格调控基金□ 17. 残疾人就业保障金□ 18. 教育费附加□（税种登记表中由税务机关填写的部分）</td></tr>
<tr><td>税（费）种</td><td>税目</td><td>税（费）款所属时间</td><td>计税（费）依据或课税（费）数量</td><td>税（费）率或单位税（费）额</td><td>本期应纳税（费）额</td><td>累计欠缴或已缴税（费）额</td><td>减免税（费额）</td><td>本期应纳税（费）额合计</td></tr>
<tr><td>城建税</td><td></td><td>2016.12.</td><td></td><td>7%</td><td></td><td></td><td></td><td></td></tr>
<tr><td>教育费附加</td><td></td><td>2016.12</td><td></td><td>3%</td><td></td><td></td><td></td><td></td></tr>
<tr><td></td><td></td><td></td><td></td><td></td><td></td><td></td><td></td><td></td></tr>
<tr><td></td><td></td><td></td><td></td><td></td><td></td><td></td><td></td><td></td></tr>
<tr><td></td><td></td><td></td><td></td><td></td><td></td><td></td><td></td><td></td></tr>
<tr><td></td><td></td><td></td><td></td><td></td><td></td><td></td><td></td><td></td></tr>
<tr><td></td><td></td><td></td><td></td><td></td><td></td><td></td><td></td><td></td></tr>
<tr><td rowspan="3">企业所得税</td><td colspan="8"></td></tr>
<tr><td colspan="8"></td></tr>
<tr><td colspan="8"></td></tr>
<tr><td rowspan="3">个人所得税</td><td colspan="8"></td></tr>
<tr><td colspan="8"></td></tr>
<tr><td colspan="8"></td></tr>
<tr><td>授权代理人</td><td colspan="4">（如果你已委托代理人申报，请填写下列资料）
为代理一切税务事宜，现授权__________
_____（地址）为本纳税人代理申报人。任何与本报表有关的往来文件，都可寄与此。
授权人签字：__________</td><td>声明</td><td colspan="3">我声明：此纳税申报表是根据税收法律、法规的规定填制的，我确信它是真实的、可靠的、完整的。
声明人签字：__________</td></tr>
</table>

四、企业月末损益结转的账务处理

（1）月末编制内部转账单，结转收入。如表 8-36 所示。

表 8-36　内部转账单

2016 年 12 月 31 日　　　　单位：元

摘要	转账项目	结账前余额
结转收入到本年利润账户	主营业务收入	2 672 700
结转收入到本年利润账户	营业外收入	100 000
合计		2 772 700

（2）月末编制内部转账单，结转费用。如表 8-37 所示。

表 8-37　内部转账单

2016 年 12 月 31 日　　　　单位：元

摘要	转账项目	结账前余额
结转费用到本年利润账户	主营业务成本	2 271 114.30
结转费用到本年利润账户	营业税金及附加	6 165.90
结转费用到本年利润账户	管理费用	136 369.30
结转费用到本年利润账户	销售费用	66 294.30
结转费用到本年利润账户	营业外支出	1 000.00
合计		2 480 943.80

（3）计算并结转所得税费用以及纳税申报。如图 8-95、图 8-96 所示。

记账凭证

2016 年 12 月 31 日　　　　记字第 35 号

摘要	总账科目	明细科目	借方									√	贷方									√
			百	十	万	千	百	十	元	角	分		百	十	万	千	百	十	元	角	分	
计算本月应纳企业所得税	所得税费用				7	2	9	3	9	0	5											
	应交税费	应交企业所得税													7	2	9	3	9	0	5	
合计				¥	7	2	9	3	9	0	5			¥	7	2	9	3	9	0	5	

附单据 1 张

会计主管：郑奇　　记账：刘旭　　复核：郑奇　　制单：刘旭

图 8-95　腾飞公司记字第 35 号凭证

记账凭证

2016 年 12 月 31 日　　　　记字第 36 号

摘要	总账科目	明细科目	借方									√	贷方									√
			百	十	万	千	百	十	元	角	分		百	十	万	千	百	十	元	角	分	
结转所得税费用到本年利润账户	本年利润				7	2	9	3	9	0	5											
	所得税费用														7	2	9	3	9	0	5	
合计				¥	7	2	9	3	9	0	5			¥	7	2	9	3	9	0	5	

附单据 1 张

会计主管：郑奇　　记账：刘旭　　复核：郑奇　　制单：刘旭

图 8-96　腾飞公司记字第 36 号凭证

表 8-38　中华人民共和国企业所得税年度纳税申报表（A 类）

税款所属时间：2016 年 12 月 1 日至 2016 年 12 月 31 日

纳税人名称：

纳税人识别号：12345678　　　　金额单位：元（列至角分）

类别	行次	项目	金额
利润总额计算	1	**一、营业收入（填附表一）**	2 672 700.00
	2	减：营业成本（填附表二）	2 271 114.30
	3	营业税金及附加	6 165.90
	4	销售费用（填附表二）	66 294.30
	5	管理费用（填附表二）	136 369.30
	6	财务费用（填附表二）	0
	7	资产减值损失	
	8	加：公允价值变动收益	
	9	投资收益	
	10	**二、营业利润**	192 756.20
	11	加：营业外收入（填附表一）	100 000.00
	12	减：营业外支出（填附表二）	1 000.00
	13	**三、利润总额（10+11-12）**	291 756.20
应纳税所得额计算	14	加：纳税调整增加额（填附表三）	
	15	减：纳税调整减少额（填附表三）	
	16	其中：不征税收入	

类别	行次	项目	金额
应纳税所得额计算	17	免税收入	
	18	减计收入	
	19	减、免税项目所得	
	20	加计扣除	
	21	抵扣应纳税所得额	
	22	加：境外应税所得弥补境内亏损	
	23	纳税调整后所得（13+14-15+22）	
	24	减：弥补以前面对亏损（填附表四）	
	25	应纳税所得额（23-24）	291 756.20
应缴纳税额计算	26	税率（25%）	72 939.05
	27	应纳税所得税额（填附表五）	
	28	减：减免所得税额（填附表五）	
	29	减：抵免所得税额（填附表五）	
	30	应纳税额（27-28-29）	
	31	加：境外所得应纳所得税额（填附表六）	
	32	减：境外所得抵免所得税额（填附表六）	
	33	实际应纳所得税额（30+31-32）	
	34	减：本年累计实际已预缴的所得税额	
	35	其中：汇总纳税的总机构分摊预缴的税额	
	36	汇总纳税的总机构财政调库预缴的税额	
	37	汇总纳税的总机构所属分支机构分摊的预缴税额	
	38	合并纳税（母子体制）成员企业就地预缴比例	
	39	合并纳税企业就地预缴的所得税额	
	40	本年应补（退）的所得税额（33-34）	
附列资料	41	以前年度多缴的所得税额在本年抵减额	
	42	以前年度应缴未缴在本年入库所得税额	
纳税人公章： 经办人： 申报日期：2016 年 12 月 31 日		代理申报中介机构公章： 经办人及执业证件号码： 代理申报日期：　　年　月　日	主管税务机关受理专用章： 受理人： 受理日期：　　年　月　日

第二节　会计账簿的登记

一、日记账簿的登记

（1）库存现金日记账的登记，如表 8-39 所示。

表 8-39　　库存现金　日记账

2016 年		凭证		摘要	对方科目	借方										贷方										借或贷	余额									
月	日	种类	号数			千	百	十	万	千	百	十	元	角	分	千	百	十	万	千	百	十	元	角	分		千	百	十	万	千	百	十	元	角	分
	1			期初余额																						借					5	0	0	0	0	0
11	11	记	005	提备用金	银行存款					1	0	0	0	0	0											借					2	0	0	0	0	0
11	20	记	015	支付差旅费	其他应收款															1	0	0	0	0	0	借					1	0	0	0	0	0
11	21	记	029	购办公用品	管理费用																7	8	0	0	0	借						2	2	0	0	0
11	31			本月合计						1	0	0	0	0	0					1	7	8	0	0	0	借						2	2	0	0	0
12	1	记	001	提取备用金	银行存款					2	0	0	0	0	0											借					2	2	2	0	0	0
12	28	记	024	支付办公费用	制造费用等															2	1	5	7	5	0	借							6	2	5	0
12	28	记		本月合计						2	0	0	0	0	0					2	1	5	7	5	0	借							6	2	5	0

（2）腾飞公司银行存款日记账的登记，如表 8-40 所示。

表 8-40　　银行存款　日记账

2016 年		凭证		摘要	对方科目	借方										贷方										借或贷	余额									
月	日	种类	号数			千	百	十	万	千	百	十	元	角	分	千	百	十	万	千	百	十	元	角	分		千	百	十	万	千	百	十	元	角	分
11	1			期初余额																						借			5	2	8	8	8	1	2	5

2016年		凭证		摘要	对方科目	借方										贷方										借或贷	余额									
月	日	种类	号数			千	百	十	万	千	百	十	元	角	分	千	百	十	万	千	百	十	元	角	分		千	百	十	万	千	百	十	元	角	分
11	9	记	002	收到前欠货款	应收账款			2	3	2	0	0	0	0	0											借		1	1	7	8	8	8	1	2	5
11	9	记	003	支付上月税费	应交税费													2	5	8	5	8	7	0	0	借			9	2	0	2	9	4	2	5
11	10	记	004	收到前前欠款	应收账款			7	1	0	5	0	0	0	0											借		1	6	3	0	7	9	4	2	5
11	11	记	005	提备用金	库存现金															1	0	0	0	0	0	借		1	6	2	9	7	9	4	2	5
11	11	记	006	支付上月工资	应付职工薪酬													1	9	7	6	1	7	0	0	借		1	4	3	2	1	7	7	2	5
11	11	记	007	支付代扣保险	应付职工薪酬													1	2	5	5	3	0	5	0	借		1	3	0	6	6	4	6	7	5
11	11	记	008	开设采购专户	其他货币资金														1	0	0	0	0	0	0	借		1	2	9	6	6	4	6	7	5
11	12	记	009	预付货款	预付账款														6	0	0	0	0	0	0	借		1	2	3	6	6	4	6	7	5
11	12	记	010	预收账款	应收账款			3	0	0	0	0	0	0	0											借		1	5	3	6	6	4	6	7	5
11	12	记	012	收到货款	主营业务收入			8	7	0	0	0	0	0	0											借		2	4	0	6	6	4	6	7	5
11	15	记	013	支付货款	原材料														9	1	5	1	5	0	0	借		2	3	1	5	1	3	1	7	5
11	16	记	014	代垫运费	应收账款															5	0	0	0	0	0	借		2	3	1	0	1	3	1	7	5
11	21	记	016	收到货款	应收账款		1	5	9	6	2	0	0	0	0											借		3	9	0	6	3	3	1	7	5
11	21	记	019	购进固定资产	固定资产													1	2	2	8	5	0	0	0	借		3	7	8	3	4	8	1	7	5
11	21	记	028	支付会议费	管理费用														1	1	0	0	0	0	0	借		3	7	7	2	4	8	1	7	5
11	31	记	030	支付电话费	管理费用														1	5	0	0	0	0	0	借		3	7	5	7	4	8	1	7	5
11	31	记	031	支付培训费	应付职工薪酬															5	5	0	0	0	0	借		3	7	5	7	9	8	1	7	5
11	31	记	033	支付租赁费	预付账款														1	2	0	0	0	0	0	借		3	7	3	9	9	8	1	7	5
				本月合计			4	1	2	6	7	0	0	0	0			8	9	5	5	9	9	5	0	借		3	7	3	9	9	8	1	7	5
12	1	记	001	提取备用金	库存现金															2	0	0	0	0	0	借		3	7	3	7	9	8	1	7	5
12	3	记	002	缴纳水电费	应付账款														5	3	0	1	4	0	0	借		3	6	8	4	9	6	7	7	5
12	8	记	003	购买原材料	原材料、应交税费												1	7	5	5	0	0	0	0	0	借		1	9	2	9	9	6	7	7	5
12	9	记	004	上缴上月税款	应交税费													1	3	4	6	1	9	7	5	借		1	7	9	5	3	4	8	0	0
12	10	记	005	支付上月工资	应付职工薪酬													1	2	8	7	6	0	4	0	借		1	6	6	6	5	8	7	6	0

2016 年		凭证		摘要	对方科目	借方										贷方										借或贷	余额									
月	日	种类	号数			千	百	十	万	千	百	十	元	角	分	千	百	十	万	千	百	十	元	角	分		千	百	十	万	千	百	十	元	角	分
12	10	记	006	上缴上月五险一金	应付职工薪酬														8	1	8	1	0	8	0	借		1	5	8	4	7	7	6	8	0
12	13	记	008	购买原材料	原材料、应交税费													3	7	4	4	0	0	0	0	借		1	2	1	0	3	7	6	8	0
12	14	记	009	支付清理费	固定资产清理															1	0	0	0	0		借		1	2	0	9	3	7	6	8	0
12	19	记	011	销售 YRM 系列产品一批	主营业务收入等		2	3	9	6	1	6	0	0	0											借		3	6	0	5	5	3	6	8	0
12	22	记	012	购买托幼用品	应付职工薪酬															3	0	0	0	0	0	借		3	6	0	2	5	3	6	8	0
12	28	记	014	销售 YRN 系列产品一批	主营业务收入等			7	3	0	8	9	9	0	0											借		4	3	3	3	4	3	5	8	0
12	28	记	015	支付前欠货款	应付账款													5	7	3	3	0	0	0	0	借		3	7	6	0	1	3	5	8	0
				本月合计			3	1	2	7	0	5	9	0	0		3	1	0	6	9	0	4	9	5			3	7	6	0	1	3	5	8	0

二、明细分类账的登记

明细分类账是根据各单位经济管理的需求，按总账所属的明细账户开设账页，分类、连续地登记经济业务的账簿，它可以为企业经营管理提供详细、具体的核算资料，在此选择几份有代表性的，较常使用的明细账页作为示范。（会计做账基础篇：第三章第二节，第三部分：分类账的设置与登记）

1. 原材料明细账的登记

（1）原材料及主要材料明细账，如表 8-41、表 8-42 所示。

表 8-41 定子铜明细账

最高储量　　　　　　　　　　　　　　　　总第　　页分第　　号第　　页
最低储量　　　　　　　　　　　　　　　　名称　定子铜　　单位　千克

编号　　　　规格

（科目）原材料　明细账（乙）

2016年		凭证		摘要	对方科目	借方												贷方												借或贷	结存											
月	日	种类	号数			数量	单价	千	百	十	万	千	百	十	元	角	分	数量	单价	千	百	十	万	千	百	十	元	角	分		数量	单价	千	百	十	万	千	百	十	元	角	分
12	1			期初余额																										借	6011	80			4	8	0	8	8	0	0	0
12	10	记	05	购入	应付票据	14000	80.5		1	1	2	7	0	0	0	0	0													借	20011			1	6	0	7	8	8	0	0	0
12	14	记	09	领用	基本生产成本													1717	80.5			1	3	8	2	1	8	5	0	借	18294			1	4	6	9	6	6	1	5	0

表 8-42　转子铜明细账

最高储量　　　　　　　　　　　　　　　　　　　　　总第　　页分第　　号第　　页
最低储量　　　　　　　　　　　　　　　　　　　　　名称　转子铜　　单位　千克

编号　　　　规格　　　　（科目）原材料　明细账（乙）

2016年		凭证		摘要	对方科目	借方												贷方												借或贷	结存											
月	日	种类	号数			数量	单价	千	百	十	万	千	百	十	元	角	分	数量	单价	千	百	十	万	千	百	十	元	角	分		数量	单价	千	百	十	万	千	百	十	元	角	分
12	1			期初余额																										借	0									0	0	0
12	10	记	01	购买原材料	应付账款	7000	70			4	9	0	0	0	0	0	0													借	7000	70			4	9	0	0	0	0	0	0
12	14	记	09	产品领用主要材料	基本生产成本													4390	70			3	0	7	3	0	0	0	0	借	2610				1	8	2	7	0	0	0	0

（2）外购零配件明细账，如表 8-43 所示。

表 8-43　标准件明细账

最高储量　　　　　　　　　　　　　　　　总第　　页分第　　号第　　页

最低储量　　　　　　　　　　　　　　　　名称　标准件　　　　单位　件

编号　　　　规格　　　（科目）原材料　明细账（乙）

2016年		凭证		摘要	对方科目	借方												贷方												借或贷	结存											
月	日	种类	号数			数量	单价	千	百	十	万	千	百	十	元	角	分	数量	单价	千	百	十	万	千	百	十	元	角	分		数量	单价	千	百	十	万	千	百	十	元	角	分
12	1			期初余额																										借	1750	40				7	0	0	0	0	0	0
12	10	记	06	购入	银行存款	5000	40.5			2	0	2	5	0	0	0	0													借	6750	40.37			2	7	2	5	0	0	0	0
12	14	记	10	领用	基本生产成本													5568	40.37			2	2	4	7	8	0	1	6	借	1182	40.09				4	7	3	8	6	3	8

（3）辅助材料明细账，如表 8-44 所示。

表 8-44　绝缘材料明细账

最高储量
最低储量
编号　　　　规格

总第　　页分第　　号第　　页
名称　绝缘　　　单位　件

（科目）原材料　明细账（乙）

2016 年		凭证		摘要	对方科目	借方												贷方												借或贷	结存											
月	日	种类	号数			数量	单价	千	百	十	万	千	百	十	元	角	分	数量	单价	千	百	十	万	千	百	十	元	角	分		数量	单价	千	百	十	万	千	百	十	元	角	分
12	1			期初余额																										借	45000	6			2	7	0	0	0	0	0	0
12	10	记	07	购入	其他货币资金	10000	6				6	0	0	0	0	0	0													借	55000	6			3	3	0	0	0	0	0	0
12	14	记	10	领用	基本生产成本													20790	6			1	2	4	7	4	0	0	0	借	34210	6			2	0	5	2	5	0	0	0

2. 往来明细账

（1）应收账款明细账如表 8-45 所示。

表 8-45　应收账款 明细账

广州思源设备有限公司

2016 年		凭证		摘要	对方科目	借方										贷方										借或贷	余额									
月	日	种类	号数			千	百	十	万	千	百	十	元	角	分	千	百	十	万	千	百	十	元	角	分		千	百	十	万	千	百	十	元	角	分
12	1			期初余额																						借		2	1	4	0	0	0	0	0	0
12	26	记	006	销售商品	主营业务收入			4	2	9	6	2	4	0	0											借		2	5	6	9	6	2	4	0	0
12	31	记	023	收到欠款	银行存款												2	1	4	0	0	0	0	0	0	借			4	2	9	6	2	4	0	0

（2）应付账款明细账如表 8-46 所示。

表 8-46　应付账款 明细账

湖北华夏设备有限公司

2016 年		凭证		摘要	对方科目	借方										贷方										借或贷	余额									
月	日	种类	号数			千	百	十	万	千	百	十	元	角	分	千	百	十	万	千	百	十	元	角	分		千	百	十	万	千	百	十	元	角	分
12	1			期初余额																						借		1	2	4	0	0	0	0	0	0
12	10	记	06	购原材料	原材料													2	3	6	9	2	5	0	0	借		1	4	7	6	9	2	5	0	0
12	10	记	20	支付欠款	银行存款		1	2	4	0	0	0	0	0	0											借			2	3	6	9	2	5	0	0

三、总分类账的登记

"丁字账"的制作

"丁字账"是会计工作中手工汇总时所使用的方法，其根据凭证科目划出丁字型账簿结构，将本月发生的全部业务所记录的借、贷方金额，分别填列到丁字账的左右两侧，作为登记总账的数据来源。因为篇幅关系，在此仅根据日常基本账务处理的数据，列举出几份账表供大家参考。

应收股利"丁字账"

借方	应收股利　　贷方
期初余额：0	
（17）20 000.00	（31）20 000.00
期末余额：0	

图 8-97　应收股利"丁字账"

无形资产"丁字账"

借方	无形资产　　贷方
期初余额：600 000.00	
（6）240 000.00	（21）600 000.00
期末余额：240 000.00	

图 8-98　无形资产"丁字账"

累计摊销"丁字账"

借方	累计摊销　　贷方
	期末余额：220 000.00
（21）220 000.00	（36）20 000.00
	期末余额：2 000.00

图 8-99　累计摊销"丁字账"

短期借款“丁字账”

借方	短期借款 贷方
	期初余额：100 000.00
（30）100 000.00	
	期末余额：0

图 8-100　短期借款“丁字账”

应付利息“丁字账”

借方	应付利息 贷方
	期初余额：100 000.00
（30）100 000.00	（4）500.00 （32）1 250.00
本期发生额：1 000.00	1 750.00
	期末余额：1 750.00

图 8-101　应付利息“丁字账”

长期借款“丁字账”

借方	长期借款 贷方
	期初余额：0
	（22）500 000.00
	期末余额：500 000.00

图 8-102　长期借款“丁字账”

实收资本“丁字账”

借方	实收资本　　贷方
	期初余额：8 800 000.00
	（27）800 000.00
	期末余额：9 600 000.00

图 8-103　实收资本“丁字账”

财务费用“丁字账”

借方	财务费用　　贷方
（32）1 250.00	
本期发生额：4 800.00	4 800.00
期末余额：0	

图 8-104　财务费用“丁字账”

应收票据“丁字账”

借方	应收票据　　贷方
期初余额：200 000.00	
（37）1 310 400.00	（12）200 000.00
期末余额：1 30 400.00	

图 8-105　应收票据“丁字账”

其他应收款“丁字账”

借方	其他应收款 贷方
期初余额：3 000.00	
（2）3 000.00 （25）2 000.00	（2）3 000.00
本期发生额：5 000.00	3 000.00
期末余额：5 000.00	

图 8-106　其他应收款“丁字账”

第三节　财务报表的编制

一、编表前的准备工作

编表前要完成相关账目的对账以及结账工作，以确保会计信息的真实性、准确性。《会计做账基础篇》第五章第一节中已详细叙述对账的内容，可供做账参考。因篇幅原因，在此不再做详细论述。

对账与结账

1. 对账

（1）账证相对：腾飞公司于 12 月末由会计人员王丽丽将本月日记账和明细账的相关记录与记账凭证及其所附的原始凭证进行一一核对，经核对相关信息准确无误。

（2）账账相对：

①王丽丽将库存现金日记账、银行存款日记账的期末余额同总账户的库存现金和银行存款账户的发生额与余额进行直接核对，核对中发现银行存款日记账中，一笔金额为 60 000 元的账款错记为 600 000 元。检查结果证明凭证中无错误，已使用划线法更正。

②将总分类账户借方发生额合计数与贷方发生额合计数核对，双方合计数相同；期末借方余额合计数与贷方余额合计数核对，双方余额也无差别。

③编制总分类账户与明细分类账户发生额及余额对照表，分别核对总分类账户发生额以及余额同其所属明细分类账户的发生额和余额的记录是否有差异，经核对无问题。

④会计部门的财产物资明细账与财产物资保管部门的财产物资明细账核对，无问题。

（3）账实核对：

①库存现金日记账的余额与库存现金实际数核对无误。

②银行存款日记账余额与银行对账单核对，编制结果双方余额相等，记账均无错误。

③财产物资明细账的结存数与财产物资实存数核对无误。

④各种应收、应付款项明细账的余额与有关往来单位核对无误。

2. 结账

腾飞公司财务人员在期末将 12 月内所发生经济业务全部登记入账，结算出各账户的本期发生额和期末余额，并将其余额转入按规定应转入的账户，根据账簿记录的相关数据编制出会计报表。

结账的工作内容可参考《会计做账基础篇》第五章第一节，因篇幅原因在此不再做详细叙述。

二、财务报表的编制

根据腾飞公司 12 月账面情况编写资产负债表和利润表，如表 8-47、表 8-48 所示。

表 8-47　资产负债表

编制单位：北京腾飞商贸有限公司2016 年 12 月 31 日　　　　单位：元

资产	年初余额	期末余额	负债及所有者权益（或股东权益）	年初余额	期末余额
流动资产：			流动负债：		
货币资金		8 125 017.11	短期借款		
交易性金融资产		800 000.00	交易性金融负债		
应收票据		1 303 848.00	应付票据		863 340.00
应收账款		298 500.00	应付账款		380 000.00
预付账款			预收账款		300 000.00
应收利息			应付职工薪酬		39 158.38
应收股利			应交税费		1 349 929.81

续表

资产	年初余额	期末余额	负债及所有者权益（或股东权益）	年初余额	期末余额
其他应收款		4 975.00	应付利息		1 750.00
存货		2 666 298.91	应付股利		4 924 866.34
一年内到期的非流动资产			其他应付款		
其他流动资产			一年内到期的非流动负债		
流动资产合计		13 198 639.02	其他流动负责		
非流动资产：			**流动负债合计**		7 859 044.53
可供出售金融资产			非流动负债：		
持有至到期投资			长期借款		500 000.00
长期应收款			应付债券		
长期股权投资		10 987 000.00	长期应付款		
投资性房地产			专项应付款		
固定资产		8 949 580.00	预计负债		
在建工程			递延所得税负债		
工程物资			其他非流动负债		
固定资产清理			**非流动负债合计**		500 000.00
生产性生物资产			**负债合计**		8 359 044.53
油气资产			所有者权益（或股东权益）		
无形资产		238 000.00	实收资本（或股本）		9 600 000.00
开发支出			资本公积		964 430.00
商誉			减：库存股		
长期待摊费用			盈余公积		2 981 961.58
递延所得税资产			未分配利润		11 467 782.91
其他非流动资产			所有者权益合计		25 014 174.49
非流动资产合计		20 174 580.00			
资产总计		33 373 219.02	**负债和所有者权益（或股东权益）总计**		33 373 219.02

单位责任人：孙泽满　　　　审核：郑奇　　　　制表：刘旭

表 8–48　利润表

编制单位：北京腾飞商贸有限公司　2016 年 12 月　　　　　　　　　　　　　　单位：元

项目	行次	本月数	本年累计数
一、营业收入		5 905 000.00	64 273 400.00
减：营业成本		3 916 126.00	39 972 277.33
营业税金及附加		67 259.40	6 157 779.40
减：销售费用		57 936.30	611 177.30
管理费用		207 852.86	1 356 782.86
财务费用		4 800.00	16 800.00
资产减值损失		84 062.00	84 062.00
公允价值变动损益			
加：公允价值变动收益（损失以“–”号填列）			
投资收益（损失以“–”号填列）		–4 000.00	–4 000.00
其中：对联营公司和合营公司的投资收益			
二、营业利润（损失以“-”号填列）		1 562 963.44	16 070 521.11
加：营业外收入		119 120.00	466 885.00
减：营业外支出		30 765.00	121 185.00
其中：非流动资产处置损失			
三、利润总额（亏损总额以“-”号填列）		1 651 318.44	16 416 221.11
减：所得税费用		412 829.61	4 104 055.28
四、净利润（净亏损以“-”号填列）		1 238 488.83	12 312 165.83
五、每股收益：			
（一）基本每股收益			
（二）稀释每股收益			

单位责任人：孙泽满　　　　　　审核：郑奇　　　　　　制表：刘旭

参考文献

[1] 黄孟丽. 好会计建账做账的 36 个秘诀 [M]. 北京：人民邮电出版社，2013.

[2] 石庆年，张燕，谭跃宇. 会计做账入门权威详解 [M]. 北京：中国经济出版社，2014.

[3] 钟小灵. 财务会计简易入门 [M]. 北京：机械工业出版社，2015.

[4] 王晓薇. 会计做账入门一本通 [M]. 北京：经济管理出版社，2012.

[5] 林素芬. 会计入门 12 日 [M]. 北京：北京理工大学出版社，2013.

[6] 罗胜强，刘兵，赵团结. 会计领军人才手把手教你学做账 [M]. 北京：立信会计出版社，2014.